岩波現代文庫／社会 313

沖縄の歩み

国場幸太郎
新川 明・鹿野政直［編］

岩波書店

まえがき

この本のなかで話そうと思っていることは、私の故郷である沖縄の若い人たちをふくめて、日本の若い人たちみんなに、これだけはぜひ語り伝えておきたいと考えている沖縄の歴史についてです。

沖縄を見る目は、日本を見る目をするどくすると、よくいわれます。沖縄の歴史を知ることは、沖縄の現実を理解し、沖縄の将来を考えるのに必要なだけではありません。それは、また、日本の真実の姿に照明をあて、日本の前途を考えるためにも必要なことです。

私は、そう考えて、この本を書くことにしました。

一九七三年三月

国場幸太郎

一部改訂にあたって

再版が出る機会に、主として、二つの点で、一部改訂しました。その一つは、沖縄戦当時の日本軍兵力について、内訳がよくわかるように説明のしかたを改めたことです。もう一つは、これも沖縄戦当時の慶良間《けらま》の集団自決について、それをとりまく精神状況を説明するとともに、事実関係が不明なまま確かめられない点は、そのまま記述したことです。

そのほかは、字句や短い文の挿入ていどにとどめました。

一九七三年十月

著者

本文を読まれる前に

沖縄は、九州の南の海上にあります。

アジアの地図を広げてみると、日本の国は、アジア大陸の東側に沿うてつらなる三つの弓形の列島弧からなっています。そのうち、九州の南端鹿児島と台湾とのあいだに弓なりの弧をえがいてつらなっている島々、それを琉球列島、あるいは南西諸島と呼んでいます。琉球弧の長さはおよそ千二百キロメートルで、本州の長さとほぼ同じくらいです。大小合わせて百四十ほどの島々は、六つのグループに分けられます。北から見て、まず、種子島《たねがしま》・屋久島《やくしま》などからなる大隅《おおすみ》諸島があり、その南西にトカラ〔吐噶喇〕列島が点々とつらなっています。それから南にくだって、奄美大島《あまみおおしま》・徳之島《とくのしま》・沖永良部島《おきのえらぶじま》・与論島《よろんじま》からなる奄美群島と、沖縄本島を中心とする沖縄群島とがあります。さらにその南西三百キロのところに、宮古島《みやこじま》を中心とする宮古群島があります。そうして台湾にもっとも近いところに、石垣島《いしがきじま》・西表島《いりおもてじま》などからなる八重山《やえやま》群島があります。

これらの島々のうち、大隅・トカラ・奄美の島々は鹿児島県に属していて、薩南諸島とも呼ばれています。

それよりも南にある沖縄群島・宮古群島・八重山群島は沖縄県に属しています。一般にはあまり知られていませんが、まだほかにも沖縄県に属している島があります。沖縄本島の東四百キロの太平洋上に点々と浮かんでいる大東《だいとう》諸島と、八重山群島の北百五十キロの東シナ海上にある尖閣《せんかく》列島とがそれです。

尖閣列島は無人島だけれども、最近、そのまわりの大陸棚に油田があることがわかり、一般の人びとにもよく知られるようになってきました。それに、また、中華人民共和国政府と台湾政府とが「尖閣列島は中国の領土である」と主張するようになってから、この島は国際的にも注目を浴びています。

沖縄・宮古・八重山の三群島を初め、大東諸島・尖閣列島など、沖縄県に属している面積を合計すると二千三百八十八平方キロメートルになります。これは、九州の佐賀県や関東の神奈川県と同じくらいの広さです。東京都や大阪府より少しばかり広いと思えばいいでしょう。

沖縄県の人口は、一九七〇年(昭和四十五年)の調べで、九十四万五千百十一人となっています。それが一年間に一万六千人くらいふえつつありますから、一九七三年現在の人口は、およそ百万人と考えてよいでしょう。そのうち、九十万人近くは沖縄本島を中心とする沖縄群島に住み、宮古群島にはおよそ六万人、八重山群島には四万人余りが住んでいます。県庁所在地の那覇市には三十万人の市民が住んでいます(沖縄県の人口は、二〇一九年二月現在、およそ一四五万一〇〇〇人。那覇市の人口は、二〇一八年一二月末現在、およそ三二万三〇〇〇人(「沖縄県統計資料ウェブサイト」および那覇市公式ホームページによる))。

「沖縄」という呼び名は、沖縄本島だけをさして呼ぶ場合にも使われますが、ふつうには沖縄県全体をさして呼ぶ場合に使われています。この本のなかでも、「沖縄」という言葉は沖縄県全体をさす呼び名として使うことにします。

これから、その沖縄の歴史について、いっしょに考えていきましょう。

凡　例

1　本書の底本として『沖縄の歩み(新少年少女教養文庫60)』第二刷(アリス館牧新社、一九七五年三月一日発行)を用いた。ただし、底本の挿画(飛鳥童・絵)は収録しなかった。

2　著者旧宅に保管されていた、「新訂増補」原稿に基づき、全体にわたり字句の修正や一部本文の差し替えを行った。ただし、例外的に、元の本文の同時代史料としての重要性などを考慮して、編者の判断によって、差し替え原稿を「注」として示し、本文は元のまま残した箇所がある(それぞれの該当箇所の「注」を参照されたい)。

3　その他、読みやすさを考慮して、左のような整理を加えた。

- 底本は「少年少女」向けのため、振り仮名がきわめて多く付されていたが、そのうち固有名詞や難読と思われる語の振り仮名のみを残し、その他は割愛した。
- 「融資(資金を貸すこと)」のように、( )で示されていた語句の意味説明をいくつか省いた。
- 「一九七二年(昭和四十七年)」のように、ほぼすべての西暦年に添えられていた和暦年表示を、頻出する箇所では適宜省いた。
- 明らかな誤植を訂正し、編者による補足や注記を〔　〕で示した(二一・七頁および二七九頁の図のタイトル、三一三頁の小見出しも編者が補ったものである)。
• 現在では差別的な表現とされる語が用いられている箇所があるが、原文の歴史性を考慮してそのままとした。

目　次

一　けわしい戦争の雲ゆき

太平洋戦争のいきさつ

沖縄は、一九七二年(昭和四十七年)五月十五日に、アメリカから日本に返されました。それまでの二十七年間、すなわち、一九四五年(昭和二十年)から一九七二年までは、アメリカ軍に占領されていました。

そのきっかけは、一九四五年の沖縄戦で、日本軍がアメリカ軍に敗れたことにあります。

歴史をさかのぼってみると、その源は昭和の初めにあった満州事変にあることがわかります。

当時、日本は、朝鮮・台湾・南洋諸島を日本の領土にくみ入れていたほかに、朝鮮と国境を接している中国の東北地方に鉄道をもち、軍隊もおいていました。鉄道は南満州鉄道といい、一般には満鉄の呼び名で通っていました。軍隊は関東軍と呼ばれ、日本軍のなかでも強い軍隊といわれていました。

一九三一年(昭和六年)九月、関東軍は満鉄線路を自分たちの手で爆破しておきながら、それを中国の兵隊がやったと言いがかりをつけて、中国に戦争をしかけました。関東軍は、またたく間に中国の東北地方一帯を占領し、翌年三月には、そこに「満州国」という日本の言いなりになる国をつくらせました。それは、中国の側から見ると、領土の一部が日本に奪いとられて、植民地にされたのも同じことです。

植民地というのは、よその国に支配され、治められている地域のことをいいます。当時は、朝鮮、台湾も日本の植民地になっていました。また、「満州国」のように、形は独立国であっても、じっさいはよその国の言いなりになっている地域も植民地といえます。

中国の人たちが、日本の悪がしこいやり方に激しい怒りを感じて、それに反対したのは言うまでもありません。日本軍は、そういう中国の人たちを武力で押さえつけ、中国全体を日本の言いなりにしようと、またもや戦争をしかけて、中国全土に攻め入りました。それが一九三七年七月のことです。こんどは中国の軍隊もねばり強く日本軍に立ちむかい、戦争は長期戦になりました。

当時、アメリカやイギリスは日本のやり方をこころよく思っていませんでした。それで、これらの国々は、武器やそのほかの物資を中国に送って、中国の人びとをたすけました。武器や物資は東南アジアの陸地伝いに国境を越えて送りこまれていました。そこで、日本軍は、この武器や物資の輸送路を断ち切るためという理由をつけて、一九四〇年にはインドシナ半島にも侵入しました。

しかし、それでも、日本軍は中国との戦争を終わらせることはできませんでした。月日がたつにつれて、中国軍の反撃はますます強くなり、日本軍が広大な中国の奥地深く攻め入れば攻め入るほど、日本軍の損害は大きくなるばかりでした。日本軍は、進むことも、退くこともできない状態におちこんでいました。それに加えてアメリカは、日本の反省を促すために、一九四一年(昭和十六年)七月には日本との経済交流を断ち切り、八月には日本への石油輸出を一切禁止しました。

そこで困った日本は、東南アジアに豊富にある石油、鉱物、米などの資源を手に入れて、この戦争を一気にかたづけようと、ついに一九四一年十二月、ハワイの真珠湾を不意打ちしたのを手始めに、アメリカ・イギリス・オランダなど、世界の多くの国々を相手どった戦争に突き進みました。これが太平洋戦争の始まりです。

その頃、ヨーロッパでは、ドイツとイタリアとが手をくみ、イギリス・フランス・ソ連を初めとする多くの国々に戦争をしかけていました。そのために、イギリス・フランス・オランダは、ヨーロッパでの戦争に手をとられて、アジアでは手うすになっていました。そのすきにつけこんで、日本軍は、イギリス・フランス・オランダが支配している東南アジアの各地に攻め入り、わずか一年のあいだに、その大部分を占領してしまいました。

また、アメリカ軍は、戦争の準備もしていないのに、日本軍から矢つぎばやに攻撃されて、フィリピンや太平洋の島々から退却をつづけました。これらの島々も次々と日本軍に占領されました。

「大東亜共栄圏」のからくり

太平洋戦争も、初めのうちは、日本軍が勝ち戦をつづけました。それに気をよくした日本の指導者は、ほこらしげに、こんなことをいっていました。

「アジアは、長いあいだ、アメリカやイギリスなどヨーロッパの国々に支配されて苦しんできた。日本は、アメリカやイギリスなどをアジアから追い出して、日本・満州・支那を初めアジア全体が栄えるように「大東亜共栄圏」をつくるつもりである。それが「八紘一宇《はっこういちう》」の精神を実現する道である。そのために「大東亜戦争」をしているのだ。」

八紘一宇というのは、天皇を中心にして、世界中の人びとを同じ屋根の下に住む家族のようにするという、天皇中心の考え方です。日本が戦争をしているのは、この考え方からだというのです。これでは、戦争をしかけられる方こそ迷惑きわまりない話です。

しかし、日本の指導者は、それよりほかに、戦争をしかけた理由を説明することができませんでした。

アジアが長いあいだヨーロッパに支配されてきたのは事実です。たとえば、インドやビルマ〔現在のミャンマー〕やマレー〔現在のマレーシアとシンガポール〕はイギリスの植民地でした。ベトナムやラオスやカンボジアはフランスの植民地でした。フィリピンはアメリカの植民地でした。インドネシアはオランダの植民地でした。アジアで独立国といえば、日本をのぞくと、中国とタイしかありませんでした。そのうち、中国は、領土の一部が外国の租借地《そしゃくち》〔外国が借りうけて、自由に使用する地域〕になるなどして、なかば植民地になっていました。また、タイは、強い国のあいだをうまく立ちまわって、やっと独立を保っている状態でした。アジアでは、日本だけがヨーロッパと太刀打ちできるただ一つの「先進国」だったのです。

幕末に黒船がきたといって大さわぎした頃の日本が、ヨーロッパとくらべて、どんなにおくれた国であったか、よく知っているでしょう。それが、明治維新からわずか数十年のあいだに、ヨーロッパなみの先進国になりました。このことは、ヨーロッパの支配をはらいのけて、独立した国をつくりたいとねがっているアジアの人びとを勇気づけていました。

「自分たちも、日本のように、やればできるのだ。」

と、アジアには、日本にあこがれる人びともいました。

だから、日本軍が東南アジアに攻め入ってきたとき、日本軍をこころよく迎え入れた人もあります。それは、日本軍が自分たちをヨーロッパの支配から救ってくれると期待したからです。つまり、東南アジアには、日本軍を解放軍と考えていた人たちもいたのです。解放軍というのは、人民を苦しめている支配者と戦って、人民を救う軍隊という意味です。

日本軍は、そういう東南アジアの人びとの気持ちや考え方をうまく利用して、日本軍が占領した地域に「独立国」をつくらせたり、あるいは「独立国」をつくらせる約束をしました。しかし、その本当のねらいは、ちょうど「満州国」と同じように、日本のいいなりになる国をつくらせることです。「大東亜共栄圏」というのも、結局は、アジアの資源と人民を日本の利益になるように利用するためのからくりにしかすぎませんでした。

もちろん、東南アジアの人たちのなかには、こういう日本の悪がしこいやり方をはっきり見ぬいた人たちもいました。また、初めのうちは日本軍にだまされていても、あとではそれがわかるようになった人たちもいました。そういう人たちは、日本のやり方に反対し、武器をとって日本軍に立ちむかっていきました。それは、ちょうど、満州を初め、広大な領土を占領された中国の人びとが武器をとって日本軍に抵抗してきたのと同じことです。結局、日本は、日本軍のいいなりになっている一部の人たちをのぞいて、アジア全体を敵にまわす結果になったのです。そうして、日本軍は、アジアのどの地域でも、年とともにだんだん苦しい戦いに追いこまれていきました。

本土に迫るアメリカ軍の反撃

そうしているうちに、

「真珠湾を忘れるな。」

という合い言葉で戦争準備を急いでととのえたアメリカ軍は、太平洋の島伝いに、激しい反撃を加えてきました。太平洋の島々に陣どっていた日本軍は、次々としらみつぶしに全滅させられ、一九四四年(昭和十九年)のなか頃には、サイパン・グアムなど、日本の植民地であった南洋諸島(サイパンも含む「南洋諸島」は、国際連盟委任統治領として実質的に日本の植民地の状態にあったが、グアムは一九四一年、太平洋戦争勃発後に日本が占領するまではアメリカ領だった)もアメリカ軍の手におちました。アメリカ軍は、とうとう、日本本土を直接攻撃できるところまでやってきたのです。

そのアメリカ軍を迎え撃つのに、日本軍は、沖縄・台湾・フィリピンを結ぶ線の守りをかためて、本土決戦にそなえようとしていました。この年の七月から八月にかけて、沖縄の守りにつく日本軍の部隊が続々と沖縄に移ってきて、堅固な陣地づくりの作業にとりかかりました。住民も、働けるものは男も女もみんな、この陣地づくりの作業につくことを命じられました。

住民の疎開と対馬丸の遭難

一方、足手まといになる子どもや老人や女は、できるだけ疎開するようにすすめられました。「疎開」というのは、戦争の危険を避けて、安全なところへ移ることです。

本土に縁故のある人は、その縁故を頼って疎開しました。しかし、そういう縁故のある人はごくわずかで、疎開者の大部分は、県庁の指図にしたがって、九州の宮崎・鹿児島・熊本・大分の各県に集団で疎開するのが普通でした。

小学生で、家族がいっしょにいけないものは、子どもたちだけまとまって、先生といっしょに疎開しました。それを「学童疎開」と呼んでいました。学童疎開の子どもたちは、まるで修学旅行にでもでかけるように、楽しくはしゃぎまわっていました。

「やまとにいけば、雪が見られる。」

と、子どもたちの小さな胸は夢でふくらんでいました。

沖縄の島々は、亜熱帯にあって、南から流れてくる黒潮に岸を洗われています。それで、雪は降らないし、霜もおりません。冬でも、気温が十度前後といえば、その冬一番の寒さです。それに、また、山は高さが五百メートルくらいまでのものしかないので、山の頂に雪がつもることもありません。沖縄の子どもたちは、だから、まっ白な雪と高くそびえ立つ山脈にかぎりない夢をさそわれます。そういう子どもたちの無邪気な夢とあこがれを乗せて、疎開船は那覇の港を離れていきました。

子どもたちのうきうきした気分とは反対に、沖縄に残った親たちは、船がぶじ鹿児島についてくれるかどうか、心配で心配で、夜もねむれないほどでした。というのは、もう半年以上も前から、沖縄の近くの海にアメリカの潜水艦が現われて、日本の輸送船を魚雷で沈めたことが何度かあったからです。疎開が始まる直前の(一九四四年)六月二十九日には、日本兵四千五百人を乗せて沖縄にむかう輸送船が、徳之島の沖合いで、アメリカ潜水艦の魚雷攻撃をうけて沈没したばかりです。その日本兵は、沖縄の守りにつくことになっていた日本軍部隊でした。そのときたすかったのはわずかに六百人くらいで、四千人近くの兵隊が海にのまれて死にました。沖縄の近くの海はそれほど危険なものになっていたのです。

そういう危険を知りながら、それでもなお、親が子どもを疎開させたのは、

「沖縄が戦場になったら、自分たちはどうなるかわからない。せめて、子どもだけはぶじにたすかってほしい。」

というねがいをこめてのことです。

ところが、その親たちのねがいを打ち砕く悲しい事件がおこりました。子どもたちを乗せた疎開船の一つ、対馬丸《つしままる》(六七五四トン)が沈んだのです。

対馬丸は、疎開学童七百人余りと、一般の老人や女の人八百人余りを乗せて、八月二十一日に那覇港を出ました。いく先は鹿児島港です。それがトカラ列島の沖にさしかかった八月二十二日の夜十時すぎのことでした。アメリカの潜水艦が発射した魚雷が命中して、対馬丸は沈没してしまいました。

対馬丸に乗船していた千五百人余りの疎開者のうち、漂流しているところを漁船にたすけられたり、あるいは、運よく近くの島に流れついたりして、あやうく命びろいした人の数は、わずかに二百二十七人です。疎開学童でたすかったのは五十九人にしかすぎませんでした。残りの人たちはみんな死んだのです〔数字には諸説がある〕。

対馬丸遭難のニュースは秘密にされて、正式には公表されませんでした。しかし、そのうわさはそれとなく人の口から口へと伝わり、たちまち沖縄中に広まりました。子どもを失った親たちは、たすけを求めながらおぼれ死んでいくわが子の姿を想像して、たえられない悲しみに打ちひしがれました。なかには、どこにもやり場のない悲しみと憤りのあまり、子どもの疎開をすすめた小学校〔国民学校〕の校長先生を泣きながら責め立てる親もありました。

身近な戦火

それからというもの、沖縄では、疎開をためらう不安な空気がたれこめました。だが、この年(一九四四年)十月十日の大空襲は、戦争のおそろしさをまざまざと見せつけて、疎開をためらう空気も吹きとばしてしまいました。

この日、アメリカ海軍の航空母艦からとび立ったグラマン機の大編隊が、夜明けとともに、那覇をおそいました。空襲は、港と飛行場の爆撃から始まり、午後からは、市街地に焼夷弾《しょういだん》の雨を降らせました。家という家は全部燃えてしまい、那覇は文字どおり死の街・灰の街になってしまいました。八百人近い人びとが命を失い、数万人の人びとが住む家を失いました。

身近に迫った戦火をのがれるために、人びとは、またもや、疎開を急ぐようになりました。しかし、疎開は、戦争の足手まといになるもの以外は、禁じられていました。また、子どもや老人や女の人でも、いろいろな都合で疎開できない人もたくさんいました。それで、アメリカ軍が上陸するまでに県外に疎開したのは全部で八万人くらいです。当時の沖縄県の人口はほぼ六十万人で、そのうち五十万人は沖縄本島に住んでいました。疎開したのは主として沖縄本島の住民でしたから、沖縄本島だけをとってみると、六分の一くらいの住民が疎開したことになります。そうして、沖縄本島には、なお、四十万人の住民がいました。

沖縄の重要な地理的位置

年が明けて、一九四五年(昭和二十年)二月、アメリカ軍は硫黄島に上陸し、一カ月の激しい戦闘を経て、二万人の日本軍が全滅しました。

その直後、沖縄の日本軍司令部は、

「アメリカ軍が次に攻めてくるのは沖縄にちがいない。上陸作戦の時期は三月の末か、四月の初めであろう。」

と警報を出し、全住民が戦闘にのぞむ態勢をとるように命じました。

じっさい、アメリカ軍の方では、硫黄島の次に沖縄本島を占領する計画を立て、上陸作戦は四月一日ということまで決定していました。アメリカ軍は日本本土攻撃に移る前に、沖縄を占領する作戦をとったのです。それは、沖縄が戦略上きわめて重要な位置にあったからです。

もう一度アジアの地図を広げてみましょう。

沖縄から九州の南端まではおよそ六百キロです。台湾の北端までをとってみても同じく六百キロくらいです。中国の上海まではおよそ八百キロです。

だから、沖縄を航空基地に使えば、日本本土と台湾が爆撃圏内にはいるだけでなく、中国大陸に進駐している日本軍を爆撃することもできます。さらに、陸上で戦闘する部隊を沖縄にたくわえておけば、必要に応じて、いつでも日本本土や台湾や中国大陸に攻め入ることができます。つまり、出撃基地としても申し分ない位置にあります。その上、沖縄には、海軍の大艦隊が碇泊できる湾が二つもあります。このように、沖縄は、陸・海・空三軍のどちらにとっても、重要な軍事基地になる条件をそなえています。

このような条件をそなえた沖縄を占領することによって、アメリカ軍は、日本本土に対する爆撃を強化するのと同時に、本土上陸作戦の足場をつくろうと考えたのです。また、台湾や中国や東南アジアにいる日本軍が日本本土と連絡がとれないようにし、これらの軍隊をバラバラに孤立させることもできると考えていました。だから、日本の側から見れば、沖縄をアメリカ軍に占領されることは、のどもとを押さえられるのと同じことです。沖縄はそれほど重要な地理的位置にあります。

沖縄の地理的位置については、百年も前に、その重要性を強調したアメリカ人がいます。一八五三年(嘉永六年)七月、日本の開国を要求するために、黒船をひきいて浦賀に現われたペリー提督がそうです。彼は日本にくる二カ月前に、まず沖縄を訪れました。どういう目的でやってきたかということは、自分の上司である海軍長官にあてた彼の手紙から知ることができます。

「日本国政府(江戸幕府のこと)が、もし日本本土の開港をかたくなにことわり、そのために流血の惨事がおこる危険があるときは、いい港があって、燃料や水が補給できる南の方の島に艦隊の碇泊地を定めようと思います。それには琉球諸島がもっとも便利です。

同諸島は日本の諸侯中でもっとも有力な薩摩藩島津侯の領土ですが、……残忍な薩摩侯は強大な権力でこの島々を押さえつけ、住民はひどい政治のもとで苦しんでいる実情です。もし、この島々を占領して、住民を圧制から解放するならば、それは人道から見ても正義にかなうことです。私にこの島を占領させるならば、住民の生活はおおいに改善され、住民はこぞってわれわれ合衆国市民を歓迎するにちがいありません。」(一八五二年十二月十四日付の手紙)

これは沖縄にくる半年前の手紙に書いてあることです。沖縄にきてからあとも、ペリーは、沖縄を占領する必要があると、海軍長官宛に再三手紙を書き送っています。そのなかで、ペリーは、日本を開国させて、日本と通商を開くためだけでなく、中国との貿易を発展させるためにも、沖縄を占領すべきであると力説しています。

ペリーの主張は、初めは、フィルモア大統領からも承認されていました。しかし、ペリーの航海中におこなわれた大統領選挙で、民主党のフランクリン・ピアスが大統領に選ばれ、新大統領はペリーの主張を退ける外交政策をとりました。それで、そのときは、沖縄もアメリカに占領されずにすみました。

それからおよそ百年たって、こんどはじっさいにアメリカ軍が沖縄占領作戦を実行することになったのです。この作戦のためにアメリカ軍は、十八万三千人の上陸部隊を初め、その掩護《えんご》と輸送にあたる海軍・空軍など、合わせて四十五万(『沖縄大百科事典』(沖縄タイムス社、一九八三年)の大田昌秀執筆「沖縄戦」の項によれば、のべ五四万八〇〇〇人)の大軍を動かす準備を着々と、ととのえていました。

沖縄の日本軍兵力

このアメリカの大軍に対して、沖縄を守る日本軍の兵力はどれほどだったでしょう。沖縄の日本軍司令部の高級参謀であった人の書いた本(八原博通『沖縄決戦』)によると、本来の戦闘部隊としては、五万に満たない陸軍部隊と約三千の海軍陸戦隊とがあったにすぎません。

当時、数百万の日本の陸軍は、中国を初め、東南アジアの各地に散らばっていて、どこでも手のぬけない苦しい戦いをつづけていました。また、日本の海軍と空軍は、太平洋でのアメリカ軍との戦闘で、大部分の勢力を失っていました。だから、沖縄があぶないとわかっていても、軍隊を補給する力が、日本軍には、もう、ありませんでした。

それで、沖縄では、兵力の不足を補うために、まず、約二万の陸軍後方部隊と約五千の海軍後方部隊とが正規の戦闘部隊に編成替えされました。その結果、陸軍の戦闘部隊は七万近くになり、海軍の守備隊は約八千になりました。そのほかに、住民のうち、十七歳から四十五歳までの男子は、「防衛召集」といって、みんな軍隊にはいるように命じられました。しかし、男子といっても、軍隊にはいった経験のあるものは、すでに正規の部隊に入れられていましたから、防衛召集をうけた男子はまったく軍隊の経験がないものばかりです。つまり、本来ならば、兵隊になれない体つきのものや、年少者でも、男はみんな兵隊にとられたのです。こうして、およそ二万五千人からなる俄《にわ》か造りの軍隊ができあがりました。それを郷土防衛隊と呼んでいました。

また、十三歳から十九歳までの男子生徒も軍隊にくみ入れられることになり、鉄血勤《てっけつきん》皇隊《のうたい》などと名づけられました。この呼び名からもうかがえるように、約千七百人のうら若い隊員たちは、「天皇陛下のために命を投げ出して戦う」という悲壮な決意を要求されていました。

このように、陸軍の正規の部隊七万近くと海軍の守備隊八千とに、約二万五千の郷土防衛隊と約千七百の鉄血勤皇隊とを加えて、日本軍の総兵力は十万余りになりました〔『沖縄大百科事典』「沖縄戦」の項によれば、一一万一千余人。その内訳は陸軍八万六四〇〇人、海軍約一万人、防衛隊員・学徒隊員約二万人〕。

また、女学生は、「ひめゆり学徒隊」でよく知られているように、従軍看護婦として軍隊についていくことになりました。さらに、それ以外の一般の若い女の人たちは、「義勇隊」・「救護班」・「炊事班」などとして、軍隊の作業を手伝うことになりました。

このようにして、沖縄の住民は、七万近くの陸軍の正規の部隊を主力とする約十万の日本軍とともに、もっている力のすべてを戦争につぎこむ態勢をとって、アメリカ軍の上陸を待ちうけていました。

三月も下旬が近づくにつれて、アメリカ軍の空襲はたび重なり、偵察機もひんぱんにとんでくるようになりました。それは、アメリカ軍の上陸が刻一刻と迫りつつあることを告げ知らせるものでした。

思えば、昭和の初めに満州で始まり、中国大陸から東南アジア・太平洋全域へ日本ががむしゃらに広げた侵略戦争は、十四年後の沖縄で、日本軍とアメリカ軍との最後の決戦を迎えようとしていました。けわしい戦争の成りゆきは、日本軍を、とうとうここまで追いつめたのです。

二　沖縄戦の悲劇

悲劇の幕あけ――慶良間の「集団自決」

一九四五年(昭和二十年)三月二十三日、アメリカ軍の艦隊は、沖縄の東方数百キロの海上にあって、沖縄を目指して進んでいました。そうして、空母からとび立った千数百の艦載機は、朝はやくから、沖縄本島とその周辺の島々に爆弾の雨を降らせていました。翌二十四日には、空からの爆撃がつづくなかを、アメリカ海軍の大艦隊が沖縄本島南部の沖に姿を現わし、陸地にむけて艦砲を撃ちこみ始めました。いよいよ、沖縄に上陸するための準備攻撃が始まったのです。

しかし、アメリカ軍は、いきなり、沖縄本島に上陸する作戦はとりませんでした。それに先立って、三月二十六日、那覇の西方二十五キロから四十五キロのあいだにある慶《け》良《ら》間《ま》諸島を占領する作戦にとりかかりました。それは、慶良間の島々が、前の年の秋頃から、日本陸軍の人間魚雷(特攻艇)の基地になっていたからです。人間魚雷というのは、エンジンをつけた舟艇《しゅうてい》(五・五メートルの合板のボート)に爆雷を積んで、敵の軍艦や輸送船に体当り攻撃をする海上特攻隊のことです。

慶良間諸島の一つ、渡嘉敷島《とかしきじま》には、百隻の舟艇が配置され、陸軍士官学校出の若い大尉を隊長に特攻隊員百三十人、整備員百二十人、島内出身の防衛隊員七十人、朝鮮から強制的に連れてこられた朝鮮人作業員二百二十人が駐屯していました。それに、住民が七百人近くいました。この島も、二十三・二十四の両日、準備攻撃の空襲をうけ、学校や村役所や人家など、建物のほとんどを焼きはらわれてしまいました。

二十五日の深夜から二十六日の夜明けにかけて、島にはひっきりなしに艦砲が撃ちこまれました。敵軍の上陸開始と見た特攻隊長は、時期がきたと判断して、

「出撃準備!」

と、命令を出しました。

入江や谷間深くかくしてあった舟艇は海面に降ろされました。舟艇には特攻隊員が一人ずつ乗りこみ、発進の準備がすべてととのいました。だが、隊長はなかなか出撃の命令を出しません。そのうち、東の空がしらみ始めて、夜が明けました。偵察飛行にきたアメリカ軍の艦載機がすばやく舟艇の姿をとらえました。そのときです。壕《ごう》のなかに待避していた隊長は命令を出しました。

「舟艇を破壊せよ! 全舟艇を破壊せよ!」

人間魚雷は出撃の機会を失ってしまったのです。あっけにとられた特攻隊員たちも、隊長の命令とあっては、しかたがありません。自分たちの手で舟艇をこわしてしまいました。一度も出撃することがないまま、特攻隊の任務を失った部隊は、

「これからは、地上で米軍を撃滅するために、持久戦にはいる。」

と、言って、島の西北端の丘陵地帯にある北山《にしやま》の陣地壕に引きこもりました。それで、アメリカ軍は、二十七日、何の抵抗もうけることなく島の南部に上陸し、翌二十八日には、爆撃と艦砲射撃であとかたもなくなった島の中心、渡嘉敷部落を無血占領しました。

そういう経過をたどるなかでおこったことです。

アメリカ軍が島に上陸した日の夜、住民は、日本軍の保護を求めて、豪雨の降りしきる闇夜の山道を手さぐりでのぼっていき、やっとの思いで北山の日本軍陣地にたどりつきました。しかし、日本軍は、住民がいっしょにいては困ると考えて、住民を陣地に寄せつけてくれません。それで行き場所を失った住民は、しかたなく、ふもとの恩納河原《おんながわら》におりて、谷間の岩かげや繁みで不安な一夜を明かしました。

夜が明けても、これからどうしてよいか、住民は途方にくれていました。すでにアメリカ軍が上陸しているので、部落に引き返すわけにはいきません。かといって、日本軍陣地にも近寄れません。不安におびえた住民は、親しいものどうしが身を寄せ合って、沈みこんでいました。そこへ、北山の陣地にいる日本軍隊長から出されたといわれる命

令が伝えられました。

「こうなっては、やむをえない。全住民が皇国の万歳と皇軍の必勝を祈って自決せよ。軍は最後の一兵まで戦い、米軍に出血をしいてから、全員玉砕《ぎょくさい》する。」

「皇国」というのは、天皇が治める国という意味で、日本のことです。「皇軍」というのは、天皇のひきいる軍隊という意味で日本軍のことです。使う言葉の端々《はしばし》にも、天皇中心の考え方がしみとおっている時代でした。「玉砕」というのは、玉が砕けるようにいさぎよく死ぬということで、戦争中は、戦死ということを美化して使っていました。

　この自決命令が日本軍隊長からちょくせつ出されたものであるか、どうかは、かならずしも明らかではありません。それを否定する意見もあります。それはいずれにせよ、当時の日本では、

「敵の捕虜になると、男はみな殺しにされ、女はなぶりものにされる。だから、生きて捕虜のはずかしめをうけるより、いさぎよく死んで、国のため、天皇陛下のためにつくすべきである。」

という考え方が、軍国主義教育の結果、広く国民の頭にしみこんでいました。おそらく、渡嘉敷島の人びともそういう考え方につき動かされていたと思います。それに、また、どうせ死ぬなら、島の人たちみんながいっしょの方がよいという感情も強くはたらいたと思います。自決命令をうけとった住民は、全員そろって自決することを決意し、それ

ぞれ死に場所を選んで、一発の手榴弾《てりゅうだん》のまわりに家族や親戚がひとかたまりに集まりました。手榴弾は日本軍から防衛隊員に渡されていたものです。やがて、その手榴弾があちらこちらで轟音《ごうおん》をたてて爆発しました。住民のなかには、即死した人もあれば、傷を負って苦しんでいる人もいます。そして、死に損なったものは、親しいものどうしが、棍棒や鍬《くわ》でたたきあったり、刀やカミソリで切りつけあったりして、息を引きとっていきました。こうして、三百二十五人の住民が集団自決をとげました。

集団自決の場所になった恩納河原は、島の名物である野生の鹿が水を飲みにくる所です。その清らかな谷川の水も血に染まり、さながら地獄絵図のような光景がくり広げられました。そこへ、アメリカ軍の迫撃砲は情け容赦なくとんできます。手榴弾が不発のために生き残った三百三十人余りの住民は、あまりの恐ろしさに、またも日本軍陣地へ救いを求めて押し寄せました。しかし、日本軍はなおも住民が陣地にくるのをこばみつづけています。住民は、しかたなく、アメリカ軍のうつ砲弾の下をくぐって、東の方の盆地に下っていきました。

同じ頃、慶良間の他の島々も同じような運命を辿っていました。座間味島《ざまみじま》では、アメリカ軍の上陸直前に、これも日本軍隊長がちょくせつ出したものかどうか、明らかではありませんが、

「戦闘能力のある者は男女を問わず戦列に加われ。老人、子どもは村の忠魂碑前で玉砕

せよ。」

という自決命令が住民に伝えられました。しかし、この島では、艦砲射撃が激しいために、住民が忠魂碑の前に集まって、みんないっしょに自決する機会はありませんでした。そこで、住民は、産業組合の壕や個人の家族壕で、思い思いに自決をとげ、住民約八百人のうち、およそ三百五十人が自分で命をたち切りました。

また、阿嘉島《あかじま》では、日本軍部隊が、国民学校高等科の生徒(現在の中学一、二年生)約八十人で編成した少年義勇隊を連れて、上陸したアメリカ軍の陣地に斬込《きりこみ》攻撃をかける準備をしていました。しかし、斬込はアメリカ軍のはげしい砲火の前で実行できず、生き残った少年のなかには、家族といっしょに自決したものもあるといわれています。

沖縄戦は、このように、住民の集団自決という悲劇で幕をあけました。

いうまでもなく、自決した住民の大部分は老人と子どもと女の人でした。このように足手まといになる住民が自決に追い込まれた事実は、何を意味しているでしょうか。そこには、考えさせられる問題がたくさんあります。しかし、少なくとも、次の一つのことだけは、はっきりしています。それは、すなわち、日本軍が沖縄で戦争したのは、沖縄の住民を守るためではなかった、ということです。では、日本軍は何のために沖縄で戦争したのでしょうか。それは、沖縄戦の経過を見るなかであきらかになると思います。

アメリカ軍の無血上陸

三月二十三日から三十一日まで、アメリカ軍が空と海から準備攻撃を加えているあいだ、沖縄本島の日本軍陣地は沈黙を守っていました。空をにらむ高射砲も、海にむいた砲台も、鳴りをひそめていました。沖縄の日本軍司令部は、

「発砲すると、陣地が敵に知れて、すさまじい破壊力をもった艦砲の集中射撃を浴びてしまう。だから、敵が上陸するまでは、発砲しないで、陣地をだいじにかくしておく。」

という作戦をとっていたのです。

すでに見たように、アメリカ軍は、人間魚雷の特攻基地、慶良間諸島を抵抗らしい抵抗もうけずに全部占領し、その島々に囲まれた海域を軍艦や船舶の投錨地《とうびょうち》にかえてしまいました。三月三十一日までには、上陸予定地である沖縄本島中部の西海岸の海はくまなく掃海され、機雷はすっかりとりのぞかれていました。

一九四五年四月一日、沖縄本島をとり囲んだ千三百隻のアメリカ軍艦艇は、夜の明けないうちから敵前上陸の準備にとりかかりました。上陸地点は嘉手納《かでな》と読谷《よみたん》の西の海岸で、上陸時間は八時三十分と予定されていました。

午前五時三十分、戦艦十隻、巡洋艦九隻、駆逐艦二十三隻、砲艦百七十七隻の艦砲がいっせいに火ぶたを切り、上陸前の掩護射撃が始まりました。それは、三時間もひっきりなしにつづき、そのあいだに撃ちこまれた砲弾は十万発をこえました。空からは爆撃

と機銃掃射がくりかえされ、まさしく「鉄の暴風雨」そのものです。

そのあいだに、沖の船舶から海に降ろされた水陸両用戦車や水陸両用トラックや上陸用舟艇は、硝煙《しょうえん》(砲弾の煙)と砂煙がもうもうと立ちこめている海岸へ押し寄せてきます。海岸に近づくにつれ、乗っているアメリカ兵は、日本軍の砲撃がいまにも始まるのではないかと、かたずをのんでいました。アメリカ軍としては、サイパンや硫黄島で経験したように、水際で激しい反撃にあうものと予想していたのです。

ところが、一発の砲弾もとんでこないし、一発の銃声も聞こえません。硝煙の消えた海岸に上陸しても、日本兵の姿は見られません。アメリカ軍は、日本軍の反撃どころか、少しの抵抗もうけずに、無血上陸したのです。

上陸した部隊は、ただちに嘉手納、読谷の二つの飛行場を占領し、さらに南と北に分かれて、進撃を始めました。そうして、数日のあいだは、戦闘らしい戦闘もまじえずに、進撃をつづけました。アメリカ兵のあいだでは、狐につままれたように思われて、

「沖縄の日本軍司令官は、偉大なる戦術家であるか、そうでなければ、大馬鹿ものである。」

と、ささやき合っていたそうです。

日本軍は、いったい、どんな作戦を考えていたのでしょう。

日本軍の作戦計画

沖縄の日本軍司令部は、沖縄でのアメリカ軍との戦争は勝目がないと、初めから知っていました。そこで、沖縄の日本軍としては、

「長期戦に引きこんで、アメリカ軍の日本本土上陸をできるだけおくらせるように抵抗しなければならない。そのあいだに、日本本土では、アメリカ軍を迎え撃つ本土決戦の準備ができるはずだ。沖縄では、敵軍を迎え撃つのではなく、敵軍が戦わなければならないようにしむけて、大きな損害を出させるのだ。」

と、考えていました。

陣地も、この考え方が生かされるように、沖縄本島の地形をうまく利用してつくられました。

沖縄本島は、長さが百三十キロ、幅が四キロから十五キロの、南北に細長い島です。島の三分の二を占める北部は高さ三百メートルから五百メートルくらいの山林地帯です。島の中部は丘陵地帯になっていて、なだらかな丘のあいだに、けわしい断崖や深い谷間があります。南部には平野が開けていますが、島の南端に行くと、高さ百五十メートルほどの高地がところどころにある台地になっています。地質が石灰岩であるために、丘陵や高地や台地には、自然の洞穴《ほらあな》(鍾乳洞《しょうにゅうどう》)がいたるところにあります。

また、海岸線も変化にとんでいます。北の方は、けわしい岩石の重なった海岸が多く、

南の海岸には断崖や絶壁がたくさんあります。だから、上陸作戦に適した海岸はきわめてかぎられていて、アメリカ軍も中部の海岸か、南部の東海岸にある漁港の付近に上陸するものと予想されていました。それで、日本軍は、中部の丘陵地帯が南の平野部に移る境目付近に陣地をつくり、そこにアメリカ軍を引きつけて、釘づけにする作戦をとりました。それまでは、発砲しないで、上陸したアメリカ軍が進撃してくるのを待つことにしました。主力部隊はこの陣地に立てこもり、北部には、東シナ海に突き出た本部《もとぶ》半島と、その西にある伊江島《いえじま》を守るための部隊数千人をおくのにとどめました。

一方、本土の日本軍最高司令部は、沖縄の海に浮いているアメリカ軍艦艇を攻撃するために、本土に残っている軍艦と飛行機をすべて動員する作戦をとりました。そうして、「沖縄近海のアメリカ海軍を撃滅すれば、沖縄に上陸したアメリカ軍を孤立させて、撃退することもできるし、アメリカ軍の本土上陸をやめさせることもできる。」と、あまく考えるむきがありました。

この考え方にしたがって、四月六日には、戦艦「大和《やまと》」〔六万四〇〇〇トン〕を初め、十隻からなる艦隊が山口県の徳山海軍基地を出港しました。しかし、艦隊は途中でアメリカ軍に空からおそわれ「大和」以下六隻が打ち沈められました。残りの四隻も、大きな痛手をうけて、日本本土に引きかえしました。これで、日本海軍には、アメリカ軍に反撃する力はまったくなくなりました。海は完全にアメリカ軍の支配下におかれたのです。

日本軍にとって、残された手段は空からの反撃だけです。それも、普通のやり方では成功の見こみがないので、爆弾や魚雷をかかえて体当りする特攻機に最後の望みをかけていました。沖縄戦で日本が失った飛行機四千機のうち、半数の約二千機は特攻機でした。しかし、そのなかで、じっさいに目標に体当りできたのは、そう多くはありませんでした。

たとえば、四月六日に出撃した七百機のうち、三百五十五機が特攻機でしたが、目標に体当りしたのはわずか二十二機でした。残りの三百機以上は目標に到達する前に撃墜されたのです。だから、特攻機の体当り攻撃でアメリカ軍にかなりの損害を与えはしたものの、それは大勢をかえるほどのものではありませんでした。それに、特攻機の出撃は先ぼそりに少なくなり、まもなく、そのたくわえも底をついてしまいました。

結果は、日本軍最高司令部が考えたように、沖縄に上陸したアメリカ軍を孤立させるどころではありませんでした。反対に、沖縄を守っている日本軍が、本土からの補給や掩護が得られなくて、完全に孤立していました。

攻防三カ月

上陸したアメリカ軍が南にくだって、日本軍陣地に総攻撃を始めた四月十九日頃から、地上での戦闘も、にわかに激しくなりました。

日本軍陣地は、すべて、丘陵や高地の地下深くうめられていて、自然の洞穴を利用したり、岩石をくりぬいたりして、つくられていました。司令部の陣地は、昔の都で、高台になっている首里《しゅり》の城跡にありましたが、それは地下十メートル、坑道の長さ千メートルという堅固な地下壕でした。この首里の北方五キロのあたりから、丘陵や高地のいたるところに地下陣地がつくられていました。

この陣地を攻めるのに、アメリカ軍は、陸上からの砲撃のほか、空からの爆撃と海からの艦砲射撃で掩護しながら、戦車や歩兵部隊を進撃させました。その砲爆撃は、太平洋戦争でも、かつてない集中攻撃で、地上のありとあらゆるものを吹きとばし、焼きつくすほど、すさまじいものでした。

しかし、それでもなお、地下深くうめられた日本軍陣地をくつがえすことはできませんでした。砲爆撃がやんで、アメリカ軍の戦車や歩兵部隊が近づいてきたとき、それまで鳴りをひそめていた日本軍陣地の機関銃や大砲が火を噴き始めます。また、陣地のいたるところに掘ってある蛸壺《たこつぼ》と呼ばれる塹壕《ざんごう》には、爆薬のつまった木箱を背負った日本兵がひそんでいて、アメリカ軍の戦車が近づいてくると、身をおどらせて、その下にとびこんでいきます。

このような日本軍の抵抗にあって、アメリカ軍も思うように進撃できず、首里の陣地をおとし入れるのに、上陸してから二カ月もかかりました。そのあいだ、血みどろの攻防戦がくり広げられ、日本軍はおよそ五万の兵力を失いました。アメリカ軍も、また、太平洋戦争始まって以来最多の死傷者を出しました。

五月の末、日本軍は、首里の陣地から南部の高地に退いて、陣地を立てなおしました。そうすることで、沖縄での戦闘をできるだけ長く引きのばそうとしたのです。そうして、この南部の陣地をめぐって、さらに三週間の激しい攻防戦がありました。この陣地がアメリカ軍の手におちてから、残っている日本軍は、断崖になった島の南端に追いつめられて、全滅しました。それが六月二十三日です。沖縄戦が始まってから三カ月たっていました。

住民の犠牲

沖縄は、もともと、亜熱帯の草や木が生いしげる緑の島でした。町や村では、石垣に囲まれた人家の赤い屋根瓦《がわら》と、それを縁どる白い漆喰《しっくい》とが、南国の強い陽ざしの下で、常緑樹の濃い緑に美しく映えていました。

しかし、戦争が終わったとき、沖縄本島の中部から南は、見るかげもなく、すっかりかわりはてていました。町や村は、赤い屋根も、緑の木々も消え失せて、灰と瓦礫《がれき》にうずまっていました。野にも、山にも、緑はなくなり、砲弾と爆弾で掘りかえされた赤土の上に、さんご礁岩《しょうがん》が黒ずんだ肌をむき出しにしていました。

洞穴や防空壕や道端には、日本兵や住民のくさって朽ちた死体がおきざりにされていて、あたり一面に悪臭を漂わせていました。それは、首里一帯から島の南端にいたる広い地域のどこででも見られる情景でした。死者の数は、それほど、おびただしいものでした。

日本軍の戦死者は九万四千人で、住民の戦死者もほぼ同数の九万四千人です。しかし、日本軍の戦死者のなかには、沖縄人で正規部隊や防衛隊や鉄血勤皇隊や従軍看護隊にはいっている人が、二万八千人もふくまれています。だから、それを計算に入れると、沖縄住民の戦死者は十二万二千人になります。それは、当時沖縄本島にいた住民四十万の三十パーセントにあたります。

角度をかえて見ると、住民の戦死者は、沖縄人をのぞいた日本兵の戦死者六万六千人の二倍、アメリカ軍の戦死者一万二千五百二十人の十倍にあたります。また、日本人もアメリカ人もいっしょにした全戦死者二十万人のうち、六十パーセントは住民の戦死者だったことになります。

これらの数字は、いったい、何を物語るでしょうか。

すでに見たように、日本軍の作戦は、負けるとわかった沖縄戦をできるだけ長びかせて、アメリカ軍の日本本土上陸をおくらせるのがねらいでした。この作戦のために、沖縄が破壊しつくされることも、住民の生命が犠牲になることも、初めからわかりきったことでした。にもかかわらず、それは日本軍司令部の眼中にはありませんでした。

そうして、また、アメリカ軍は、そういう日本軍が立てこもっている沖縄を占領するために、陣地であろうと、町や村であろうと、同じように砲爆撃を加えて、破壊し、焼きつくしてしまいました。さらに、壕や洞穴に人気《ひとけ》があれば、それが日本兵であろうと、住民であろうとかまわずに、火焔《かえん》放射器で焼きはらったり、黄燐弾《おうりんだん》や手榴弾を投げこんだり、自動小銃や機関銃で掃射したりしました。戦死した住民の大部分は、こうしたアメリカ軍の無差別攻撃で命を奪われました。

しかし、それがすべてではありません。住民の集団自決は、慶良間の島々だけでなく、沖縄本島でもありました。とりわけ、日本軍といっしょに住民が島の南端に追いつめられたとき、軍人・軍属だけでなく、一般の住民のなかにも、断崖からとび降りたり、手榴弾を爆発させたりして、自決した人びとがいました。

また、鉄血勤皇隊の学徒兵や、動員された若い女性のなかには、爆薬をつめた木箱を背負って、アメリカ軍の戦車の下にとびこんだり、敵陣に切りこんだりして、自爆した人びともいました。

それでも、すべてではありません。まだ、ほかにも、かわった戦死のしかたをした人びとがいます。それは日本兵に虐殺された人びとです。その例も、決して少なくありません。

日本兵による住民殺害

戦場になった沖縄本島の中・南部一帯に残っている住民は、沖縄戦が始まってからは、戦火を避けて、壕に身をひそめていました。そうして、アメリカ軍が進撃してきて、避難している壕があやうくなれば、別の壕を見つけて移り、壕から壕へと、避難生活をつづけていました。そのようなとき、同じ壕の中で、住民と日本兵とがいっしょになることも、しばしばありました。陣地を失った日本兵や、陣地から退いた日本兵も、壕から壕へと移り歩きながら戦闘をつづけていたのです。

そういう状況のなかでのことです。

「子どもに泣き声を立てられると、アメリカ軍に壕のありかがわかってしまう。」

と、いうので、母親が目を離しているすきに、乳のみ子が日本兵にしめ殺された例がよくありました。あるいは、日本兵が、数人がかりで、母親に抱かれた子どもたちを、次々と、むりやりに注射してまわって、毒殺した例もあります。

それから、これは、日本軍が首里の陣地を捨てて、南へ、南へと退いていくなかで、よくあったことです。住民が避難している壕に日本兵がやってきて、

「われわれはお国のために戦う兵隊だ。民間人は壕から出て、この壕をあけろ。」

「ここはすぐにアメリカ軍が攻めてくるぞ。民間人は後方にさがれ。」

と、壕を奪いとった例もあります。日本兵のいうことにしたがわないでいると、壕のなかに手榴弾を投げこんだり、壕をとび出して逃げまどう住民を、女や子どもまでも、銃剣で突き刺したり、軍刀で切り殺したりした例もあります。

また、激戦がつづいて、戦線の移動が激しいときには、アメリカ軍に占領された地域にとり残された住民が、前線をくぐりぬけて、日本軍陣地にやってきたり、あるいは、アメリカ軍の捕虜になった住民が日本軍陣地にまいもどってきたりすることがよくありました。そういう場合、その住民は、かならずといっていいくらい、日本兵からスパイときめつけられて、たちどころに殺害されるのが常でした。そういう例は、沖縄が戦場になっているあいだじゅう、いつでも、どこでもあったことです。

いや、それだけではありません。住民がスパイの疑いをかけられて日本兵に殺害された例は、地上戦がおこなわれなかった島々でさえもありました。それを見れば、当時の日本軍の一面が浮きぼりにされると思いますので、その一つの例を具体的に見てみましょう。

悲劇の終幕――久米島の惨劇

那覇の西方百キロの東シナ海上にある久米島《くめじま》には、仲里《なかざと》村・具志川《ぐしかわ》村（現在は合併して久米島町）という二つの村があって、およそ一万人の住民がいました。島には、「日本海軍沖縄方面根拠地付電波探信隊」という、たいへん長たらしい名前の海軍通信隊が駐屯していました。隊員は三十人余りで、隊長は海軍兵曹長でした。

沖縄戦も終わりに近い六月十三日の夜おそく、島の西海岸からアメリカ軍の斥候《せっこう》十数名が偵察に上陸し、帰りに住民三人を連れ去りました。その一人は、比嘉亀《ひがかめ》さんという老人で、農家の主人です。ほかの二人は、牧場を経営している宮城栄明《みやぎえいめい》さんの義弟で、中学生の人と、牧場の雇人《やといにん》です。

それを伝え聞いた通信隊長は、翌々日の六月十五日、二つの村の村長と警防団長とを通じて、住民に通達を出しました。それは、

「敵に連れ去られた三人が島に帰ってきても、家族はもちろん、一般住民も、彼らと会って話をすることは絶対に禁ずる。彼らが帰ってきたら、ただちに軍当局に報告して、連行すること。それに反した場合は、関係者も、責任者も、厳重に処罰する。」

「敵の飛行機などから配られた宣伝ビラを拾って、自分のものにしているのは、敵側のスパイと見なして銃殺する。」

という内容のものです。

それから十日ほどたって、六月二十六日の朝、こんどは島の東側の海岸に、千人くらいのアメリカ軍が無血上陸しました。不安と恐怖にかられた住民は、山のなかへ逃げこみ、洞穴や防空壕にひそんでいました。

その日の午後、先にアメリカ軍に連れ去られた比嘉さんと中学生の二人は、アメリカ軍のジープで自宅に送りかえされました。帰ってきた比嘉さんは、近所の人びとに会って、アメリカ軍に連れていかれているあいだに見たり聞いたりしたことを、つぶさに話しました。そうして、悲痛な面もちで、

「アメリカには、もう勝てませんよ。米軍は住民には何もしないから、抵抗しない方がよいと思うが……。」

と、ためいきまじりに語りました。六月の下旬といえば、沖縄本島の日本軍は全滅して、戦闘も終わっていました。それを見聞きしてきた比嘉さんの話は、だから、もっともなことです。

比嘉さんら二人が帰ってきたことを知った通信隊長は、六月二十九日の夜、隊員を使って、その二人の家族全員と、その人たちが住んでいる北原区の区長、警防分団長の二人とを、山の壕から呼び出しました。比嘉さんの家族は、奥さんに長男夫婦を合わせて、四人です。中学生の家族は、義兄の宮城栄明さんと、その奥さんを合わせて、三人です。北原区の区長は小橋川共晃《こばしかわともあき》さんで、警防分団長は糸数盛保《いとかずせいほ》さんでした。

呼び出された九人は宮城栄明さんの家に連れていかれました。そうして、比嘉さんと中学生はスパイときめつけられ、残りの家族と、区長、警防分団長は、帰ってきた比嘉さんら二人を軍当局に連行しなかったということで、軍の通達に違反したときびしく問

いつめられました。九人は、手足を針金でしばられ、目かくしされて、部屋のなかに立たされました。

通信隊長は、隊員にむかって、

「ひとりひとり殺せ。」

と、全員の処刑を命じました。

銃剣で次々と突き刺された九人は、床にたおれて、のたうちまわりました。それをさらに何度も銃剣で突き刺して、九人全員が息絶えたのを見とどけてから、日本兵たちは、その家に火をつけて、ひきあげていきました。

これと相前後して、こういう事件もありました。郵便局につとめていた安里正二郎《あさとせいじろう》さんは、上陸したアメリカ軍につかまって、降伏をすすめる文書を日本軍に届けるように命じられました。安里さんは、いわれたとおり、日本軍陣地にいって、その文書を通信隊長に手渡しました。すると、隊長は、安里さんをスパイときめつけて、隊長自身が、その場で、ピストルで射殺しました。

また、六月二十六日に上陸したアメリカ軍といっしょに、その道案内をして、島に帰ってきた仲村渠明勇《なかんだかりめいゆう》さんという人がいました。仲村渠さんは、この島の出身ですが、召集をうけて、沖縄本島の日本軍正規部隊の兵士になっていました。そうして、沖縄戦も終わりに近い頃、アメリカ軍の捕虜になって、捕虜収容所に入れられていました。

島に帰った仲村渠さんは、上陸したその日から、
「米軍は抵抗しない住民に危害を加えることはない。だから、山から降りて、家に帰るようにしなさい。」
と、伝えてまわりました。

ところが、それが例の通信隊長に知れて、仲村渠さんは命をつけねらわれることになりました。アメリカ軍が無血上陸してから五十日余りもたった八月十八日のことです。日本が無条件降伏してからも三日たっています。住民の姿に変装した日本兵たちは、仲村渠さんが妻子と三人で住んでいる野原の一軒屋をおそい、家族三人を切り殺して、家もろとも焼きはらいました。

それから二日後に、こういうこともありました。沖縄に永住している朝鮮人の谷川《たにがわ》昇《のぼる》さんは、朝鮮人ということで、スパイの疑いをかけられていました。八月二十日のことです。谷川さんは、身の危険を感じて、家族といっしょに逃げまどっていました。奥さんは沖縄人で、子どもは、十歳の長男をかしらに乳のみ子まで、幼いものばかり五人いました。

夫の昇さんは、六歳の男の子といっしょに逃げかくれているところを、日本兵に探し出されて、海岸で切り殺されました。父の死体にすがりついて泣き叫ぶ六歳の子も、軍刀で切りきざまれて、殺されました。家にいた奥さんと残りの四人の子どもたちも、日

本兵につかまって、みんな、切り殺されてしまいました。

　こういう住民虐殺があいつぐなかで、島の住民は、日本兵から、

「山を降りるものは、米軍に通ずるものとして、射殺する。住民は、いかなることがあっても、山にとどまれ。」

と、おどかされて、おびえているばかりです。そうして、この状態は、日本兵全員がアメリカ軍に降伏した九月七日までもつづいていました。

　慶良間の島々の集団自決で幕をあけた沖縄戦の悲劇は、沖縄本島を舞台にした攻防戦で最高潮に達し、沖縄本島の戦火がおさまったあとに、こんどは久米島で終幕を迎えたのでした。

差別と結びついた悲劇

　以上で見たように、沖縄戦のあいだじゅう、住民のなかには、集団自決や斬込のように、自分で死を選んだ人びともいれば、戦闘に参加しないのに、敵の攻撃で命を失った人びとが十万人近くもいます。かと思うと、味方と頼む日本軍から生命をおびやかされたり、奪われたりした人びとも少なくありません。こういうことは、洋の東西を問わず、戦争につきものの悲劇なのでしょうか。それとも、沖縄のような特殊な地域で見られる悲劇なのでしょうか。ここでは、この問題をまとめて考えてみましょう。

久米島で二十人の住民を虐殺した海軍通信隊の元隊長は、二十七年後の一九七二年(昭和四十七年)、故郷の徳島県にいて、当時のことを次のようにマスコミを通じて話しています。

「なにしろ、わしの部下は三十余名、島民は一万人もおりましたからね。島民が米軍側についてしまっては、ひとたまりもない。だから、島民の日本軍に対する忠誠心をゆるぎないものにするためにも、断固たる処置が必要だった。島民を掌握するためにやったのです。家といっしょに火葬してやったのです。」

この談話は、海軍通信隊の元隊長が、どんなに住民を信頼しないで、おそれていたかを、はっきり示しています。

住民に対するこのような不信感と恐怖は、戦争に敗れて追いつめられている日本兵のせっぱつまった気持ちと無関係でないことは、いうまでもありません。しかし、それだけで、日本兵による住民虐殺事件のすべてを説明しつくすことはできません。

沖縄戦当時、日本軍のあいだでは、太平洋の島々での戦争の教訓として、

「現地住民に決して気をゆるすな。彼らは、自分たちを支配するものに従順であり、すぐアメリカ軍の方に情報を提供する。」

と、いわれていました。

おそらく、こういう考え方からだと思いますが、沖縄の日本軍司令部情報主任のM大

尉は、

「沖縄人は皆スパイだ。」

と、公言してはばかりませんでした。

ところで、太平洋戦争中に日本軍が占領した太平洋の島々は、もともと、日本の領土ではありません。サイパンやグアムなど、日本の植民地であった南洋諸島〔七頁の編者注記参照〕も、日本の固有の領土ではありません。これらの島々の住民にとって、日本軍は、よそからやってきて、自分たちを押さえつけている支配者でした。だから、住民が、もともと、日本軍の味方であるはずがないし、日本軍を信頼するはずもありません。むしろ、日本軍を攻撃しているアメリカ軍こそ、住民の目には、解放軍と映ったにちがいありません。住民が、そのアメリカ軍に協力したとしても、何の不思議がありましょう。

しかし、沖縄の場合はどうでしょう。沖縄は日本固有の領土です。住民も、自分たちは日本人であると思っていて、それ以外のどのような国の人間とも考えていませんでした〔戦時下の県民の意識では、明治以来の皇民化教育などの影響もあって、沖縄は日本固有の領土であり、自分たちは日本人であると考えられていた〕。それにもかかわらず、沖縄にきた日本兵のなかには、沖縄は、かつての台湾や朝鮮のような日本の植民地であるか、あるいはそれに近いところだと考えている人がたくさんいました。むしろ、それが当時の日本人の大多数の考え方だったといえます。筆者である私の経験を話すと、私は、沖縄戦当時、熊本の旧制高等学校に在学していました。私が沖縄からきたことは友人たちもよく知っていたので、友人からこんな質問をうけることがよくありました。

「沖縄の土人はどんなかっこうしているかね？」

友人は、私を、日本本土から沖縄に移住している「日本人」と思っていたわけです。私は、腹立たしい当惑をおぼえながら、こんなふうに答えたものです。

「沖縄の土人だって？　この僕がそうだよ。」

友人が、すまなさそうな、それでいて、わからないといった顔をしていたのを、いまでも思いだすことができます。こういう体験は、私だけにかぎらず、日本本土にきた沖縄出身者が、誰でも、いやというほどあじわってきたものです。

沖縄出身の詩人で故人となった山之口《やまの》貘《くちばく》さん（一九〇三―六三）は、郷土の沖縄を相手にわかってもらえないもどかしさを、そうして、また、その沖縄の出身である自分を相手にわかってもらえないいらだたしさを「会話」という詩でたくみにいいあらわしています。

会　話

お国は？　と女が言った

さて　僕の国はどこなんだか　とにかく僕は煙草に火をつけるんだが　刺青《いれずみ》と蛇皮《じゃび》線《せん》などの連想《れんそう》を染めて　図案のような風俗をしているあの僕の国か！
ずっとむこう

ずっとむこうとは？　と女が言った
それはずっとむこう　日本列島の南端の一寸《ちょっと》手前なんだが　頭上に豚をのせる女がいるとか　素足で歩くとかいふような　憂鬱な方角を習慣しているあの僕の国か！
南方《なんぽう》

南方とは？　と女が言った
南方は南方　濃藍の海に住んでいるあの常夏《とこなつ》の地帯　龍舌蘭《りゅうぜつらん》と梯梧《でいご》と阿旦《あだん》とパパイヤなどの植物達が　白い季節を被《かぶ》って寄り添うているんだが　あれは日本人ではないとか　日本語は通じるかなどと話し合いながら　世間の既成概念達が寄留するあの僕の国か！
亜熱帯

アネッタイ！　と女は言った

亜熱帯なんだが　僕の女よ　眼の前に見える亜熱帯が見えないのか！　この僕のやうに　日本語の通じる日本人が　即ち亜熱帯に生れた僕らなんだと僕はおもふんだが　酋長《しゅうちょう》だの土人だの唐手《からて》だの泡盛《あわもり》だのの同義語でも眺めるかのやうに　世間の偏見達が眺めるあの僕の国か！

赤道直下のあの近所

沖縄戦当時の日本兵のなかに、沖縄人は「日本人ではない」と思い、沖縄を植民地のように考えるものが多かったとしても、当時の日本全体の情況から見て、不思議ではありません。

そういう考え方があるために、日本兵のなかには、戦争に敗れてだんだん追いつめられたとき、

「住民はスパイ行為をするのではないか。」

と、疑いをもつものが多くなり、それがさらにひどくなって、住民を虐殺するものも現われてきたと思われます。

それでは、沖縄の人びとの本当の姿はどうだったでしょうか。

沖縄にも、満州事変このかた日本がしかけた戦争に反対の考えをもった人もいないわ

けではありませんでした。しかし、当時はそういう考えを表に出すと、たちどころに警察や憲兵につかまって、刑務所に投獄されたものです。思想の自由や言論の自由がまったく認められない時代でした。だから、戦争に反対の考えをもっていても、投獄されたくなければ、押し黙っているよりほかに、しかたがありません。しかし、そのような人は、沖縄でも、そんなにたくさんはいませんでした。

住民のほとんどといっていいくらい大部分の人びとは、むしろ、日本の軍国主義の波に押し流されていました。そうして、日本のしかけた戦争を「聖戦」と思いこんで、それに協力していたのが実情です。当時の日本では、「聖戦」という言葉を、天皇の威光を押し広めるための神聖な戦争という意味で使っていて、アジア侵略の戦争を、そのようにいいくるめていました。

沖縄戦にしても、当時の住民の大部分は、それを、日本のアジア侵略の戦争が失敗して、どたん場にきたものだとは考えずに、「鬼畜米英」から「皇国」を守るための戦争と考えていました。わかりやすくいうと、鬼やけだもののようなアメリカ・イギリスの攻撃から、天皇が治める日本を守るための戦争と考えていたのです。そうして、天皇のため、お国のためになるならば、自分の命を投げ捨ててもよいと考える人たちが少なくありませんでした。斬込や自決をして、自分で死を選んだ人たちは、その代表といえましょう。当時の沖縄人の大部分は、それほどまでに、天皇に忠誠をつくす、よき「日本臣民」だったのです。

それにもかかわらず、沖縄にきた日本兵からは、沖縄人はスパイではないかと疑いをかけられて、虐殺されたものもいます。すでに見たように、そこには、沖縄を日本本土とは異なる一種の植民地のように差別する見方や考え方が強くはたらいていました。そうして、よく観察するならば、こういう差別は、日本軍の沖縄作戦全体をつらぬいていたともいえます。

沖縄戦では、これもすでに見たように、本土決戦を少しでも先へのばすために、沖縄のすべてを破壊しつくし、住民を犠牲にしてかえりみない作戦がとられました。そうして、この沖縄戦を最後として、日本は本土決戦を待たずに降伏しました。こういう経過から見ても、沖縄は、日本本土と同じにあつかわれたのではなく、むしろ、太平洋の島々と同じく、日本本土から差別された植民地のようなあつかいをうけたのです。沖縄戦は、そのために、いろいろ深刻な悲劇をたくさん生み出し、ただでさえ悲惨でむごたらしい戦争を、より一段と悲惨でむごたらしいものにしました。

どうして、そういう結果になったのでしょうか。それを知るためには、沖縄の歴史をもっとさかのぼって見なければなりません。それは、また、戦後の沖縄におこったさまざまな問題を正しく理解するためにも必要なことです。一つの例を示すと、第二次大戦直後、日本本土でも、沖縄でも、革新的な考えをもつ人びとのあいだでは、

「沖縄は日本から分かれて、独立した方がよい。」

という意見がありました。それが、数年後には、反対に、

「沖縄は、ただちに、日本に復帰すべきである。」

という主張にかわりました。どうして、そういうことがおこるのか、そのわけも、沖縄の歴史をさかのぼってみなければ、なかなかわかりにくいことです。だから、話を戦後の問題に移す前に、ひとまずここで、沖縄戦にいたるまでの沖縄の歴史を見ておくことにしましょう。

三　古代の沖縄と琉球国の成立

沖縄の先史時代

沖縄の歴史を考える場合、誰でも最初に頭に浮かぶ疑問は、「沖縄人の祖先は、いつ、どこからきたか?」ということでしょう。

ところで、幾千年、幾万年という遠い昔の人の生活については、書かれた記録はもちろんないし、いい伝え、語りつがれた話さえありません。それを知る手がかりになるものとしては、遺跡があるだけです。しかし、その遺跡も、長い年月のあいだには、ほとんどが朽ちはててしまい、現在残っているものはごくわずかです。さらに、その数少ない遺跡のなかで、いままでに発見され、発掘されたものはその一部分です。いまのところ、私たちは、その一部分の遺跡を調査・研究して、遠い昔の人びとの生活をうかがい知る以外に方法はありません。もちろん、将来は、地下に眠っている遺跡の発掘で、私たちが知ることのできる範囲はもっと広くなるでしょう。しかし、それは今後の調査・研究に待つよりほかにありません。

さて、いま〔一九七〇年代初め〕までのところ、沖縄で発掘された一番古い遺跡は、「山下洞人」が発掘された三万二千年前のものです。それは、一九六四年(昭和三十九年)、沖縄本島南部の洞穴で発見された人骨や鹿の化石や石器などの遺物からわかった人間の住居の跡です。それについで、一九七〇年(昭和四十五年)には、沖縄本島南部の採石場で、一万八千三百年前の人骨が六体分も発見されました。宮古島からは、大陸にしか棲息しない象の化石も発見されています〔そののち石垣島で約二万七〇〇〇年前の全身骨格がほぼ残った人骨が発見されている〕。

これらの遺跡や化石は、日本列島がアジア大陸と陸つづきであった数十万年から数万年の昔、いわゆる氷河時代に、大陸から陸橋を通って沖縄に渡ってきた人びとがあることを物語っています。しかし、これらの人びとが、その後、どのように生活を営んでいったかは、あきらかでありません。その後、陸地が陥没して、陸橋もなくなり、沖縄は、日本本土からも、アジア大陸からも、海でへだたった、いま見るような島々になりました。

それからあと、沖縄にくるには、舟で海を渡らなければならなくなりました。しかし、数千年も前の時代には、舟をつくる技術も、航海の知識も、きわめて低く、幼いものでした。だから、そういう時代に沖縄に渡ってきた人びとがあるとすれば、黒潮の流れに乗って、南から島伝いに北上してきたか、あるいは、九州から島伝いに南下してきたのではないかと考えられます。沖縄のいたるところで広く見られる貝塚遺跡は、この二つの径路を通って沖縄にきた人びとがあることを物語ってくれます。貝塚は、原始的な生活をしている人びとが食べた貝の殻がつもってできたもので、そこから出てくる土器や石器や骨器などの遺物から、当時の人びとの生活をうかがい知ることができます。

沖縄の貝塚は、およそ三千五百年前(紀元前十五世紀)から千三百年前(七世紀)までのあいだのもので、一番古いものと一番新しいものとでは、二千年以上の開きがあります。この沖縄の貝塚時代は、日本本土の歴史の上でくらべると、だいたい、縄文式文化時代の後期から、弥生式文化の時代を経て、古墳文化時代が終わる頃までにあたります。

貝塚時代の沖縄の人びとは、山野に自然に生えた木の実や、草の葉や茎や球根などのほか、狩で捕えたけものや、海や川でとれる魚介類を主な食べものにしていました。農耕はまだおこなわれていないか、あるいは、きわめて幼稚な状態でした。

貝塚から出る土器には、地方的な個性の強い南島独得のものが多く見られます。そのほかに、日本本土でつくられた土器や、日本本土の土器のつくり方をとり入れた土器もあります。そして、日本本土の縄文式文化の影響は、沖縄本島以北の島々から出土した土器には見られるけれども、台湾に近い八重山と宮古の島々から出土した土器には見られません。

また、貝塚から出る石器について見ると、日本本土の影響はきわめて少なく、ほとんどが南方の影響を強くうけたものです。これは沖縄の島々すべてに共通していえることです。

このような土器や石器の状態から考えて、いまから三、四千年前の昔、南方の文化、特にインドネシア系の文化をもった人びとが、沖縄と奄美の島々を島伝いに北上して、九州南部に移住したのではないかと想像されます。そのとき、沖縄と奄美の島々に住みついた人びともいて、そこで地方的な個性の強い独得の南島文化を形づくったと考えられます。台湾に近い八重山と宮古の島々では、それが特にいちじるしかったと思われます。それと同時に、九州から南下する人びとによって、日本本土の文化も伝えられ、南北の文化が交流したと考えられます。沖縄以北の島々、とりわけ九州に近い島々の場合、それがいちじるしかったと思われます。

一方、この時代、日本本土では、はやくから、中国大陸の中・南部地方に住んでいた人びとが日本の西南部に渡ってきて、縄文式文化を形づくっています。そこへ、紀元前四世紀から紀元前三世紀の頃にかけて、やはり中国大陸の南部地方から、稲作の農耕技術をもった人びとが朝鮮半島南部と九州に渡ってきたといわれています。日本本土では、このときから稲作が始まり、弥生式文化の時代にはいりました。それ以後、稲作を中心とする農耕は東日本にも急速に広がっていき、青銅器や鉄器の使用もさかんになりました。

それからまもなく、西暦紀元の始まる前後に、中国大陸の東北地方にいた民族が朝鮮半島を南下して九州に渡り、日本本土に前から住んでいた人びとを次々と征服していきました。そして、四、五世紀頃には、天皇一族を中心にした大和《やまと》王朝が、地方の豪族をしたがえて、日本に初めての統一国家をつくりました。

そういう経過をたどるなかで、二、三世紀頃の日本本土では、大陸北方系の民族の言葉が広く通用するようになりました。そして、それが、日本本土にいきわたっていた南方系の言葉の上に重なって、現代日本語の祖先にあたる日本祖語が形づくられました。

ところで、日本本土に統一国家ができてからあと百年ほどのあいだ、中国大陸と日本との交通は途絶えていました。大和朝廷は、七世紀にはいってから、それをふたたび開いて、中国の進んだ文化の輸入につとめます。そのさい、大和朝廷から中国の朝廷に送られる使いのものを、七世紀の初めまでは遣隋使と呼び、それ以後は遣唐使と呼んでいました。呼び名がかわったのは、隋という中国の王朝が六一八年に滅んで、唐という王朝がそれにとってかわったからです。

当時、日本本土から中国に渡る径路は、九州から朝鮮半島に沿うていく北路と、奄美・沖縄の島々を島伝いに南下してから東シナ海を渡る南路とがありました。遣隋使の頃は北路をとっていましたが、七、八世紀の遣唐使の多くは南路をとっていました。

大和朝廷は、この南路の安全をはかるために、奄美・沖縄の島々を調査して、その島々に道しるべの標木を立てさせました。その標木には、島の名や、船の停泊地や、水のある所や、行程などを記して、漂着した船が島の名を見ただけでも帰り路がわかるようにしました。そういう必要があって、大和朝廷は南の島々にも勢力をのばしました。

そこで、遣唐使のゆききとともに、大和地方と奄美・沖縄の島々とのあいだでも、人びとのゆききがさかんになり、日本本土の進んだ文化が奄美・沖縄の島々に流れて、はいってきます。沖縄に、鉄でつくった武器や農具がもたらされ、稲や麦をつくる農耕の技術が伝えられたのも、この七、八世紀頃からと考えられます。それと同時に、神を祭る儀式のあげ方もとり入れられ、言葉も日本祖語がすべての島々で通用するようになりました。

もっとも、言語学者のなかには、

「日本祖語が沖縄の島々に根をおろしたのは、三世紀なかばから六世紀初め頃であろう。」

と、説いている人もあります。しかし、鉄器や稲作などの農耕技術が沖縄に渡ってきた年代と合わせて考えると、それは七世紀よりもそれほど前のことではないように思われます。それは、ともかく、いずれにせよ、七、八世紀頃には、日本祖語から分かれた言葉が奄美・沖縄の島々にしみとおっていて、それが琉球方言といわれるものになったことはたしかです。沖縄の人びとは、方言でいう場合、日本本土を「やまと」と呼び、中国を「唐」と呼んでいますが、それは七、八世紀頃の呼び名がそのまま残ったものです。

日本祖語から分かれた琉球方言は、その後、長い年月のあいだに、いろいろと変化して、現代の沖縄方言になりました。話が出たついでに、変化の例を二つだけ紹介しておきましょう。現代の沖縄方言では、「ア・イ・ウ・エ・オ」の五つの母音のうち、「エ」(e)は、「イ」(i)に変化し、「オ」(o)は「ウ」(u)に変化して、母音は「ア・イ・ウ」の三つだけになっています。たとえば、

「目」(me)は → 「み」(mi)

「桃」(momo)は → 「むむ」(mumu)

と、なっています。だから、「亀の甲」でしたら、

kame no kō → kami nu kū 「かみぬくう」

と、なるわけです。ただし、「エイ」、「オウ」などのように、母音が重なる場合は例外です。

それから、これは、すべての場合ではありませんが、「き」が「ち」に変化し、したがって、また、「ぎ」が「ぢ」(じ)に変化している場合があります。たとえば、

「沖縄」は → 「うちなー」

「面影《おもかげ》」は→「うむかぎ」→「うむかじ」

と、なっています。甲子園での高校野球のときなど、沖縄チームを応援する字幕によく見られる「チバリヨー」は「気張れよ」の変化したものです。同じ「き」でも変化しない例をあげると、

「木のぼり」は→「きーぬぶい」

と、なって、「き」の部分には変化がなく、「のぼり」が「ぬぶい」となっています。まだほかにも、変化した面がいろいろありますが、これ以上深入りすることは、さしひかえておきます。要するに、ここでは、現代の沖縄方言が日本祖語から分かれた言葉の変化したものだということを、知ってもらえればいいと思います。

さて、以上のように見てくると、七、八世紀頃の「沖縄人」は、古代日本語を話す日本人の一分枝《いちぶんし》であったことがわかります。

もちろん、ここでいう日本人は、これもすでに見たように、ただ一つの人種で形づくられたものではなく、先住民や、南方系の海洋民族や、北方系の山間民族や、その他いろいろな特性をもったいくつかの民族が混血し、とけ合って形づくられたものです。その場合、地域や個人によって、混血のしかたに、いくらかの差があるのはとうぜんのことです。だから、沖縄人の場合、南方系の要素がいくらか強いとしても、別に不思議ではありません。

動きだした沖縄の歴史

遣唐使の派遣も、平安時代中期の九世紀にはいってからは、途絶えがちになり、この世紀の終わり頃には、菅原道真《すがわらのみちざね》の意見が入れられて、とりやめることになりました。それにつれて、日本の朝廷と沖縄との結びつきもだんだん弱くなり、やがて断ち切れの状態になります。しかし、それでもなお、人びとのゆききは途絶えることがなく、日本本土と沖縄との文化の交流は、十三世紀の鎌倉時代までつづいていました。そのあいだに、稲作の技術をとり入れた沖縄の人びとは、貝塚時代の原始的な生活からぬけ出して、農耕生活を営むようになります。

人びとが原始的な生活をしているときには、一つの家族だけでまとまって、住居も転々とかえながら暮らすのが普通です。ところが、稲や麦などをつくる農業を始めると、人びとは、転々と住居をかえるわけにはいかなくなり、一定の地域に住みつくようになります。さらに、水路を開いたり、田や畑に水を引いたり、そのほか大きな仕事のためには、たくさんの人びとの協力が必要となり、同じ地域に住むいくつもの家族が力を合わせて暮らすようになります。そこに部落や村が生まれて、人びとの社会生活が始まります。

このような社会生活が始まると、村人を統制し、統率する指導者が必要とされます。

そして、そういう指導者には、新しい農業技術をよく知っていて、村人の共同の作業や生活を指導できる能力をもち、さらに、村の規律に反するものがあれば、それをとりしまるだけの力と人望もかねそなえた人がなったと思われます。こういう指導者は、やがて、村の政治をつかさどる支配者になりました。

さて、このようにして生まれた村の支配者のなかで、特に大きな力をたくわえたものは、となり近所の村々も支配するようになって、一つの地方を支配する豪族に成長していきます。

昔の沖縄では、村のことを「まじり」(間切《まぎり》)といい、「まじり」の支配者を「按司《あじ》」と呼んでいました。「按司」は「ぐすく」と呼ばれる城を築いて、武力をたくわえ、たがいに勢力をきそい合いました。そのなかで特に力のあるものは、となり近所の村々の「按司」たちをしたがえて、「世《ゆ》ぬ主《ぬし》」(世《よ》の主)と呼ばれる大きな地方の支配者に成長しました。この「世ぬ主」が最初に出てきたのは、沖縄本島の中心部の地方で、時代は十二、三世紀頃です。

十二、三世紀の「世ぬ主」のなかで、特に勢力のあったものに舜天《しゅんてん》という人がいます。舜天は、十三世紀前半、沖縄本島の中心部である首里・浦添《うらそえ》一帯を支配していた「世ぬ主」で、沖縄の歴史上、最初に現われる実在の人物です。この舜天については、源為朝《みなもとのためとも》の子であるという、次のような伝説があります。

保元の乱で捕えられて、伊豆の大島に流された為朝は、九年後に、舟で大島からぬけ出した。ところが、海上で暴風雨にあい、舟は沖縄に流れついた。為朝が上陸すると、住民は、よろいを着て弓矢をもった勢いにおそれて、草木が風になびくように服した。彼は、それから、大里《おおざと》按司の妹と結婚して、男の子が生まれ、尊敦《そんとん》と名づけた。

しばらくして、為朝は故郷に帰りたくなり、妻子を連れて、船出した。ところが、港を出ると急に暴風雨がおこって、二度も引きかえした。船頭からは、

「男と女がいっしょに舟に乗ると、竜宮の神のたたりをうけます。どうか、女の人はおろしてください。」

といわれ、為朝は、しかたがなく、別れを惜しみながら妻子をおろして、船を出した。

子どもの尊敦は、幼い頃から、おこないも器量もひとよりぬきんでていた。そして、十五歳のときに、人びとの信望を集めて、浦添按司になった。この尊敦が後の舜天である。

これは、伝説であって、もちろん事実ではありません。しかし、沖縄に古くからこの

種の伝説があったということには、それなりのいわれがあるにちがいありません。それはどういうことでしょうか。

十二、三世紀頃の沖縄は、民衆の一人であっても、知力と武力がかねそなわっておれば、弱い「按司」や「世ぬ主」をたおして、自分がそれにとってかわることのできる時代でした。だから、他人《ひと》に先がけて、鉄の武器や農具を日本本土からとり入れたものは、強大な力をたくわえて、「按司」や「世ぬ主」への道を進むことができました。あるいは、また、日本本土から流れてきた落武者《おちむしゃ》と手をくんで強大になった「按司」や「世ぬ主」がいたと考えても、不自然ではありません。源鎮西八郎《ちんぜいはちろう》為朝が沖縄に渡ってきたという舜天にまつわる伝説には、そういう歴史の事情が背景にあります。

このように、沖縄の歴史は日本本土の影響をうけて、十二、三世紀頃から、にわかに、激しく動き出しました。それが十四世紀以後になると、その上に中国の影響が加わり、沖縄の歴史はきわめて特殊な道を歩むことになります。

中国との結びつき

十四世紀の日本本土では、一三三三年に鎌倉幕府がたおれたあと、全国の武士たちが南朝側と北朝側とに分かれて、戦乱に明けくれていました。南北朝の動乱、あるいは南北朝の内乱と呼ばれているのはこの時代のことです。

その頃、沖縄では、沖縄本島の中心部だけでなく、北部地方と南部地方にも「世ぬ主」が現われ、沖縄本島は大きく三つの勢力圏に分かれました。そして、この三つの地方の「世ぬ主」は、自分の支配する地域を広げるために、たがいに武力で争っていました。沖縄もまた、日本本土とはちがった意味で、戦乱のなかにありました。

〝ちがった意味で〟というのは、こういうことです。

当時、日本本土では、大和朝廷以来、奈良・平安時代を通じて栄えた古代の貴族社会がくずれて、源平《げんぺい》二氏や北条《ほうじょう》氏・足利《あしかが》氏などに代表される武士の支配する社会が生まれています。そういう時代の流れにもかかわらず、朝廷を中心とする貴族の手にもう一度支配権をとりもどそうとする動きがあり、それがきっかけになって、南北朝の動乱はおきました。しかし、六十年に渡る戦乱の結果はどうなったかというと、朝廷は見るかげもなく衰え、反対に、足利幕府に代表される武士の支配権はゆるぎないものになりました。

一方、沖縄では、この頃まで、日本本土の奈良・平安時代のような貴族社会はまだつくられたことがありません。だから、当時の「世ぬ主」は、古代の貴族社会がくずれたあとに出てきた武士ではなく、むしろ、大和朝廷が生まれる直前の二、三世紀頃、日本の各地方に小さな「国」をつくって相争った豪族の族長と同じ性格をもっています。つまり、十四世紀の「世ぬ主」たちの争いは、族長の支配する小さな三つの「国」のあいだの争いで、それは、沖縄全体を統一した国家の生まれる直前の戦乱でした。沖縄の歴史の歩みは、日本本土にくらべて、それだけおくれていました。

また、中国大陸に目を移すと、十三世紀以来モンゴル人に押さえられていた漢民族が、一三六八年、明《みん》という新しい王朝を立て、モンゴル人の元《げん》王朝を滅ぼしました。新しくできた明の朝廷は、明を宗主国(君主にあたる国)とあおぎ、明の臣下(家来)として礼儀正しくつかえる国々にだけ、貿易をゆるす方針をとりました。そこで、明と貿易しようとする国は、まず明の朝廷に貢物《みつぎもの》を送り、臣下としての礼を示さなければなりません。それから、そのおかえしとして、明の朝廷から貨幣その他の物資をもらって帰るという段どりをふみました。これを朝貢貿易といいます。

朝貢貿易にしたがう国の支配者は、明の皇帝から、その国の国王に任命されました。これを「冊封《さくほう》」といい、「冊封」の文書をもってくる明の皇帝の使者を「冊封使」と呼んでいました。

明の朝廷は、建国後ただちに、高麗《こうらい》(朝鮮)、日本、安南《アンナン》(ベトナム北部地方)、占城《チャンパ》(ベトナム南部地方)など、中国のまわりの国々に使者を送って、入貢をうながしました。この場合の入貢というのは、明の臣下として、明の朝廷に貢物をもっていくことです。高麗、安南、占城などの国々は、明のまねきに応じて、まもなく入貢します。

日本の場合は、明が建国した翌年の一三六九年に、九州にあった征西将軍懐良《かねよし》《かねなが》(親王)

のもとへ、明の使者が文書をもってきました。それには、明の皇帝が位についたことを告げて、入貢をうながすとともに、

「近頃、日本人の海賊がしきりに明の国を侵している。それを日本がとりしまらなければ、明は武力を用いてそれをやめさせるつもりである。」

と、威丈高《いたけだか》に書かれていました。これに対して、懐良は、

「明の文書は思いあがりもはなはだしく、無礼である。」

と、いって、明の要求を退けました。

　しかし、その後も明から何回となく使者が送られてきて、ついに一四〇一年、日本の支配権をにぎっていた足利義満《よしみつ》は、

「明と貿易を開くためには、やむをえない。」

と、考えて、明に入貢し、明の朝廷から「日本国王」に任命するという冊封をうけました。それ以来おおやけの文書でも、明の皇帝は、足利義満を、

「爾《なんじ》日本国王源道義《げんどうぎ》」

と、呼ぶようになりました。それに引きかえ、義満は、相手を、

「大明皇帝陛下」

と、うやまって呼び、自分のことは、

「日本国王である臣源道義」

と、へりくだって、名のっていました。源道義というのは、足利義満が源氏の子孫であることを示したもので、訓読みにすると源道義《みなもとのみちよし》となります。

この足利義満の態度は卑屈に見えます。しかし、このように、明とのあいだに君臣の関係を結ばなければ、明との貿易はできませんでした。そこに、当時の特殊な事情があります。

沖縄の場合には、一三七二年、沖縄本島中心部の「世《ゆ》ぬ主《ぬし》」のもとへ明の使者がきて、皇帝からの文書を届けました。それには、こんなことが書かれていました。

「昔から、帝王が天下を治めるには、日月の照らすところに遠い近いがないように、誰にでも同じように仁愛をほどこしている。……使者がそちらにいったら、汝は私の臣下として入貢せよ。思うに、琉球は中国の東南海上遠く離れたところにあるので、明の皇帝が位についた事情をまだ知らないにちがいない。だから、特に使者を送って、諭す次第である。」

これをうけて、沖縄本島中心部の「世ぬ主」は、さっそく、その年のうちに明に入貢し、それ以後、毎年一回、貢物を積んだ船を出して、明との朝貢貿易をさかんにしました。それからまもなく、一三八〇年には、南部地方の「世ぬ主」が明に入貢し、さらに一三八三年には、北部地方の「世ぬ主」も明に入貢して、それぞれ朝貢貿易をおこないます。このように三つの地方の「世ぬ主」がきそって明に入貢したのは、明との朝貢貿易が経済の面でも文化の面でも大きな利益になったからです。

経済の面では、明から輸入されるいろいろな鉄の道具や器が、農業や漁業や手工業を進歩させたばかりでなく、人びとの日常生活をゆたかにしました。沖縄では鉄の生産がまったくないので、鉄器の輸入は特によろこばれました。そのほか、陶器の輸入なども人びとの生活を向上させるものになりました。

文化の面では、一三九二年に沖縄から最初の留学生が明に送られ、さらに、これと相前後して、明からは、造船の仕事や、貿易の仕事や、その他いろいろな文化面の仕事にたずさわる人びとが送られて、沖縄に帰化しました。これらの留学生や帰化人を通じて、中国の進んだ文化が沖縄に紹介され、沖縄の文化を急速に発展させることになります。

このように経済上、文化上の利益が大きいことを見こして、沖縄の三つの地方の「世ぬ主」は、みずから進んで、明に朝貢しました。それをうけて、明の朝廷は、沖縄本島中心部の「世ぬ主」を「琉球国中山王《ちゅうざんおう》」に冊封し、南北両地方の「世ぬ主」をそれぞれ「琉球国山南王《さんなんおう》」、「琉球国山北王《さんほくおう》」に冊封しました。「琉球国」というのは、このとき以来の呼び名で、明の朝廷から与えられたものです。また沖縄では、「山南」、「山北」は、「南山《なんざん》」、「北山《ほくざん》」と読みなおして用いられ、「中山《ちゅうざん》」と合わせて、三山と呼ばれるようになります。

この冊封と相前後して、明の皇帝は三山のそれぞれの王に次のような文書を送りました。

「近頃、使者が帰っていうには、琉球は三王がたがいに争い、住民は農業を捨てて、荒廃させ、人命をそこなっているとのことで、まことに残念である。汝は戦をやめて、民をやすませよ。」

これは、和平のすすめです。しかし、明の皇帝も、沖縄内部の争いに、これ以上くちばしをはさむことはありませんでした。そして、三山の王は、明の皇帝の和平のすすめに感謝の言葉を書き送りながら、じっさいには戦争をやめませんでした。三山の争いがやんだのは、それからおよそ五十年後、沖縄全島が武力で統一されたときです。

万国の橋渡し

十五世紀にはいってから、三山のうちでもっとも勢力のあった中山が、北山と南山を相ついで攻め滅ぼし、ここに初めて、沖縄全島を統一した国が生まれました。そして、その支配者である「大世《うふゆ》ぬ主《ぬし》」は、明朝から「琉球国王」の冊封をうけ、尚《しょう》という姓を送られました。

最初に沖縄の統一をなしとげた琉球国王尚巴志《しょうはし》は、国としての制度をととのえるのに、明の政治や文化の制度を、沖縄の実情に合うようにとり入れました。それは、日本本土の例でいうと、隋や唐の制度にならって、日本の国の制度をととのえた七世紀の大化の改新に似ています。

このように、尚巴志は、中国と密接な関係を保って、朝貢貿易をさかんにする一方、日本はもちろん、朝鮮や、タイ(当時のシャム)、インドネシア(当時のジャワ、パレンバン)など、広くアジアの国々に使者を送って、これらの国々との貿易もさかんにする方針をとりました。そして、この方針は、およそ二百年間、歴代の王にうけつがれて、沖縄の海外貿易を発展させました。

当時の琉球王朝が海外貿易を発展させるために意気ごんでいたありさまは、一四五八年、王城である首里城の正殿前につるされた鐘に、漢文で次のような意味の文章が刻まれていたことからもうかがえます。

琉球は、南海のすぐれた景勝の地で、大明《だいみん》(中国のこと)とも、日域(日本本土のこと)とも、たがいにたすけ合い、離れられないように結びついている。両方の国の中間にあって、湧いて出てきた蓬萊島《ほうらいじま》(仙人の住むという想像の島)である。舟で万国の橋渡しをやり、外国の産物や宝物が国中に充ち満ちている。

この鐘は「万国津梁《ばんこくしんりょう》の鐘」と呼ばれています。そのわけは、万国の「橋渡し」というところを、漢文で万国の「津梁」と書いてあるからです。この鐘に刻まれた右の文章は、当時の沖縄が国際的にどんな立場にあったかを、よくあらわしています。

琉球国王は、すでに見たように、明の皇帝から冊封をうけ、琉球は中国に臣属(臣下としてしたがうこと)していました。しかし、形の上ではそうであっても、それは、あくまでも、朝貢貿易をおこなうための儀礼的なものです。

琉球国王は、また、日本本土ともおおやけの貿易をするために、十五世紀の初め頃から、京都の足利幕府にも使者と貢物を送っていました。しかし、幕府とのおおやけの貿易は、その後まもなく、日本本土が戦乱にまきこまれていったために、途絶えがちになります。

上杉謙信や武田信玄という武将たちが相争い、そのなかから織田信長や豊臣秀吉が出てくる戦国時代については、テレビドラマのいい題材になってよく知られています。この戦国時代は十五世紀末頃から始まって、百年もつづきました。それが始まる少し前の十五世紀半《なか》ば頃には、すでに、日本各地に大きな勢力をもった大名が現われていて、足利幕府はそれらの大名を統制する力を失っていました。そして、一四六七年に応仁の乱がおこってからあとは、戦乱の色が濃くなるばかりでした。

この頃ともなると、琉球の船が貿易のために瀬戸内海を通って、兵庫や堺の港に行くことは危険になっていました。というのは、いつなんどき、近くの大名に船をさし押さえられて、品物をとりあげられるかも知れないし、あるいはまた、いつなんどき海賊におそわれるかもしれなかったからです。そこで、琉球の貿易船は、日本本土と貿易する場合は、瀬戸内海航路を避けて、九州の鹿児島か博多の港で取引きをするようになりました。

その結果、困ったのは兵庫や堺の商人です。というのは、琉球の貿易船がこなくなると、中国や東南アジアの珍しい品物が手にはいらなくなるからです。それで、兵庫や堺の商人たちは、琉球の船がこなくなってからあとは、中国や東南アジアの品物を買い集めるために、日本本土の貿易船で琉球に行くようになりました。

こういう事情のために、琉球と足利幕府とのおおやけの貿易は、まったくすたれてしまいました。しかし、足利幕府としては、琉球貿易の利益はほしいものだから、琉球に対して貢物を京都に送るように指示する一方、九州の薩摩(鹿児島)の領主である島津氏に命じて、日本本土から琉球へ行く貿易船をとりしまらせたり、琉球からくる船と貿易の取引きをさせたりしました。それ以来、島津氏は、幕府の代理という資格で、琉球といろいろな交渉にあたり、他の大名が琉球に手出しするのを押さえる立場に立つことになります。

一方、琉球の方からは、そういう島津氏に対して、領主がかわったり、世つぎの子どもが生まれたりしたときには、お祝いの使者を送って、親しいまじわりを結んでいました。この時代の薩摩と琉球との関係は、となり合っている国どうしが親しくつき合っているというあいだがらです。

以上のように、十五世紀から十六世紀にかけての琉球は、中国とも、日本本土とも、きわめて親しい密接なあいだがらにありました。しかし、それは、どちらの場合も、支配をうけるというあいだがらではありません。当時の琉球は、小さいながら、中国からも、日本からも、独立した王国として、認められていました。もっとも、小さいといっても、その領土は、北は奄美の島々から、南は宮古・八重山の島々にいたるまで、琉球列島のほとんど全域にまたがっています。だから、いまの沖縄県よりは、奄美の島々の分だけ大きかったわけです。そういう海洋の島々からなる独立王国として、当時の琉球は、自分なりの道を自由に歩み、日本や中国や朝鮮や東南アジアの国々を相手に、アジアの広い海域を股《また》にかけて、貿易を発展させていました。

その貿易は、日本の商品を中国や東南アジアの国々に運び、中国や東南アジアで仕入れた品々を日本や朝鮮に運ぶというように、なかつぎをする中継貿易が主でした。琉球の船は、日本で仕入れた刀、武具、屛風《びょうぶ》、扇子《せんす》、漆器などを中国や東南アジアの国々に運びました。中国からは、陶器、磁器、薬草、砂糖、高級織物、銅銭などが日本や東南アジアの国々に運ばれました。また、琉球の船は、東南アジアの国々で、染料、香料、胡椒《こしょう》、犀《さい》の角《つの》、象牙《ぞうげ》など、数々の珍しい品物を集めて、中国や日本や朝鮮に運びました。

このようにして、琉球の船は、東アジアの国々を結ぶ「万国の橋渡し」になっていました。

貿易船の荷物の積みかえをする那覇の港では、船の出入りのたびごとに、外国の珍しい品物ばかりでなく、琉球の船で旅をする珍しい服装の外国人が満ちあふれていました。「外国の産物や宝物が国中に充ち満ちている」というのも、こういう中継貿易から生まれた情景です。そして、この中継貿易からあがる大きな利益は、すべて、王府(国王が政治をとるところ)の収入になり、琉球王朝を富み栄えさせる源になりました。

琉球文化の黄金時代

海外貿易が発展した十五世紀から十六世紀にかけては、琉球文化の「黄金時代」といわれています。そのわけは、この時代に、日本、中国、東南アジアの国々から、いろいろ異なる文化をとり入れながら、琉球独自の文化がつくり出されたからです。沖縄の織物を代表するものに、紺地に白のかすり模様を浮かべた「琉球絣《がすり》」と、友禅染に似た色彩のゆたかな「紅型《びんがた》」とがありますが、これらの美しい織物はこの時代に生み出されたものです。琉球音楽といえば誰でもすぐ頭に浮かぶ三線《さんしん》(しゃみせん)が沖縄に渡ってきて、一般に使われだしたのもこの時代からです。

また、沖縄戦で破壊されるまで残っていた首里城や、数々の寺院や、庭園や、石橋など、たくさんの国宝級の建造物は、そのほとんどが、この時代につくられたものです。

首里城の城門の一つで、沖縄のシンボルのように紹介されている「守礼門《しゅれい》」も、この時代につくられたものです。それが建てられた頃は、「首里」と書かれた扁額《へんがく》(横に長い額)が掲げられていて、「待賢門」とか、「首里門」とか、呼ばれていました。それが「守礼門」と呼ばれるようになったのは、次のようないわれからです。

一五七九年、明の皇帝は、冊封使にもたせた文書のなかで、

「琉球国は海をへだてた遠いところにあるにもかかわらず、つつしんで聖人の教えにしたがい、代々、貢物をかかさずにおさめている。「守礼之邦《しゅれいのくに》」と呼ぶだけのものを十分そなえている。」

と、琉球国王に書き送ってきました。

それ以来、琉球国王がかわるごとに中国からくる冊封使を迎えるときには、「首里」の扁額をおろして、かわりに、「守礼之邦」の扁額を掲げるようになりました。さらに、十七世紀の半ばすぎからあとは、「守礼之邦」の扁額だけを常に掲げるようになりました。それから、この門は「守礼門」と呼ばれるようになったわけです。

ところで、「守礼之邦」というのは、中国の王朝に対して臣下としての礼を守っている国という意味です。それをみずから進んで掲げることには、大国や強国の鼻息をうかがう態度がないとはいえません。だから、現代の沖縄人、とくに若い世代の人びとのあいだでは、「守礼門」が沖縄のシンボルのようにあつかわれることを、好まない人が少

なくありません。それには、もう一つの理由もあります。それは、支配者に対する民衆の抵抗運動がおこると、

「そういうことは「守礼の民」のやるべきことではない。」

と、いって、支配者が、民衆の抵抗を押さえるのに、この「守礼」ということを利用してきたからです。

それはともあれ、「守礼門」の建築そのものはみごとなもので、国宝に指定されていました。しかし、それも沖縄戦で消え失せてしまい、現在あるのは、戦後復元したものです。

さらに、また、沖縄の古謡(ふるいうた)を集めて、ひらがなで記した『おもろさうし』第一巻が編集されたのも十六世紀なか頃のことです。「おもろ」というのは、沖縄の方言で発音すると「うむる」で、「思い」の意味です。胸のなかにある「思い」をうたにしたものが「おもろ」で、それを集めて書物にしたのが『おもろさうし』です。それにおさめられたうたには、神を祭るときのうたや、英雄をたたえるうたや、自然をうたったものなど、いろいろありますが、そのどれも、ふしをつけてうたうものになっています。

たとえば、自然をうたったものに、次のようなものがあります。

ゑ、け、あがる　三日月《みかづき》や　　あれ、あがる三日月は
ゑ、け、かみぎや　かなまゆみ　　神の金真弓《かなまゆみ》
ゑ、け、あがる　あかぼしや　　あれ、あがる明星《みょうじょう》は
ゑ、け、かみぎや　かなままき　　神の金細矢《かなままき》
ゑ、け、あがる　ぼれぼしや　　あれ、あがる群星《むれぼし》は
ゑ、け、かみが　さしくせ　　神のさし櫛《くし》
ゑ、け、あがる　のちくもは　　あれ、あがる横雲《よこぐも》は
ゑ、け、かみが　まなききおび　　神の愛帯《まなおび》

これは、舟をこぎながらうたう舟唄《ふなうた》です。「ゑ(え)、け」は感嘆をあらわす言葉で、このうたでは、はやしになっています。訳を見ればわかるように、このうたは、たそがれどきの空にあがる三日月や、宵《よい》の明星や、きらめく星の群れや、たなびく雲を、神の弓矢と装いになぞらえて、美しくうたいあげたものです。くれゆく大海原で、ゆったりと、しかも力強く、舟をこぎながら、こういう舟唄をうたっている昔の人の姿を想像すると、海洋に生きる人びとのやさしさと、たくましさとが、同時に伝わってくるような感じがします。

このように、十五世紀から十六世紀にかけての琉球は、海外貿易の発展や、新しい独

自の文化の創造に見られるように、はつらつとした気分をみなぎらせていました。そこには、独立した海洋王国として、新しく生まれた国の若々しさを感じさせる自由闊達《かったつ》な空気がありました。

首里王府の刀狩り

話はとんで、十九世紀初め頃のことです。日本の歴史でいえば、江戸時代の末頃にあたります。ナポレオンが、「琉球には武器がない」と聞いて、おどろいたという話があります。それは、一八一六年に沖縄を訪れたイギリスの軍艦ライラ号の艦長バジル・ホールの航海記に書かれています。

バジル・ホールは沖縄に四十日間滞在しての帰りに、セント・ヘレナ島に寄って、ナポレオンに会いました。当時ナポレオンは、ワーテルローの戦いに敗れて、セント・ヘレナ島に流されていました。バジル・ホールから「琉球には武器がない」と聞かされたナポレオンは、理解に苦しんで、

「武器とは大砲のことで、小銃はあるだろう。」

と、いいました。バジル・ホールが、

「いや、それもない。」

と、答えると、

「では、投槍《なげやり》のようなものはあるだろう。」

と、問いかえしました。

「いや、それもない。」

と、いうと、

「それなら、弓矢はあるだろう。小刀ならあるにちがいない。」

と、ナポレオンはたたみこむようにたずねました。バジル・ホールが、

「みんな、ないんだ。」

と、答えると、ナポレオンは、拳をかためて、ふるわしながら、大声で、

「では、武器がなければ、いったい何で戦争をするのか。」

と、たずねました。バジル・ホールが、

「いや。戦争をしたこともないようだ。戦争の種になるような心配ごとは、国内にも、国外にもないように見うけられた。」

と、説明すると、ナポレオンは、ひややかに笑いながら、眉をひそめて、

「太陽の照らすところで戦争をしない民族があるとは考えられない。不思議なことだ。」

と、いいました。

以上がバジル・ホールの航海記にある話のあらましです。

江戸時代の末頃というと、日本本土では、武士が大小二本の刀をさしている時代です。

その頃、琉球の士族は、刀を帯びることもなく、丸腰で日常をすごしていました。自分の家に、刀や、槍や、弓矢など、武器をたくわえておくこともありませんでした。武術のたしなみとしては、空手があるくらいのものでした。

バジル・ホールは、そういう琉球の情況を見て、「琉球は戦争したこともなく、戦争の火種になる心配ごともないようだ」と、考えたわけです。ところで、じっさいはどうだったでしょうか。

すでに見たように、沖縄本島が中山に統一されるまでは、「按司《あじ》」や「世《ゆ》ぬ主《ぬし》」などの族長たちが、それぞれ城を築き、武器をたくわえて、勢力争いに明けくれていました。沖縄本島が中山に統一されてあとも、一四五三年には、叔父と甥とが王位の継承をめぐって相争い、首里城を戦火で焼きつくした上に、たがいに傷つきたおれた戦乱がありました。それから間もない一四五八年には、護佐丸《ごさまる》の乱、阿麻和利《あまわり》の乱と呼ばれる有名な戦乱があいついでおきました。

当時の国王、尚泰久《しょうたいきゅう》は、沖縄の統一を最初になしとげた尚巴志の末の子でした。その母にあたる尚巴志の妃は、護佐丸という按司の娘でした。護佐丸は、歴代国王の信任が厚く、首里の北東十数キロのところにある中城《なかぐすく》を領地として与えられ、そこに堅固な城を築いて、北に対する守りをかためていました。さらに中城の北東十数キロのところにある勝連《かつれん》半島には、阿麻和利という按司がいて、尚泰久の王女百度踏揚《ももとふみあがり》を妻にしていました。

つまり、首里王城の北東およそ三十キロのところにある勝連の阿麻和利は尚泰久王の婿で、首里と勝連との中間にある中城の護佐丸は尚泰久の外戚でした。この三人のあいだでおこった事件について、一般には次のようにいい伝えられています。

勝連の阿麻和利は、かねてから、首里に攻めのぼって、国王をたおし、それにとってかわる野心を抱いていた。それを見ぬいていた護佐丸は、阿麻和利の軍勢が攻めてくるときにそなえて、兵馬の準備と訓練にはげんでいた。

ところで、勝連から首里へ行くには、途中にある中城を通らなければならない。だから中城城の護佐丸は、勝連の阿麻和利にとって、大きなじゃまものになっていた。そこで阿麻和利は、まず初めに、中城の護佐丸をとりのぞくはかりごとをめぐらした。

ある日、阿麻和利は、人目につかぬように変装して、小舟で首里の近くの海岸に渡り、ひそかに尚泰久に会いにいった。そして、

「護佐丸は、首里に謀反をくわだてて、戦の準備に余念がございません。」

と、いつわりの密告をした。それを聞いた尚泰久は、初めのうちは、信じかねていた。しかし、王の使者がひそかに中城城を偵察してきて、

「たしかに、護佐丸は、城内に兵を集めて、その訓練にはげみ、武器の製造に精を出していました。」

と、報告すると、王も阿麻和利の言ったことを信じてしまった。そして、王は、すぐさま護佐丸の討伐を阿麻和利に命じた。

阿麻和利が、王の軍勢をひきいて、中城城を攻めたときは、ちょうど八月十五夜で、護佐丸は城内で月見の宴を開いていた。とつぜん湧きおこった鬨《とき》の声に、護佐丸は、阿麻和利のたくらみを知って、怒った。しかし、王の軍勢に歯向かうことは、臣下としての道にそむくと考えた護佐丸は、部下が戦いにはやるのを押しとどめて、妻子とともに自殺をとげた。

中城城はおち、阿麻和利の威勢はますます大きくなった。勝連に凱旋《がいせん》した阿麻和利はいよいよ、首里にそむく計画をねった。

その頃、勝連城には、王女百度踏揚を警護する付人(つき添いの人)として、首里からきた鬼大城《うにうふぐすく》という武勇にすぐれた男がいた。彼は、阿麻和利のたくらみをかぎつけて、それを百度踏揚に知らせた。おどろいた彼女は、阿麻和利の陰謀を父の尚泰久に告げ知らせるために、鬼大城といっしょに、暗夜に乗じて城をぬけ出し、夜道を駆け走って、明けがた近くに首里城にたどりついた。

阿麻和利は、妻の百度踏揚と鬼大城とが相通じて、城から駆けおちしたことを知り、急いで兵を集めて、首里城に押し寄せた。
しかし、首里でもすでに戦の準備がととのっていて、阿麻和利の軍勢に激しい反撃を加え、阿麻和利は敗れて勝連に逃げ帰った。尚泰久から阿麻和利討伐を命ぜられた鬼大城は、王の軍勢をひきいて、勝連城を攻め滅ぼし、阿麻和利は討ち死にした。

以上が伝説のあらましで、一般には、護佐丸は忠臣の手本で、阿麻和利は逆臣や悪人の見本であるかのようにいい伝えられています。しかし、現代の多くの歴史家は、そのようなきめつけ方はあたらない、と見ています。

そもそも、当時の「按司」は、それぞれの領地を支配する豪族の族長ともいうべきもので、国王といっても、「按司のなかの按司」、つまりもっとも勢力のある豪族の族長ともいえる「大世《うふゆ》ぬ主《ぬし》」だったのです。しかも、当時は、民衆のなかの名もないものであっても、知力や勇気や人望をかねそなえておれば、「按司」や「世ぬ主」になれた時代です。そういう時代が、終わりに近づいてはいたけれども、まだつづいていました。

阿麻和利が、どういう家がらの生まれか、はっきりはしていませんが、伝説から推しはかって、百姓の子であったと思われます。若い頃から放浪生活をしていて、そのなかから身をおこして勝連の按司になった人物です。それでいて、国王の婿になったほどですから、よほどの才能に恵まれた、人望の大きい人だったと考えられます。そういう阿麻和利が、ついには、首里王府と対立する立場に立たされたとしても、時代が時代ですから、そういうこともあり得ることです。それを逆臣や悪人ときめつけることは、もちろん、あたりません。当時の「おもろ」のなかには、阿麻和利を人民からしたわれた英雄としてたたえたものがいくつもあります。それが真実の姿です。

この事件があって、二年後には、尚泰久も死に、その子どもで、二十歳になったばかりの尚徳《しょうとく》が国王の位をつぎましたが、その後も、国王の位をめぐって、血なまぐさい事件がありました。

尚徳は、才気もあり、勇気もありました。一四六六年には、奄美諸島の一つである鬼《き》界《かい》島(喜界島)が朝貢を怠っているのを怒り、みずから二千の兵をひきいて、鬼界島を討ったほどです。しかし、この遠征は、人民や按司たちに大きな財政の負担をかけることになって、尚徳はそのうらみをかい、人心は尚徳から離れていったと思われるふしがあります。それからまもなく、一四六九年に、尚徳は二十九歳の若さでとつぜん死去しました。

このとき、尚泰久以来の首里王府の重臣で、外国貿易を管理する長官の地位にあった金丸《かねまる》という人が、尚徳の幼い世つぎの子どもを廃して、王位につき、尚徳の子どもはその母にあたる王妃といっしょに殺害されました。この血なまぐさい権力争い(クーデター)で、尚巴志以来の王統は滅びました。かわって王位についた金丸は、中国の王朝から尚徳のあとつぎとして冊封をうけるために、自分が滅ぼした王統と同じ尚姓を名のりました。そこで、後世の人は、この二つの王統を区別するために、前の王統を第一尚氏と呼び、金丸に始まる王統を第二尚氏と呼びならわしています。

王位について、尚円《しょうえん》と名のるようになった金丸も、もとはといえば、伊平屋島《いへやじま》の百姓の子です。それから身をおこして、首里王府の重臣になり、さらに国王の位についたのですから、彼もまた、すぐれた才能をもつ政治家だったにちがいありません。

「うがった見方をすれば、護佐丸や、阿麻和利の事件にしても、国王と姻戚関係のある二人の強大な按司をとりのぞくために、金丸が黒幕になって、しくんだものではなかっただろうか。」

と、言っている歴史家さえあります。金丸、すなわち尚円は、それほど老練な政略家でした。歴史家のなかには、また、尚円を徳川家康になぞらえて、小家康と呼んでいる人もいます。それは、いわれのないことではありません。

それはともかく、要するに、この頃までは、民衆のなかの一人であっても、才能があり、運がよければ、按司や国王などの支配者にまでなれた時代です。地方には、豪族の族長である按司たちが数十人もいて、それぞれの領地を支配していました。これらの按司たちは、自分の領地に堅固な城を築き、武器をたくわえて、ことあるごとに、勢力範囲を広げようとしていました。

こういう状態がつづくかぎり、いつなんどき、強大な按司が現われて、国王にとってかわろうとするか、わかりません。それでは、国王の地位も安全なものとはいえません。そこで、国王の地位をゆるぎないものにするためには、首里王府も、これまでの状態を改めて、新しい制度をつくらなければなりませんでした。それができあがったのは、尚円の子で、一四七七年から一五二六年まで、およそ五十年間も王位にあった尚真《しょうしん》の時代です。

この尚真の時代に、首里王府は、按司や、その家来を初め、誰でも武器を帯びたり、所有したりすることを、いっさい禁じました。そして、それまで按司や、その家来たちがもっていた武器は、一つ残らず首里王府にさし出させて、みんな首里王府の倉にしまっておくことにしました。つまり、いわゆる刀狩りをして、武器は国王のところに集めたわけです。そういうことをしたのは、いうまでもなく、武力で勢力をのばしたり、首里王府に歯向かったりするものが現われないようにするためです。

沖縄の士族が武器をもたなくなったのは、実に、このときからです。それは、だから、バジル・ホールが好意的に考えたように、「戦争をしたことがなかった」ためではなく、また、「戦争の種になる心配ごとが内にも外にもない」ためでもありませんでした。

中央集権の制度と文化

この刀狩りと同時に、首里王府は、また、それまで地方の領地に住んでいた按司たちを、みんな首里に集めて、定住させました。そして、それぞれの領地には、「按司掟《あじうっち》」という役人をおいて、領内の土地と人民を管理させました。そのねらいは、按司たちを、地方の人民から切り離し、首里王府の支配が、地方のすみずみまで、直接ゆき届くようにするためです。このようにして、それまで各「まじり」(間切《まぎり》、村)ごとに按司が政治をとっていた状態はなくなり、かわって、首里王府が琉球全体の政治を直接とるようになります。中央集権制度が確立されたわけです。

この新しい制度のもとで、首里に住みついた按司たちは、代理の役人が領地からとり立てて送ってくれる租税で安閑と暮らし、だんだん、地方にいた頃の土くささや武人らしさを失って、上品で、みやびやかな貴族の生活を楽しむようになっていきました。そして、貴族になった按司と民衆との生活のへだたりは広がる一方で、身分の区別もはっきりしてきました。そこで、首里王府は、すべての人びとを大きく三つの身分に分ける制度をつくります。

王の家族と、按司と、首里王府の重臣とは、一番上の身分とされ、大名と呼ばれました。大名には、一つの「まじり」(村)が領地として与えられ、この「まじり」からとり立てられる租税で、都に住む大名のぜいたくな暮らしがささえられていました。また、大名につかえる家臣は、士《さむらい》と呼ばれ、大名につぐ身分とされました。ものを生産して、人びとの生活をささえている農民や職人などは、百姓と呼ばれ、一番下の身分とされました。

このような身分の区別が、一目でわかるように、髪にさすかんざしも、身分に応じて定められました。というのも、当時は、女が大きく髪を結っていただけではなく、男も髪を小さく結っていたからです。かんざしは、大名が金、士が銀と定められ、百姓は、男が真鍮《しんちゅう》、女が角《つの》または木のかんざしを用いるように命じられました。

大名は、代がかわるごとに、一段ずつ格さげされ、空いた上位の大名の地位には、王の家族や親族があてがわれました。その結果、地方から首里に移り住んだ按司の家は、時代がくだるにつれて政治の中心から遠ざけられ、その地位は王の一族にとってかわられました。しかし、一般には、家がらは動かないものになり、人の身分も、生まれながらにしてきまったものになりました。百姓の子は、才能を認められて、士にとり立てられることがあっても、せいぜい下級の役人にしかなれませんでした。ひと頃のように、才能と人望があれば、按司や「世ぬ主」になれた時代は、完全に終わりを告げたのです。

尚真の時代には、また、宗教の面でも、首里王府の支配をたすけるしくみがたくみにつくられました。按司が自分の領地である「まじり」に住んでいた頃の沖縄では、按司の姉妹が「のろ」と呼ばれる女性の神職(神につかえる巫女《みこ》)になり、「まじり」ごとに神を祭る行事を司っていました。按司が首里に移り住むようになってからは、王女か、または王の姉妹を「聞得《きこえ》大君《おおきみ》」(名高き大君)という最高の神職にして、沖縄全島の「のろ」を統率させました。このように、王女または王の姉妹を頂点とする巫女の組織を、地方のすみずみまで、くまなくはりめぐらすことによって、民衆の信仰と首里王府の支配とがかたく結びつけられました。

以上のようにいろいろな制度をととのえた首里王府は、日本の歴史でたとえていえば、奈良を都にした奈良朝や、京都に都をおいた平安朝のようなものです。都の首里とその周辺では、海外貿易からあがる利益を投じて、宮殿や寺院や庭園などがさかんに建造され、土木事業もさかんにおこされました。また、首里に移り住んで、ゆとりのある生活を送るようになった按司たちは、文化的な娯楽を求めるようになり、その結果、首里では、平安時代の京都に見られるような貴族文化が栄えました。

しかし、文化が栄えたのは、都の首里と、貿易港のある那覇にかぎられていて、地方の農村には文化の波がおよびませんでした。なるほど、按司が首里に移り住んだことは、首里と地方との交流の道を広げ、首里の文化を地方へ伝えるのに役立った一面もあります。しかし、地方の農民からとり立てられる租税は、都の按司に送られて、首里で消費されたために、地方の農村はかえって、貧しくなり、農民には文化の恩恵をうけるゆとりがまったくありませんでした。きらびやかな首里の都の貴族文化は、裏をかえせば、地方の農民の貧しさや低い生活水準ととなり合っていました。

こういう状態が長くつづくならば、農民も、ついには、都の貴族に対抗する動きを示すようになり、そのなかから、新しい支配者として、武士が頭をもたげてくるものです。その場合、貴族の領地に、貴族の代理として住みついた役人などが、だんだん勢力をたくわえて、その領地を支配する封建時代の武士になるのが普通です。日本本土の場合を例にとると、平安朝の末頃からこのような動きが始まり、鎌倉時代になると、武士の支配する社会が生まれました。

ところが、沖縄の場合は、日本本土と異なり、そのような動きが始まる前に、首里王府をゆさぶる荒波が外から押し寄せてきました。

四　江戸時代の琉球

打ち寄せる本土の波

刀狩りがあってから百年間、沖縄では、武力を用いた戦がなくなり、首里の貴族たちは太平の世を楽しんでいました。同じ十六世紀の百年間、一方の日本本土では、沖縄とはまったく反対に、戦国の武将たちがたがいにしのぎを削って争い、国中が戦乱のさなかにありました。そして、この戦国時代も末頃になると、織田信長や豊臣秀吉が現われて、日本全国の統一が進みました。

その頃のことです。織田信長が本能寺で明智光秀に殺された事件は、よく知られています。それは一五八二年のことです。このとき、豊臣秀吉は中国地方にある高松城を攻めていました。信長は援軍をひきいて、そこへ行く途中のことでした。本能寺の事件を聞いた秀吉は、高松城をたすけにきた毛利輝元と和睦《わぼく》して、姫路に引きかえし、光秀を討つ計画を練りました。このとき、亀井《かめい》玆矩《これのり》という武将が秀吉のところにやってきて、協力を申し出ました。秀吉は、よろこんで、茲矩にいいました。

「先に出雲の国を与えると約束しておいたが、都合があって、出雲は毛利輝元に与えることにした。ほかにほしい国があれば、与えるから、遠慮なく申し出るがよい。」

それに答えて、茲矩は、

「秀吉公が明智光秀を討たれたならば、日本六十余州が手にはいるでしょう。しかし、私は、そのなかにほしいところはありません。私には、どうぞ、琉球を与えてください。」

と、いいました。秀吉は、その場で、

「よろしい。」

と、承諾し、腰にはさんでいた団扇《うちわ》をとり出して、表に亀井琉球守殿《りゅうきゅうのかみどの》と書き、裏には秀吉と署名して、茲矩に与えました。

こういうことは、当時の沖縄の人びとがまったくあずかり知らないことです。当時の沖縄の人びとは、自分たちの住む琉球を、日本と中国との両方に親密に結びついた独立王国と考えていたのです。

しかし、秀吉や茲矩の目から見れば、琉球は、とうぜん、日本の支配者になった人の勢力下にあるべき地域でした。こういう考え方は、秀吉や茲矩に始まったものではありません。足利幕府の歴代将軍も、また、同じ考え方をしていました。

すでに、一四四一年に、足利六代将軍義教《よしのり》は、薩摩の領主島津忠国《ただくに》に、琉球を与えるという手紙を送っています。それは、義教の弟足利義昭《ぎしょう》が、兄の義教をたおそうとはかって、失敗し、日向《ひゅうが》の国(現在の宮崎県)に逃げかくれているところを、島津忠国が、義教の再三にわたる要求を入れて、討ちとったほうびに与えたものです。もちろん、この場合も、沖縄の人びとは、何も知りませんでした。そして、また、島津氏も、じっさいに琉球を自分の領地として支配したわけではありません。その後の薩摩と琉球との関係は、前に見たとおり、親しくつき合っているとなりどうしのあいだがらでした。ところが、あとになって、島津氏は、琉球をしたがえる権利を主張するのに、このときのことをもち出してきました。そして、ついには、武力を用いて琉球に攻め入り、琉球を支配するようになります。どうして、そういうことになったのか、次に、そのいきさつを見てみましょう。

話は、もう一度、秀吉の頃にもどります。すでに見たように、秀吉にとって、琉球はとうぜん自分の支配下にはいるべきところとされていました。だから一五八七年に薩摩の島津氏を破って、九州を平定した秀吉は、そのあくる一五八八年、島津氏を通じて、琉球に入貢をうながしました。これにこたえて、琉球国王尚寧《しょうねい》は、さっそく、使者を秀吉のもとに送って、貢物を届けました。それは、足利幕府に対して、首里王府がとった態度と同じものです。首里王府としては、それでことはすむと考えていました。

しかし、秀吉は、それでは満足しませんでした。秀吉としては、琉球国王も、日本各地の大名と同じようにあつかい、必要があれば、日本本土の適当な土地の領主に移して、いわゆる領地がえをしてもよいとさえ考えていました。その考え方は、足利幕府が琉球王国を認めていたのとは、ちがいます。

それは、個人の考え方のちがいにもよりますが、時代のちがいにもよります。足利幕府の時代は、大名が地方に分散して、争っている時代でした。秀吉の時代は、もっとも大きな勢力を得たものの手によって、日本全国が統一されようとしている時代です。だから、秀吉の琉球に対する態度は、秀吉の征服欲の強さのあらわれであると同時に、日本全国の統一へむかって大きく動き出した時代の波が、沖縄にも打ち寄せ始めてきたものといえます。

秀吉は、日本全国を統一したあかつきには、「唐国《からくに》・南蛮国《なんばんこく》」(中国・東南アジアの国々のこと)にまで、自分の勢力をのばそうと考えていました。そして、ついに、一五九一年には、中国を征服する目的で、まず朝鮮に兵を出すことをきめます。そのときのことです。秀吉は、島津義久《よしひさ》に、琉球からも兵士と人夫を出させるように、命じました。この命令をうけて、義久は、琉球国王の尚寧に、次のように書いて送りました。

「関白(秀吉のこと)は、薩摩と琉球とで、合わせて一万五千人の兵を出せと命じている。しかし、琉球は軍事をならっていないから、兵は薩摩が負担しよう。そのかわり、琉球は七千人、十カ月分の食糧を明年二月までに坊津《ぼうのつ》に送り、それから朝鮮に届けるようにせよ。また諸大名はこれから名護屋《なごや》城を築く仕事にとりかかるが、琉球は金銀や米などを送って協力するがよい。」

この命令をうけとった首里王府は困ってしまいました。それはほかでもなく、秀吉が戦争をしかけようとしている明国は、琉球国王が冊封をうけて、朝貢貿易をおこなっている宗主国であったからです。それに、また、時期がたまたま明の冊封使を迎えようとしているときで、そのための費用をこしらえるのに、首里王府が苦労しているときでもありました。そこで、首里王府は、秀吉の命令にこたえることができず、ためらっていました。そのような首里王府に対して、島津氏からは、

「命令どおり軍用米を集めて送ることができなければ、島津がそれを負担するから、そのかわり、奄美の島々を島津にゆずり渡せ。」

と、強腰で責め立ててきました。

首里王府は、やむなく、半分だけは軍用米をおさめて、あとはことわる方針をとりました。それからというものは、首里王府もだんだん島津氏から遠ざかっていき、薩摩と琉球とのあいだがらは冷たいものにかわっていきます。

それから間もなく、秀吉は死に、かわって、徳川家康が日本全国の大名をしたがえて、江戸に幕府を設けました。こんどは、その頃のことです。一六〇二年に、琉球の商船が

奥州に漂着したことがあります。徳川家康は、その船を、薩摩を通じて、沖縄に送り届けました。ところが、琉球からは、幕府に対しても、薩摩に対しても、何もお礼をいってきませんでした。

幕府は、薩摩の島津氏を通じて、琉球王が江戸に参上するように、何度も要請しました。島津氏も、また、それを熱心に琉球にとりつぎます。そのさい、島津氏は、幕府が中国との貿易を再開したいと望んでおり、その意向を中国に伝えて、仲をとりもつように依頼しました。

すでに見たように、秀吉が朝鮮に兵を出したのは、中国を征服するのが目的でした。このことがあってから、中国の朝廷(明朝)は、日本と中国との貿易をきびしく禁止しました。それは、日本にとって大きな痛手でした。とりわけ、中国との貿易港をもっていて、中国貿易でたくさんの利益をあげていた薩摩にとっては、大きな損失でした。

日本本土と中国との関係が、このように険しくなっても、琉球だけは例外でした。首里王朝は、従来どおり明から冊封をうけて、朝貢貿易をゆるされていました。十六世紀後半にはいってから、ポルトガルとイスパニアの商船がアジアに進出してきたほか、中国と日本の商船も東南アジアにまで進出してきたために、琉球と東南アジアや日本との貿易はおとろえていきました。しかし、それでも、なお、中国との朝貢貿易だけはますます栄えていきました。

徳川幕府と島津氏は、この琉球の立場に目をつけ、琉球を仲立ちにして、中国との貿易の道を開こうと考えたわけです。しかし、それは中国にうけ入れられないで、実現しませんでした。ついに、一六〇六年、薩摩の領主島津家久は、徳川家康に申し出て、琉球を討つゆるしをうけました。

それから三年後の一六〇九年(慶長十四年)、十分準備をととのえた島津氏は、三千余りの兵をさしむけて、琉球を討つことになりました。その理由として、島津氏は、次のようにいっています。

「琉球の国は、もともと源鎮西八郎為朝がつくった国で、その子孫が代々の君主になっている。さらに、琉球は、足利幕府の頃から、島津にしたがい、島津に貢物をおさめてきた。ところが近年は、島津の命令にしたがわないで、使者を送っても、無礼にあつかっている。それをこらしめるために、兵を出して、琉球を討つのだ。」

薩摩軍の琉球侵略

一六〇九年二月下旬、三千余りの薩摩の軍勢は百艘《そう》余りの船で鹿児島の山川港を出発しました。薩摩軍は、途中、奄美の島々を攻めて、屈伏させ、三月下旬には沖縄本島北部地方に到着しました。その知らせをうけて、おどろいた首里王府では、重臣たちがさっそく対策を協議します。

重臣の一人、謝名《じゃな》親方《ウエカタ》〔利山〕は、武器をとって薩摩の軍勢と戦うことを主張しました。謝名親方の「親方」は、王の重臣や近臣の位の一つで、お役をつとめるものという意味の「御役達《うやくた》」からきた言葉だといわれています。謝名親方は、中国から沖縄に帰化した人の子孫で、本人も中国に留学したことがあり、才能を認められて、重臣になった人です。秀吉の朝鮮出兵のさい、首里王府は、この謝名親方の意見を入れて、島津氏から伝えられた秀吉の要求もことわりました。つまり、謝名親方は、朝鮮、中国を侵略しようとする秀吉の軍隊に加わることに反対し、島津氏の軍隊が沖縄を侵略することもゆるさないという立場をとっていました。

しかし、重臣の多くは、攻めてくる薩摩軍と戦う意志がまったくありませんでした。首里王府の貴族と士たちは、刀狩りで武器をもたなくなってからすでに百年もたち、太平の世にすっかりなれきっていました。それにまた、当時の沖縄の人びとには、中国に対しても、日本本土に対しても貢物を送って臣下としてしたがう態度をとっておれば、侵略や支配をうけることはないという考え方がありました。それは、大和朝廷の頃から、長い歴史のなかではぐくまれ、いつの間にか身についた考え方です。こんどの場合も、薩摩に和睦を申し入れて、臣下としてしたがう態度をとりさえすれば、ものごとはぶじ解決するだろうというあまい考え方が、多くの重臣たちのなかにありました。

そういう重臣たちの協議の結果、首里王府は、薩摩軍のもとへ使者を送って、和睦を申し入れることになります。

しかし、沖縄本島北部の海に船を浮かべた薩摩軍の総大将樺山久高《かばやまひさたか》は、「会談は、那覇にいってから、やろう。」

と、いって、琉球の和睦の使者を退けました。それには、わけがあります。というのは、樺山久高は、鹿児島を出発する前に、島津家久から、次のような命令をうけていたのです。

一、琉球から和解の交渉があったら、その筋に相談すること。

一、ことがうまく運んだら、長くとどまらないで、はやばやと六、七月頃には軍勢を引きあげること。

一、琉球の身分の高い人たちを人質にとるほか、島々の頭たちも人質にとり、薩摩へ引き連れてきて、琉球のその後の処置や役目については、こちらで定めること。

一、琉球の国王が長く城に立てこもる覚悟のようであれば、城をことごとく焼きはらって空城《からじょう》にし、人数はいくらでも引きとり、島々のものも人質にとって帰ってくること。

樺山久高の主な任務は、琉球の国王を初め、重臣たちをとりこにして、薩摩へ連れていくことです。だから、国王以下の重臣たちをとりこにしないうちは、攻撃をやめてはならないと、樺山は考えていました。それで、和睦の申し入れを退けた薩摩軍は、四月一日、沖縄本島の北部と中部の二カ所から上陸し、首里を目指して、南下します。そして、進撃の途中にある城や村々を焼きはらいながら、首里と那覇に迫りました。

那覇では、謝名親方が主将になって、砦《とりで》を築き、薩摩軍の進撃をふせごうとしました。また、首里の入口でも、士たちが、攻めてくる薩摩軍を迎え撃とうとしました。しかし、その兵士の数は少なく、その上、武器は百年も前から首里城の倉にしまってあった古いものばかりでした。

それにくらべて、薩摩の軍勢は、日本本土で戦国時代をくぐりぬけてきたばかりのつわものぞろいです。その上、武器は、もっとも新しい兵器である鉄砲をもっていました。そういう薩摩の軍勢の前では、那覇と首里の軍勢など、初めから、ものの数ではありませんでした。琉球の軍勢は、たちまちけちらされて、敗走し、謝名親方も捕えられてしまいます。まもなく、首里城は薩摩の軍勢に包囲され、国王尚寧は城を出て、薩摩軍に降伏しました。それは、薩摩軍が上陸してからわずか五日後の四月五日のことです。戦いはそれほどあっけないものでした。

当時の沖縄の人びとが薩摩軍の鉄砲におどろき、戦いがあっけなく終わったようすは、次の言葉で後の世まで語り伝えられています。

棒《ぽー》の先《さき》から火《ぴ》ぬ出《い》じてぃ、わが鼻《ぱな》や射《い》りぷがちねらん。

棒の先から火が出て、私の鼻を射りほがしてしまった。

この言葉は、薩摩軍が最初に上陸した沖縄本島北部地方の方言です。この地方や、宮古・八重山諸島の方言では、「は、ひ、ふ、へ、ほ」は、「ぱ、ぴ、ぷ、ぺ、ぽ」と発音します。それは、日本語の、もともとの発音のしかたであろうといわれています。つまり、日本本土でも、遠い、遠い昔は、そのように発音していたと考えられています。それが、奈良時代に、「ふぁ、ふぃ、ふぅ、ふぇ、ふぉ」と発音されるようになり、さらに、江戸時代になってから、「は、ひ、ふ、へ、ほ」と発音されるようになったといわれています。沖縄の方言には、地方によって、これら「ぱ」、「ふぁ」、「は」の三通りの発音が、現代でも、そのまま残っています。だから、沖縄は、日本語の発音の移りかわりを調べるには、もってこいの場所といわれています。

ところで、この、

「棒の先から火ぬ出じてぃ、わが鼻や射りぷがちねらん。」

という言葉のなかには、いかにも軽妙で、こっけいなひびきがあります。しかし、じっさいは、反対に、戦いは悲惨なものでした。

薩摩軍が上陸してきたとき、沖縄本島北部地方の百姓も、初めは、鎌や鍬や棒などを武器のかわりにして、立ちむかっていきました。そこへ、鉄砲を撃ちまくられて、百姓たちは、ばたばたと殺されてしまいました。薩摩の記録によると、琉球の攻防戦で、薩摩軍が五十七名の戦死者を出したのに対して、琉球の戦死者は五百三十九名にのぼっていますo そのうち、首里王府の将兵で戦死したものはわずか八名で、琉球の戦死者のほとんどは、一般の百姓や若者たちです。つまり、矢面に立って、犠牲をはらったのは一般の住民で、首里王府の貴族たちは、初めから終わりまで、身の安全をはかるのにきゅうきゅうとしていました。国の支配者がこういう無気力な状態にあったために、一般の住民は、全力をあげて戦うこともできず、薩摩軍の思うがままにふみにじられてしまいました。

そういう自分たちのみじめな姿は、軽妙な言葉でつつまなければ、語るだけでもたえられない苦しみをともないます。雑草のようにふみつけられながらも、その苦しみにたえて生きている民衆のなかには、そういう言葉があるものです。

さて、赤子の手をひねるようにたやすく琉球を占領した薩摩軍は、琉球の国王と重臣たちをとりこにして、鹿児島に凱旋します。それは、五月下旬のことで、薩摩の兵船が鹿児島を出てからちょうど三カ月めのことです。とらわれの身となった琉球の国王と重臣たちは、見せもののように江戸まで引きまわされたあと、一六一一年九月下旬まで、およそ二年半のあいだ、島津氏のもとにとどめおかれていました。そのあいだに、島津氏は、琉球をどのような形で支配するか、着々と準備をととのえていきます。

島津氏の基本方針

島津氏は、まず、奄美の島々だけは、直轄地（直接支配する地域）として、薩摩藩のなかにくみ入れました。しかし、沖縄群島から南の島々は、これまでどおり、琉球国という独立国の形を保たせることにしました。

この方針にもとづいて、島津氏は、一六一一年（慶長十六年）、とりこになっている琉球の国王と重臣たちに、絶対服従を誓う文書（起請文《きしょうもん》）を書かせて、彼らを琉球に送りかえすことにしました。国王尚寧は、

「琉球は昔から薩摩藩主島津氏にしたがってきました。ところが、最近、きめられたいいつけを守らなかったために、琉球国は滅ぼされてしまい、私はとらわれの身となって、帰郷もあきらめていました。島津家久公は、それをあわれんで、このたび、私に帰国をゆるし、さらに、沖縄以南の島々を私の領地としてくださいました。このご恩は何にもかえられません。これからは、永久に、薩摩の君主をなおざりにいたしません。子々孫々にいたるまで、この誓いにそむくようなことはいたしません。」

という意味の起請文を書かされました。こういう誓いを立てた上で、尚氏は引きつづき

琉球国王の地位にとどまることをゆるされました。しかし、じっさいには、尚氏は島津氏にしたがう八万九千石(もみ高)の小さな大名の地位におとされ、しかも、島津氏のいいなりになることを誓わされていました。

琉球の重臣たちも国王と同じような誓いを立てさせられました。しかし、謝名親方だけは誓いの文書に名をつらねることをこばみます。そのために、謝名親方は、打ち首の刑をいい渡されて、切り殺されました。

謝名親方の処刑について、沖縄では、次のようないい伝えがあります。

「謝名親方の処刑は、熱湯がたぎっている大釜で煮て殺すというむごいものだった。謝名親方は、もともと、六尺ゆたかな大男であったが、長いあいだ牢屋にとじこめられていたために、見るかげもなくやつれていた。薩摩の役人から、

「いい残すことはないか。」

と、いわれて、謝名親方は、

「空手《からて》をやらせてほしい。」

と、いった。

「よかろう。」

と、ゆるされた謝名親方は、しばらく空手の型を演じていたが、とつぜん、左右で見とれている二人の役人の髻《もとどり》(髪の毛を頭の上にたばねた所)をつかんで、三人もろとも大釜の

なかにとびこんだ。三人は釜のなかで三《み》つ巴《どもえ》になって、もがいて死んだ。尚家の左三つ巴の紋は、これに由来する。」

これは、もちろん事実ではありません。しかし、この物語には、沖縄の人びとのやるせない憤りがこめられています。

さて、服従を誓って帰国をゆるされた国王と重臣たちが、いよいよ鹿児島を出発するという日の前日、島津氏は、彼らに、琉球の守るべき「十五条の掟《おきて》(定め)」を与えました。それは、琉球の政治のおおもとを定めたもので、その後、明治維新にいたる二百六十年間の琉球の政治は、この掟の実行にほかなりませんでした。

掟のなかみを見てみると、まっ先に、

「薩摩から命ぜられたほかは、唐(中国)へ誂物《あつらえもの》をしてはいけない。」

と、薩摩の命令なしに中国貿易をすることをきびしく禁じています。そのほかにも、

「薩摩の印判のない商人をゆるしてはならない。」

「琉球から他国へ、商船をいっさい遣わしてはならない。」

とあり、貿易はすべて薩摩の厳しい統制下においています。

貿易のことをのぞくと、あとは、琉球内部の政治について定めたものばかりです。それは、おおむね、

「無駄な出費をはぶき、役所の仕事はきめられたとおりにやり、人民に無理を押しつけ

てはならない。」

というものです。見たところ、人民のためになる、よい政治をおこなえ、といっているかのようです。しかし、それは、人民の利益を考えてのことではなく、反対に、島津氏の利益になるように薩摩の支配がうまくいくことを考えてのことです。そのことは、薩摩が、その後、じっさいにやったことを見れば、あきらかになります。

薩摩藩島津氏の植民地支配

薩摩に征服されてからあとの琉球では、毎年、年の始めに、年頭使と呼ばれる使者を薩摩に送るほか、島津氏に祝いごとや不幸があれば、そのつど使者を送って、服従の意をあらわしました。それに、また、国王のあとつぎをきめたり、重臣を任命したりする場合にも、いちいち、島津氏にうかがいを立てて、その承認をもらうならわしになりました。さらに、江戸幕府の将軍がかわったときや、琉球国王が新しく位についたときは、そのつど、首里王府の使者が、島津氏に連れられて、江戸に行き、幕府に服従の意をあらわします。そのほかに、ふだんは、首里王府の重臣の一人が常に鹿児島にいて、島津氏と首里王府との連絡にあたっていました。

一方、島津氏の方では、那覇に在番奉行《ざいばんぶぎょう》という現地駐在の役人をおき、琉球の政治と朝貢貿易とを監督させました。このほかに、琉球人に変装した大和横目《やまとよこめ》と呼ばれる秘密警察をもぐらせておいて、琉球の人びとの動きや、在番奉行の仕事ぶりを、ひそかに見はらせていました。

中国貿易について見ると、貿易の資金は、渡唐銀《とうぎん》といって、薩摩が出します。琉球の進貢船は、この資金で、絹や薬など、薩摩が指定した品物を中国から買って帰り、薩摩は、その品物を売りさばいて、利益をあげていました。

沖縄には、古くから「唐一倍《とういちべい》」という言葉があります。それは、中国貿易の利益はもとでの倍になるほど大きいという意味です。そのような中国貿易の利益は、貿易にたずさわっている薩摩、琉球王府、琉球諸士に三分されていましたが、貿易の経費はひとり琉球王府が負担していました。それで冊封使の接待費も間接経費に加算すると、首里王府の貿易収支は赤字になり、薩摩と琉球諸士には「唐一倍」の利益が保証される仕組みになっていました。

ところで、薩摩がこのような形で中国貿易をつづけるためには、薩摩が琉球を支配していることをかくして、琉球が昔ながらの独立した王国であるかのように見せかける必要がありました。それで、薩摩は、琉球が日本と何の関係もないかのように見せかけるために、沖縄人が日本人と同じ髪の結い方や、ひげのつけ方や、衣服のまとい方をするのをきびしく禁じたほか、大和名《やまとな》(日本名)をつけることも禁じました。

特に、冊封使が中国からやってくるときには、日本の書物や道具はすべて目につかないところにかくし、大和口《やまとぐち》(日本語)の使用や、ふんどしの着用も禁止しました。しかたなくふんどしを用いる場合は、袴《はかま》を着て見えないように命ずるという気の配りようでした。

冊封使の一行は、随員や兵員を加えると、全員で四百名か五百名くらいです。琉球に滞在する期間は、六カ月くらいが普通で、ときには、九カ月におよぶこともありました。そのあいだ、薩摩の役人たちは、中国の冊封使の一行に見られないように、首里のとなりにある浦添《うらそえ》村に姿をかくし、決して首里と那覇に現われないようにしていました。薩摩の船も、那覇の港を引きはらって、沖縄本島北部の港に姿をかくしていました。それが間に合わないときは、船を焼きはらってまで、中国の人びとの目をごまかしていました。

薩摩の島津氏は、また、日本全国の人びとに対しても、ことさら琉球が異国(外国)であることを印象づけようとつとめました。たとえば、島津氏が琉球の使者を連れて江戸のぼりをするときは、百人から二百人の琉球の使者の一行全員に中国服を着せて、行列させます。使者の役がらも、正使《チェンスィ》、副使《フウスィ》などと中国式に呼び、歩き方や、食事の食べ方にいたるまで、立居振舞《たちいふるまい》の動作はすべて中国風にさせました。そういう琉球の使者の行列が、薩摩の武士たちに前後を守られながら江戸のぼりする姿を想像してみてください。それを見た人びとは、誰だって、琉球は異国であり、沖縄人は日本人とは異なる人種や民族であると思ったにちがいありません。人びとにそう思わせるのが島津氏のねらいでした。それは、日本が幕府の命令で鎖国をしていたので、中国と貿易している琉球を、日本には属さない異国であると見せる必要があったからです。琉球を異国と見せることによって、島津氏は、また、外国にまで支配力をもっていることを、幕府やほかの藩に見せびらかせて、自慢していました。

一方の首里王府も、薩摩との関係が中国に知れないように、ひたかくしにかくしていました。それはなぜかというと、薩摩との関係が中国に知れて、朝貢貿易ができなくなると、島津氏からどのようなしうちをうけるかわからないと、おそれていたからです。首里王府は、莫大な中国貿易の利益をすっかり薩摩に横どりされていながら、それでもなお、身の安全をはかるために、薩摩のいいなりになっていました。

中国の方では、どうだったかというと、琉球と島津氏との関係を知らないのではなく、反対に、よく知っていました。それでもなお、知らぬ顔をしながら、おおらかにかまえて、琉球の朝貢貿易をゆるしていました。中国では、薩摩が琉球を征服してから間もない十七世紀のなか頃、明が滅んで清《しん》の国がおこりましたが、清朝もまた明朝と同じように、琉球と島津との関係をよく知っていながら、引きつづき琉球の朝貢貿易をゆるしていました。そして、この状態は明治維新にいたるまでつづくことになります。

こういう江戸時代の沖縄の状態は、一般に、「日清両属」といわれています。それは、日本と中国(清国)との両方に属していたという意味です。しかし、すでに見たように、当時の琉球が中国に臣属していたのは、朝貢貿易をおこなうための形式だけのものです。そして、中国からは、一方的に恩恵だけをうけてきました。

それにくらべて、薩摩との関係はどうだったでしょうか。これも、すでに見たように、当時の琉球の政治は薩摩のいいなりになっていて、中国貿易の利益も薩摩に横どりされていました。その上、琉球は総石高《そうこくだか》(生産量を米で換算したもの)の三十パーセントに近い多額の年貢(毎年おさめる貢租＝租税)を薩摩にまきあげられています。つまり、当時の沖縄は、薩摩の完全な支配下にあって、薩摩から一方的に搾取されていたのです。だから、当時の沖縄の状態は、実質的には薩摩藩島津氏の属領(植民地)であり、形式的には「日清両属」でした。

ふりかえって見ると、十六世紀の末、豊臣秀吉の時代に、日本全国の統一を目指す動きが沖縄にまで迫っていました。それから考えて、小さいながら独立を保っていた琉球も、いずれは日本にくみこまれる運命にあったと思われます。しかし、それにしても、琉球が、十七世紀の初めに、薩摩の属領として日本の封建制度のなかにくみ入れられたことは、その後二百六十年の江戸時代を通じて、沖縄に大きな不幸をもたらす原因になりました。それだけではありません。それは、また、明治以後百年の歴史でも、沖縄の不幸の遠い原因になりました。

人頭税と民謡

中国貿易の利益を横どりされた上に、多額の年貢を島津氏におさめるようになった首里王府は、苦しくなった財政をまかなうために、百姓から一段と重い貢租をとり立てることになります。つまり、島津氏が首里王府から奪ったものは、すべて琉球の百姓にしわ寄せされ、百姓は二重に搾取されることになったわけです。その結果、百姓がおさめる貢租は、百姓自身のとり分とくらべて、七対三(七公三民)から八対二(八公二民)にまでのぼる、非常に重いものになりました。百姓が苦しい生活に追いこまれたことはいうまでもありません。

なかでも、宮古・八重山の島々には、重い人頭税《にんとうぜい》が課されて、この島々の百姓は、とりわけひどい苦しみに突きおとされました。人頭税というのは、十五歳から五十歳までの男女に、頭わりに課された貢租です。当時の貢租は、米・粟《あわ》などの農作物や、織物などの工芸品を年貢としておさめるのが普通でしたが、このほかに、役所の必要に応じて労務を提供する夫役《ふえき》があり、さらに、役所の費用の負担もありました。

百姓は、夫役をつとめながら、人頭税をおさめる準備をするとなると、昼間だけの仕事では間に合わず、夜も働かなければなりません。男は月や星の光を頼りに田や畑を耕し、女は深夜にいたるまで機織《はたおり》をするのが普通になりました。それでもなお、人頭税を期日までにおさめることができないこともあります。そういう場合は、役人から犯罪人のように引き立てられ、鞭でぶたれたり、両脚を棒ではさんで締めつけられたりするなどの、拷問にかけられました。

そういう拷問の制度がある上に、首里王府は、さらに、五人を一組にした五人組の制度をつくり、組のなかで働けないものや、人頭税の未納者がある場合は、その分も残りの組員に負担させました。それを、組でも負担できない場合は、村全体に負担させます。だから、もし、病人が出たり、女の人に赤ちゃんができたりすると、その分だけ、家族や村の人びとの負担は重くなります。そこで、赤ちゃんができた女の人のなかには、家族や村の人びとに負担がかかるのをおそれて、生まれてきた赤ちゃんを殺して働きに出るものもあるという悲劇があとを絶ちませんでした。苦しさのあまり自殺したり、村を逃げ出して山賊になったりする例も、また、あとを絶ちませんでした。

人頭税を課された百姓は、いってみれば、貢租をとり立てるためにのみ生かされた奴隷のようなものです。生活を楽しむ自由はいっさい奪われていました。残された自由があるとすれば、それは、苦しみと悲しみを謡《うた》にして、救いを祈る自由だけです。宮古・八重山のすばらしい数々の民謡は、そういう歴史のなかから生まれたものです。

その例をいくつか見てみましょう。八重山の古い民謡のなかに、次のようなものがあります。

大和世《やまとゆ》に　　日本（薩摩）に支配される
かきられ　　世の中になって以来
板札《いたふだ》に　　板札に記された
守らされ　　人頭税を負わされ

遊《あし》びでん　　遊びも
どうぐねーぬ　　奪い去られ
あまいでん　　歓びも
どうぐねーぬ　　とりあげられてしまった

板札というのは、個人や家族のおさめる人頭税の額を記して、役所が農民に与えた札のことです。この民謡は、訳を見ればわかるように、自由な遊びやよろこびを奪われた悲しみをうたったものです。また、宮古の子守唄の一つに、次のようなものがあります。

汝《うゎ》が父《あさ》や　　おまえのお父さんは
んざんかいが　　どこへいった

汝《うわ》が母《んま》や
　ずまんかいが
天太《ていだ》たふま
　上たふまていど
うな取いが
　ぴりたり

おまえのお母さんは
　どこへいった
上役人たちを
　殺すといって
毒魚のふぐを
　とりにいった

これは、王府にあがる貢租をふやすために新しい村に強制移住させられた人びとが、上役人をうらむ気持ちをうたったものです。宮古でも、八重山でも、荒地を開墾して、新しい村をつくるために、百姓は、家族や愛する人から引き裂かれて、強制移住させられることがしばしばありました。それも、風土病のマラリアがある土地に移住させることもあって、命を失った人びともたくさんいます。次に掲げる民謡は、八重山の波照間《はてるま》島《じま》から西表島《いりおもてじま》に強制移住をさせられた人びとの嘆きをうたったものです。

波照間ゆ
生《ま》り島ゆ
見あぎりば

波照間の
生まれ島を
見ていると

ば家《や》ぬあぶ
生《な》しやる親《うや》ぬ
真面《まむて》見《み》るそんね

見るでしば
目《み》涙《なだ》まり
見らるぬ

取らでしば
遠《とう》さぬけ
取らるぬ

泣《な》く泣《な》くと
ゆむゆむと
戻《むど》りき

わが家の母
生みの親を
まのあたり見るようだ

見ようにも
涙があふれて
かすんで見えぬ

ふれようにも
遠いので
ふれられぬ

泣きぬれて
しおしおと
もどってきた

宮古・八重山の民謡には、お祝いのめでたい謡にさえも、深い悲しみがこめられ、なにげなくうたわれる子守唄にも、救いの祈りがこめられています。たとえば、よく知られている八重山の子守唄に、次のような歌詞があります。

月《つく》のかいしゃ
　十日三日《とかみか》
乙女《みやらび》かいしゃ
　十七《とうなな》つ

東《あがり》から上《あが》りおる
　大月《うふつく》の夜《ゆ》
沖縄《うちな》ん八重山《えーま》ん
　照らしょうり

上《あが》りばる上《あが》りばる
　ぶすけんがなす
ばんちゃぬ家《やー》かい

お月さまの美しいのは
　十三日
乙女《おとめ》の美しいのは
　十七歳

東からあがる
　大きなお月さま
沖縄も八重山も
　照らしてください

あがるよ、あがるよ
　お月さま
私の家を

　あかりたぼり　　　　　　　　　　明るくしてください

清らかで、美しい曲をつけてうたわれるこの子守唄には、人頭税で苦しむ八重山を、沖縄本島と同じようにあつかって、差別をなくし、暗い毎日の生活に明るい光をあててほしいという、せつない祈りがこめられています。このようなねがいや祈りにもかかわらず、二百六十年間の江戸時代を通じて、人頭税はなくなりませんでした。それどころか、明治になってまでも、なお、この悪税は宮古・八重山の人びとを苦しめつづけました。

砂糖の専売制

　首里王府は、以上で見たように、苦しくなった財政をまかなうために、人頭税を初め、重い貢租を百姓からとり立てました。しかし、それでも、なお、十七世紀なか頃には、薩摩に銀四百貫の負債(借り)ができるほど困っていました。そこで考えついたのが、砂糖を薩摩に送って、買いあげてもらい、その利益で負債をかえすという方策です。

　この考えは、島津氏からもよろこばれました。それは、なぜかというと、沖縄の砂糖を大坂に運んで、売りさばけば、大きな利益をあげることができたからです。当時の日本では、砂糖は中国と東南アジアでつくられたものが輸入されていて、手に入れにくい商品の一つでした。

沖縄に砂糖の製造法が中国から伝わったのは、薩摩が琉球を支配するようになってから間もない一六二三年のことです。奄美大島には、それより十数年前に伝わったといわれています。それから沖縄でも、奄美でも、甘蔗《かんしょ》(さとうきび)の栽培が急速に広まり、砂糖の製造がさかんになりました。島津氏は、自分が支配するようになった領地で砂糖がつくられるようになり、この新しい産物に目をつけていました。そこへ、おりもおり、首里王府からは、負債をかえすために、砂糖を薩摩に送り届けたいといってきました。島津氏は、ただちに、その申し出をうけ入れます。それればかりではありません。島津氏は、さらに進んで、琉球がおさめる年貢の幾分かは米のかわりに砂糖でおさめさせ、その上、年貢をおさめた余りの砂糖もすべて買いあげることにしました。

そういう島津氏の意向をうけて、首里王府は、沖縄本島中・南部地方の村々と、北部地方の一部の村に甘蔗を栽培させ、この地域の百姓には、米や粟などのかわりに、砂糖で貢租をおさめさせます。そして、命じられた量の砂糖を完納するまでは、百姓がかってに砂糖を売ることをいっさい禁止し、首里王府が一手に砂糖の販売をにぎるという専売制を設けました。王府の命令に反して、砂糖を密売するものは、ひどい刑罰をうけました。

砂糖のほかに、首里王府は、鬱金《うこん》も専売制にしました。鬱金は薬用や染料に用いられるインド原産の植物で、当時の日本では高価な輸入品でした。首里王府は、これも、また、島津氏の意向にしたがって、百姓に栽培を命じ、貢租としておさめさせました。島津氏は、また、それを大坂の市場で売りさばいて、大きな利益をあげました。

　このように、甘蔗にしろ、鬱金にしろ、百姓がどういう作物をどれだけつくるかは、すべて、島津氏の指図にしたがって、首里王府がきめていました。そして、甘藷《かんしょ》(芋、さつまいも)をのぞくと、作物のほとんどすべてが貢租としておさめるためのものです。だから、百姓は、米や砂糖をつくっても、それを自分で食べることはめったにありません。百姓は芋を主食にした貧しい食事しかとれませんでした。

　ところで、芋が中国から沖縄に伝えられたのは、薩摩の琉球侵略より四年前の一六〇五年のことです。それ以後、芋の栽培は急速に広まり、百姓の主食にまでなりました。しかし、それは、百姓が米やその他の穀類より芋を好んだからではありません。そのわけは、薩摩に送る砂糖をつくるために、米や麦などのかわりに甘蔗を栽培するようになったためと、米や麦や粟などの穀類は貢租として首里王府にとられていたためです。

　沖縄本島と、その周辺の島々でも、百姓は、ただ、形こそちがっていたけれども、宮古・八重山の百姓と同じように、貢租をとり立てるためにのみ生かされているようなものでした。

　その百姓は、では、自分たちを支配している島津氏や首里王府に対して、どんな気持ちを抱いていたのでしょうか。

民衆と政治家とのへだたり

先に紹介した謝名親方《じゃなウエカタ》の伝説や、宮古・八重山の民謡からもうかがえるように、当時の沖縄の民衆は、薩摩の支配にやり場のない憤りを感じていました。それと同時に、薩摩の支配に屈して、百姓に重い貢租を押しつけている首里王府にも不信と反感を抱いていました。そして、百姓が重い貢租のとり立てに反対して、いっせいに立ちあがったこともあったと思われます。

たとえば、宮古群島の一つ、多良間島《たらまじま》では、一六七八年、島民が重い人頭税に反対して、蜂起しました。蜂起というのは、蜂が巣からとび立つように、いっせいに立ちあがることです。このように、百姓が、支配者に抵抗するために、団結して立ちあがることを百姓一揆、または農民一揆といいます。このときの一揆では、宮古島にいる王府の役人たちが多良間島に渡り、一揆の指導者を捕えて、百姓の蜂起を押さえつけました。

こういう例はほかにもあったかどうか、不明ですが、そのことについては、ほとんど記録に残っていません。また、当時の歴史の本にも書かれていません。それは、なぜかというと、当時、記録や歴史の本を書くのは、王府の役人か、それに近い人たちにかぎられていて、そういう人たちは、支配者である島津氏と首里王府に都合の悪いことは、記録にも、歴史の本にも書かないようにしていたからです。さらに、ある事件を記録や歴史の本に書くときでも、すべて、支配者である島津氏と首里王府に都合のよいように書いていました。

その一つの例として、沖縄で初めて書かれた歴史の本である『中山世鑑《ちゅうざんせいかん》』について見てみましょう。この本は、首里王府の重臣の一人である向象賢《しょうじょうけん》が一六五〇年にあらわしたものです。この人の本来の名前は羽地朝秀《はねじちょうしゅう》で、向象賢というのは、中国式の名前です。彼は、一六六六年から七年間、首里王府の最高の役職である摂政の地位にあり、一般には、蔡温《さいおん》という人と並んで、沖縄が島津氏の支配下にあった時代の大政治家といわれています。その彼は、『中山世鑑』のなかで、薩摩軍の琉球侵略に関して、次のような意味のことを書いています。

「当時の国王尚寧《しょうねい》は、かって気ままで、王としての徳もなく、よこしまな気持ちが動くままに、悪臣邪名《じゃな》を重く用いて、島津氏を敬う誠の心を失った。そのために、薩摩軍に討たれて、王位をあやうくし、国難をまねいた。」

邪名というのは、謝名親方のことで、字もわざと悪いという意味の〝邪〟をあてています。それほど謝名親方は悪人のように書かれています。

これは、島津氏が琉球を支配していることを正当であると認めて、歴史上の事件を島津氏に都合のよいように書き、さらに、島津氏の支配にあまんじている向象賢や首里王府の立場を正当化したものです。そのために、謝名親方を悪者あつかいしています。こういう向象賢の立場や考え方は、謝名親方の伝説から読みとれる民衆の立場や気持ちにくらべると、あまりにも遠くかけ離れています。いや、むしろ、まるで反対といった方がいいでしょう。

向象賢は、また、琉球の言葉が日本語から分かれたものであり、日本人の祖先と琉球人の祖先とは同じであるという「日琉同祖論《にちりゅうどうそろん》」を説きました。古代の「沖縄人」が古代「日本人」の一分枝であるということは、すでに前の章でも見たように、決してまちがいではありません。しかし、向象賢がそれを説いたのは、薩摩の支配に反発している沖縄の人びとの気持ちをなだめて、琉球と薩摩とのあいだに摩擦が生じないようにするためです。

そこで、彼がじっさいの政治の上で気を配ったことは、薩摩の指図どおり中国との朝貢貿易をつづける一方、他方では、薩摩に滞りなく年貢をおさめられるように、王府の財政を立てなおすことでした。そして、この財政の立てなおしのために、彼は、役所の仕事や、社会のしくみの上でも、できるだけ無駄を省き、役人にも、人民にも、倹約をすすめます。特に、地方の役人に対しては、百姓が生産した作物をわずかの代金でとりあげたり、百姓をかってにこき使ったりするのを禁じて、百姓の負担を軽くするようにしました。それというのも、百姓が王府におさめる貢租を滞らせないようにするためです。

こういう向象賢の政治のやり方は、つまるところ、島津氏が首里王府に与えた「十五条の掟」を実行したものです。向象賢の時代から約半世紀の後に世に出た蔡温の政治のやり方も、根本は同じです。蔡温は、一七二八年から一七五二年まで、二十四年間、首里王府の三司官をつとめた人で、薩摩の支配下にあった時代の沖縄第一の大政治家と、一般にいわれています。三司官というのは、摂政につぐ王府の役職で、総理大臣のような役目を担っていました。それが、三人からなる合議制をとっていたために、三司官と呼ばれていました。

蔡温については、こんないい伝えがあります。それは、沖縄で中国崇拝の気分がみなぎり、薩摩人の感情を害しがちであった当時の話です。そういう世情を心配して、蔡温は国王に次のようにいいました。

「唐（中国）とのことは、それほどむずかしくはありません。たとえ、むずかしいことがおこっても、どうにかごまかしがききます。しかし、大和（薩摩）とのことは、そうはまいりません。一片の紙きれでも、うっかりできません。」

蔡温は、それほどまでに、薩摩の支配をどうにもならないものと、おそれていました。薩摩にさからえば、首里王府の命とりになるとも考えていたのです。そして、それも根拠のないことではありません。というのは、過去に、三司官をふくむ王府の重臣二人が、中国にいった進貢船での盗難事件の責任を問われて、島津氏から打ち首の処刑にされたことがあり、また、国王に島津氏から毒茶をたまわったこともあったくらいで、島津氏の怒りにふれると、国王や重臣であっても、じっさいに命を奪われることさえあったからです。

そういう薩摩の植民地支配を頭において、蔡温は、琉球の政治のあり方を説いた『独《ひとり》物語』という本のなかで、次のように述べています。

「薩摩におさめる年貢は、琉球にとって、大きな損失のように見えるが、実は、大きな得である。……島津氏の命令にしたがうようになってからは、風俗も改まり、農民も耕作に身を入れ、国中必要なものは十分得られるようになり、まことにめでたい世になった。これは、まったく島津氏のおかげで、そのご高恩は言葉であらわせないほどである。」

だから、薩摩を「お国もと」として敬い、薩摩への年貢をおこたらないのが、琉球の政治の根本であるというわけです。

薩摩藩島津氏の属領として支配され、搾取されていることを、ありがたいと思い、恩にきるというのは、奴隷的ともいえる卑屈な態度です。向象賢にしても、蔡温にしても、このように、島津氏の顔色をうかがいながら、琉球の政治の安定をはかっていました。それほどまでに、島津氏の圧力は強かったともいえましょう。特に、蔡温は、謝名親方と同じ中国の帰化人の子孫であったので、ひとしお、それを意識していたと思われます。

蔡温は、政治を安定させる政策の要として、農業の生産をふやすことに力をそそぎました。それは、農業が国をささえるおおもとであるという考え方にもとづいたもので、農業生産がふえなければ、人口の増加につれて、人びとの生活をまかなうことができなくなり、王府の財政もまかなえなくなると考えたからです。そのために、彼は、農業技術の改良と、耕地をふやすことに力を入れ、百姓の愛護を説きました。それとともに、彼は、また、遠い将来に必要とされる材木のことも考えて、植林には、特に力をそそぎました。

そのさい、蔡温が百姓の愛護を説いたといっても、それは、あくまでも、農業の担い手であり、貢租の担い手である百姓をだいじにしなければならないといっているだけのことであって、百姓のしあわせを考えてのことではありません。だから、彼は、「百姓は無知で、愚かである。ゆとりがあれば、ぜいたくをし、豊作になれば、遊び楽しんでいる。それが百姓の愚かさだ。」ともいい、百姓がぜいたくをしたり、遊んだりすることを、きびしくいましめています。そして、百姓は、貢租を滞りなくおさめられる程度に、「死なぬよう、生きぬよう」最低ぎりぎりの生活をしいられていました。数々の悲劇さえ生んだ宮古・八重山における百姓の強制移住も、実は、荒地を田畑にかえて、農業生産をふやし、それによって、王府にあがる貢租をふやそうとねらった蔡温の政策から生まれたものです。

蔡温の政策は、彼の死後も、首里王府にそのままうけつがれて、政治のお手本のようになりました。そうであるかぎり、百姓は貧しい生活から一歩もぬけ出せるはずがありませんでした。なぜなら、蔡温の政策は、薩摩藩島津氏の支配を動かすことのできない絶対的なものと認めたうえで、首里王府の安泰をはかることが目的であり、決して、百姓をゆたかにするのが目的ではなかったからです。

その後、農民は、芋さえ十分なくて、蘇鉄《そてつ》を主食として食べることもありました。また、農民のなかには、貢租が重すぎて、負債をつくり、それもはらえなくなって、ついには身売りするものもありました。さらにまた、ひとたび暴風雨や旱魃《かんばつ》にみまわれると、たくわえのない百姓は食べるものもなく、飢え死にしたり、疫病で死んだりする人が数千人にのぼることもありました。

こういう苦しい状態からぬけ出すために、当時の沖縄の民衆は、薩摩の不当な支配と搾取をはらいのけることを、心の底から、どんなにねがったか、わかりません。しかし、それを首里王府の政治家たちに望むことは、とてもできない相談でした。すでに見たように、王府の政治家たちは、大政治家とうたわれた向象賢や蔡温ですら、島津氏の顔色をうかがいながら、王府の安泰をはかるのにきゅうきゅうとしていました。そして、一方、民衆に対しては、その声やねがいに耳を傾けるどころか、百姓を愚民あつかいして、しぼりとれるかぎりの貢租をしぼりとっていました。

民衆のねがいと、王府の政治家たちの考え方とは、あまりにも遠くへだたっていました。しかし、残念なことに、民衆は、そういう王府の国王や政治家たちをやめさせて、それにかわる指導者を自分たちのなかから生み出すまでにいたりませんでした。それで、琉球は、島津氏の支配をはらいのけることもできず、島津氏に支配されたまま明治維新を迎えることになります。

社会制度の移りかわり

もちろん、薩摩の支配下にあった二百五十年のあいだには、沖縄の社会制度にも、変化があり、進歩もありました。

周知のように、江戸時代の日本は、封建制度がしっかりかたまって、むしろ、爛熟《らんじゅく》しつつある社会でした。ところが、島津氏に征服された当初の沖縄は、日本でいえば奈良・平安朝のような古代社会の状態からまだぬけ出していません。そういう沖縄にとって、薩摩の支配は、社会制度や文化を変革する上で、大きな刺激になりました。

島津氏の支配下におかれた沖縄では、薩摩を手本にした封建制度のしくみがいろいろとり入れられました。そのもっともよい例は、土地の面積と生産物を調べて（これを検地といいます）、石高を定め、それにしたがって貢租をとり立てる制度です。沖縄で検地がおこなわれたのは、薩摩軍の侵略直後に、薩摩の役人の手でおこなわれたのが最初です。

また、当時の沖縄の農村にあった地割《じわり》制度は、薩摩に支配されるようになってから整備されたものではないかといわれています。当時、百姓の田畑は、「お授《さず》け地」といって、村を単位に王府から与えられた形をとっていました。そして、その「お授け地」は、村内の百姓に、その生活条件にしたがって配分され、さらに、一定の年数をきめて、配分された土地の割替えがおこなわれています。この制度を「地割」といいます。

地割制度のもとでは、貢租をおさめるのは村全体の責任とされ、不納者がいると、村民全体がその分も負担するしくみになっています。また、一定の年数をかぎって割替えをしたのは、貢租の負担を均等にするためであったばかりでなく、長い年月のあいだに、百姓が裕福なものと貧しいものとに分かれることがないようにするためでもありました。農というのは、富み栄えた百姓が、貧しくなった百姓をやとって、大農経営をしたり、農業以外の商・工業を経営したりすると、だんだん商品経済が発達して、武士の支配する封建制度がくずれるからです。だから、地割制度は、貢租の不納をふせぐのと同時に、封建制度がくずれるのをふせぐために考え出された制度だといえます。

また、島津氏が首里王府に与えた「十五条の掟」のなかには、沖縄の古い習慣を改めることを指示した内容のものもあります。だから、向象賢による「十五条の掟」の実行は、社会のいろいろな制度の改革をうながすものになりました。しかし、こういう王府による制度の改革は、もともと、薩摩におさめる年貢を滞らせないように王府の財政を立てなおすのが一番のねらいでしたから、制度の改革がただちに百姓のしあわせになるというものではありませんでした。百姓が二重の支配と搾取に苦しんでいたことは、すでに見たとおりです。

それはともあれ、薩摩に支配されるようになってから、沖縄が、奈良・平安朝のような古代社会から、封建制度の社会へ移っていったことは事実です。その場合、しかし、沖縄の士族が武器をもたないという制度は、そのまま残されました。この点は、封建制度にとってなくてはならない要素を欠いたもので、注意しておく必要があります。

そもそも、封建制度というのは、武力をもち、軍事を専門にした武士の集団(武士階級)が農民や町人を支配している社会のしくみです。江戸時代の日本の武士は大小二本の刀をさし、領主はそういう武士たちを家臣としてしたがえていました。加賀百万石についで、七十七万石という、日本で二番めに大きな藩であった薩摩藩の場合は、四人のうち一人は武士といわれるほど、大きな兵力をもっていました。

この薩摩藩は、「封建制度の極北(はてのはて)」といわれるほど、日本で一番古い形の封建制度が残っていたところです。そこには、外城《とじょう》制度といって、農村の麓《ふもと》と呼ばれる集落に住みついた郷士が直接農民を支配するしくみがありました。そして、百姓は、ほかの藩よりもはるかに重い貢租をとり立てられているにもかかわらず、武士に対して文句一ついえないほど、きびしい統制と監視のもとにおかれていました。そのために、薩摩藩では、江戸時代を通じて、農民一揆がただの一件もなかったくらいです。それほど、武士の支配は強固なものでした。

しかし、島津氏は、このように武器をもった武士が百姓を支配する形を、沖縄には移し入れませんでした。それは、もちろん、一つには、中国との朝貢貿易をつづけさせるために、琉球の士族たちを、従来の姿のまま、武器をもたせないでおく必要があったからです。それに、また、琉球の士族が武器をもたない状態をそのまま残すことは、琉球が薩摩に反抗するのをふせぐためにも必要なことでした。このようにして、当時の沖縄では、武器をもたない士族が百姓を支配するという、片手おちのようなかわった形の封建制度が生み出されました。そして、じっさいの支配力となる武力は、薩摩藩が一手ににぎっていました。

だから、当時の沖縄の封建制度は、日本のどの藩の制度とも同じではありません。それは、島津氏が、琉球を属領として支配するのに、都合がよいと認めた範囲内で整備した程度のものでしかありません。そのとうぜんの結果として、古代社会の制度や習慣も、十分には改革されず、そのまま残されたのがたくさんあります。最近まで、沖縄が「古代日本の博物館」などといわれるほど、古代の風習がたくさん残っていたのも、そういうところに遠い原因があります。

文化の移りかわり

また、文化の面では薩摩に支配されるようになってから和学(日本の学問)や日本の芸能を研究するものが多くなり、それが、琉球の文化に大きな影響を与えました。

向象賢が一六五〇年に『中山世鑑』をあらわしたのにつづいて、十八世紀には、歴史の本の編集がさかんになりましたが、その歴史の本の編集にあたっては、『保元物語』『伊勢物語』『太平記』など、日本の書物が参考にされました。たとえば、『中山世鑑』に書かれている、源為朝が沖縄に渡ってきたという伝説は、『保元物語』にある為朝の伝説をもとにして、つくられたものです。

『中山世鑑』は、和文(日本文)を中心にして書かれたものですが、一七〇一年には、それを漢訳した『中山世譜《ちゅうざんせいふ》』がつくられました。このように、当時の沖縄では、和文と漢文の両方が用いられていて、歴史の本にも、和文のものと、漢文のものとがあります。それは、琉球の「日清両属」の状態を反映したものです。『世譜』のあとには、一七一三年に『琉球国由来記』が編集され、さらに、それを漢訳した『琉球国旧記』が一七三一年につくられました。また、一七四五年には、当時の歴史の本のなかで、史料としての価値がもっとも高いといわれる『球陽《きゅうよう》』が編集されました。

これらの歴史の本は、すべて、首里王府の手によって編集されたもので、もちろん、王府中心の歴史の本です。このように歴史の本の編集がさかんになったのは、首里王府が、薩摩の支配下にありながらも、十八世紀には、一応の安定をとりもどして、琉球における支配者としての地位を歴史によって裏づけようとする気持ちが強くはたらいたためと思われます。

この十八世紀は、また、琉球文化の「第二の黄金時代」とか、「爛熟時代」とかいわれています。それは、十五、六世紀についで、文化が栄え、爛熟した時代という意味です。

この時代には、王府を中心にした士族たちのあいだで、漢学とともに、和学をまなぶものが多くなったほか、詩歌、音楽、舞踊をたしなむものも多くなりました。

十五、六世紀頃に中国から渡ってきた三線《さんしん》は、十八世紀ともなると、首里王府を中心にした士族たちのあいだで広く普及するようになります。それとともに、三線のリズムに合わせた詩歌や舞踊の創作が首里士族のあいだでさかんになり、士族の文芸のたしなみとされるようになりました。現在、琉球の古典舞踊といわれている踊りや、一種の舞踊劇であり、歌劇でもある「組踊《くみおどり》」は、この時代に、王府の宮廷舞踊としてつくられたものです。「組踊」は、日本の能や歌舞伎の形式にまなびながら、沖縄に古くから伝わる詩歌や踊りなどの芸能を総合してつくった舞台芸術で、この時代の士族文化を代表するものの一つです。

また、十六世紀まで、民衆のあいだでつくられていた「おもろ」は、薩摩に征服された十七世紀以降はまったくつくられなくなり、それにかわって、和歌によく似た琉歌《りゅうか》がさかんにつくられるようになります。和歌が五・七・五・七・七の三十一文字からなっているのに対して、琉歌は八・八・八・六の三十音からなる定型の抒情詩です。一例をあげると、次のようなものです。

恩納《うんな》岳《だき》あがた　里《さと》が生《うま》り島
森《むい》ん押《う》しぬきてぃ　くがたなさな

恩納《おんな》岳《だけ》のむこうに、恋しい人の生まれた村がある。
山も押しのけて、こちらに引き寄せたい。

八・八・八・六音の定型詩は、八音の文節を基本にした「おもろ」から発展したものです。こういう定型の琉歌が、初めは首里士族のあいだでつくられ、それが、後には、三線のリズムをともなって、地方の民衆のあいだにも広がっていきました。そして、十八世紀には、文字を知らない庶民でも琉歌をつくるほどの全盛時代を迎えました。先に引用した琉歌は、十八世紀の女流歌人、恩納《おんな》ナベ《なびー》という人の作品です。彼女は、沖縄本島北部の恩納村という農村のまったく文字を知らない娘でした。それだけに、かえって、日本の万葉の歌にも通ずる素朴で雄大な作品をたくさん残しています。

それにくらべて、首里や那覇の士族たちの琉歌は、万葉よりも後の日本の和歌の影響を強くうけて、言葉の技巧をきそうものになっています。首里、那覇の士族たちのあいだでは、歌のよしあしも、三線の音楽に合うか、合わないかで評価されるようになり、歌よみは、ひまをもてあました士族の風流な遊びのようになっていました。

ところで、三線は、当時はかなり高価な楽器で、貧しい百姓の手の届かないところにありました。特に、人頭税で苦しんでいる宮古・八重山の百姓には、それを手に入れるゆとりはまったくありませんでした。この島々で、三線をもち、それをひくものはせいぜい島の役人くらいのものでした。しかし、それが逆にさいわいして、宮古・八重山の民衆は、首里士族の型にはまった三線音楽や詩歌の影響をうけることもなく、肉声だけでうたう民謡を自由につくり出していきました。宮古・八重山の民衆は、いわば、声帯という、生まれながらもちあわせた楽器だけで、よろこびや、悲しみをうたいあげる工夫をしなければなりませんでした。その結果として、すばらしい数々の民謡が生み出されました。これらの民謡に三線の伴奏がつけられるようになったのは、なお後の時代のことです。

沖縄では、首里・那覇から遠く離れた地域ほど、すぐれた民謡をたくさん生み出しています。民謡の一番の宝庫は、沖縄本島からもっとも遠く離れた八重山の島々で、それにつぐのが宮古の島々です。八重山と宮古についですぐれた民謡が多いのは、伊江島や久米島など、沖縄本島周辺の島々です。そして、沖縄本島では、北部地方にいい民謡がありまます。人頭税を初め、重税に苦しめられていたこれらの地域の人びとにとって、民謡は、苦しい生活にたえる力にもなり、心のささえにもなったにちがいありません。そういう実生活に根をおろしたものだからこそ、これらの民謡は、現代でもなおうたいつがれるほどの生命力をもっているのだと思います。それは、名もない多くの民衆が残した貴重な文化遺産の一つです。

異国船の渡来と「外藩」琉球

十九世紀になってから、沖縄には、イギリス、フランス、アメリカなど、外国の軍艦や商船があいついでやってきました。

ナポレオンに沖縄の話をして聞かせた例のバジル・ホールがやってきたのは、一八一六年で、それが最初です。イギリスの艦船は、その後、一八四三年と一八四五年の二回、八重山と沖縄本島を訪れ、陸地を測量・調査して帰りました。イギリスは、それから、一八四六年にベッテルハイムという宣教師を強引に沖縄に送りこみ、さらに一八四九年には、交通と貿易を開いてほしいというイギリス政府の書簡を首里王府に届けてきました。

これと相前後して、一八四四年には、フランスの軍艦アルクメーヌ号が那覇に入港し、ついで二年後の一八四六年には、フランスの東洋艦隊司令官セシュ提督が三隻の艦隊をひきいてやってきました。目的は、通商とキリスト教の布教を認めさせるためです。

この頃のイギリス、フランスといえば、いちはやく近代科学を産業に応用して、資本主義の経済がめざましい発達をとげつつある国でした。そして、この両国は、産業の発達にともない、原料の供給地と製品の輸出先とを求めて、世界各地に進出し、東南アジアでも、広大な地域を次々と植民地にしていました。それにつづいて、アメリカとロシアもアジアに進出しつつありました。清国(中国)も阿片《あへん》戦争(一八四〇—四二年)に敗れてからは、イギリスを初め、フランス、アメリカなど、欧米諸国のなかば植民地になり始めていました。阿片戦争というのは、清国が阿片の輸入を禁止したことに、イギリスがいいがかりをつけて、しかけた侵略戦争です。それで、一八四〇年代ともなると、欧米の資本主義諸国がまだ進出していない地域は、沖縄をふくめて、日本だけになっていました。イギリスとフランスの艦船があいついで沖縄にやってきたのは、こういう時期です。それが、日本を開国をさせるための足場をつくるためであったことは、いうまでもありません。

そういう英仏両国のねらいや、世界の動きを、首里王府は、もちろん、知るはずもありません。それというのも、琉球が島津氏の支配下におかれて、中国との朝貢貿易以外、外国との接触をいっさい断ち切られてから、すでに二百三十年もたっていたからです。

自主的な外交権も奪われている首里王府は、外国船があいついでやってきたことに、ただ、おどろき、うろたえるばかりでした。できることといえば、外国船の乗組員とのあいだに摩擦が生じないように、彼らをていねいにもてなして、帰ってもらうということです。通商を開く申し入れに対しては、

「琉球は、絶海の孤島で、土地もせまく、産物もとぼしい。だから、大国と通商することはできない。」

と、ことわる以外にすべを知りません。キリスト教の布教についても、

「琉球は儒教を国教としていて、その他の教えは必要でない。」

と、ことわりつづけていました。

しかし、イギリス、フランスも、簡単には引きさがりません。とりわけ、一八四六年にやってきたフランスのセシュ提督は、フランスが清国とのあいだに結んだ条約も示して、武力で威圧しながら、

「琉球は日本と通交をしているが、自分はこれから日本にいって、条約を結び、通商を開くつもりだ。」

と、いい残して、立ち去りました。

それを聞いて、首里王府はふるえあがってしまいました。というのは、薩摩と琉球との関係を、フランスはとっくに知っていたからです。もし、それが中国にまで知れると、

た。

朝貢貿易もできなくなって、首里王府の存在もあやうくなるのではないかと、おそれたわけです。そこで首里王府は、早船《はやぶね》で薩摩の島津氏にことのいきさつを報告し、どうしたらよいか、うかがいを立てる一方、国中をあげて、神や仏に琉球の安泰を祈らせました。

　知らせをうけた薩摩藩では、さっそく対策を協議します。もちろん、その頃の日本は、まだ、鎖国をしていました。幕府は、一八二五年に「異国船打払令」を出し、欧米諸国の艦船が開国を要求してきたら、武力で打ちはらえと命じていました。そこで、とうぜん、薩摩藩での協議の中心は、沖縄にやってくるフランス船を打ちはらうべきか、どうか、ということになります。そして、藩内の意見は、次のようにまとまりました。

「琉球にたくさんの兵力を送ると、薩摩が手うすになる。だから、琉球との通商をことわって、フランスと戦争を引きおこしたら、たちまち薩摩は危険に陥るだろう。それは、本末をとりちがえたものだ。末である琉球を守るために、本である薩摩をあやうくしてはならない。それは、ひいては日本もあやうくする。

　それに、また、琉球は清国の冊封をうけているから、フランスが清国から許可をとって、琉球との通商を求めてきたら、琉球国王もこれをことわれまい。薩摩がことわらせたら、日本と清国とのあいだに紛争がおこるだろう。

　以上のような危険を避けて、薩摩の安全を守り、ひいては日本全体の安全を守るためには、琉球は日本の域外の「異国（外国）」としてあつかい、琉球だけにかぎって、フランスとの通交や貿易をゆるした方がよい。」

江戸幕府も、薩摩藩の意見を入れて、

「もともと、琉球は外藩《がいはん》だから、幕府は干渉しない。だから、いちいち幕府の指図をうけないで、薩摩藩の考えどおり処理してよい。」

と琉球に関することは、薩摩藩に一任しました。

ここで「外藩」といっているのは、現代の用語でいえば、「外地」ということです。それは日本固有の領土である「内地」に対して、そうでない領土という意味です。それは、つまり、植民地のことです。薩摩藩にとっても、江戸幕府にとっても、琉球はそのような「外藩」でしかありませんでした。そういう琉球を日本から切り離し、琉球で西洋諸国の進出をくいとめることができれば、それにこしたことはないと薩摩藩も、江戸幕府も考えたわけです。

しかし、そういう一時しのぎのやり方で日本が鎖国をつづけることは、もはや不可能な情勢になっていました。日本が鎖国しているあいだも長崎で貿易をゆるされていたオランダは、幕府に新しい世界の情勢を知らせ、日本が阿片戦争で敗れた清国の二の舞をしないように、開国を熱心にすすめています。それにもかかわらず、幕府の指導者たちは、ペリーのひきいる黒船が浦賀に現われるまで、その日暮らしの政策をとりつづけています。

私たちは、ここで、注意しておきたいことがあります。それは、当時の幕府と薩摩藩の態度のなかに、

「日本の安全と利益のためには、外藩(外地＝植民地)である琉球を捨て石にしてかまわない。」

という考え方が、実に鮮やかに出ていることです。ことさらそれを強調するのは、この考え方が、明治以後の日本政府にもあって、ことあるごとに、沖縄を苦境におとし入れたからです。

さて、ペリーのひきいるアメリカ艦隊が沖縄にやってきたのは、フランス東洋艦隊司令官セシュが威圧を加えてから七年後の一八五三年(嘉永六年)のことです。ペリーは、沖縄を根拠地(基地)にして、江戸幕府に圧力を加え、ついに一八五四年(安政元年)日米和親条約を結んで、日本に開国の一歩をふみ出させました。

この事件をきっかけにして、江戸幕府の威信は急速におとろえ、二百数十年もつづいた江戸時代の封建制度は音を立てて崩れ始めます。それからおよそ十五年の動乱の時代を経て、江戸幕府はたおれ、一八六八年に明治の新政府が発足することになります。

西郷隆盛《さいごうたかもり》などの活躍でよく知られているように、薩摩藩は、長州藩とともに、明治維新を押し進めた中心勢力の一つです。薩摩藩がそうなり得た第一の条件は、他の藩にく

らべて、大きな軍事力と財力をもっていたからです。それをささえていたのは、前にも見たように、領内の農民からとり立てる重い貢租と、沖縄から搾取する年貢や中国貿易の利益などでした。それにもかかわらず、その薩摩藩が明治新政府で大きな勢力を占めたことによって、沖縄にさいわいしたものは何もありません。反対に、それは、明治維新以後の沖縄に、薩摩の支配の影をおとすことにしか役立ちませんでした。明治の沖縄の歴史はそれをはっきり語るでしょう。

五　明治時代の琉球

日本軍の台湾遠征と琉球藩の設置

明治になってから、新しくできた日本政府のもとで、沖縄がどのようなあつかいをうけ、どのようにして日本「国内」にくみ入れられていったか、それを見るのがここでの課題です。

明治の発足したばかりの日本政府にとって、さし迫った重要な問題は、「日本全国を統一した近代国家をつくって、ヨーロッパやアメリカの国々と肩を並べられるようにするには、どうすればよいか。」ということでした。そこで、政府は考えます。

「そのためには、まず、二百六十人余りの大名が、各藩ごとに、それぞれの地方を支配している封建制度を改めて、天皇を中心とする中央集権制度をつくる必要がある。そういう中央集権制度のもとで、産業をおこし、強大な軍隊をつくって、国の威信を海外に押し広めなければならない。」

これが政府の基本的な方針でした。そして、一八七一年(明治四年)に、全国の藩が廃止されて、県がおかれたのは、中央集権制度をつくるための第一歩でした。日本の歴史上、廃藩置県と呼ばれているのがそれです。その結果、全国は三府七十二県に分けられます。

このとき、薩摩藩島津氏の支配下にあった琉球は、それまでの歴史のいきさつから、とりあえず鹿児島県が管理することになりました。といっても、琉球王国の形はもとのままで、清国(中国)との朝貢・臣属関係も、もとのままです。だから、琉球から見ると、薩摩藩が鹿児島県にかわり、徳川幕府が天皇の政府にかわっただけで、琉球が「日清両属」であることにかわりありません。

明治の新しい政府は、もちろん、それでよいと思っていたわけではありません。反対に政府は、

「日本の領土の南端を区切る重要な地域を「日清両属」というあいまいな形のままにしておいては、国際間の紛争の種になる危険がある。それは、日本の安全を守る国防の上からも危険である。だから、琉球を今後どうするか、早急に解決する必要がある。」

と、考え、その具体的な解決の方法を研究し始めます。そこへ、たまたま思いがけない事件がおこって、日本政府は、琉球の「日清両属」問題の解決に、急いで手をつけるこ

とになりました。

その事件というのは、一八七一年十一月、宮古島の住民を乗せて那覇から宮古島へむかう船が、暴風雨にあって、台湾に漂流し、上陸した宮古島住民六十六人のうち、五十四人が台湾の原住民(高砂族《たかさご》)に殺された事件です。台湾に住む中国人に救われて、あやうく生き残った十二人は、中国の役人の手で、翌一八七二年一月、中国の福州《フーチョウ》(福建省)に送られました。それから、この年の六月、中国との朝貢貿易を終えて帰国する琉球の船に乗って、那覇に帰ってきました。

この事件は、中国にいる日本公使からも、また、鹿児島県庁からも、日本政府に報告されました。その知らせが伝わるや、薩摩、長州、土佐の藩士出身者からなる近衛兵や鹿児島県士族のあいだでは、

「ただちに軍隊を送って、台湾の生蕃《せいばん》(蕃人)を征伐せよ。」

という主張が、激しく燃えあがります。

西郷隆盛や副島種臣《そえじまたねおみ》外務卿(外務大臣)を初め、政府の主だったメンバーも、台湾遠征には賛成でした。しかし、政府としては、

「それをただちに実行すると、欧米諸国や清国から文句をつけられて、どんなじゃまがはいるか、わからない。だから、どこからも文句をつけられないように、必要な手を打ってからにしなければならない。」

と、まず外交の上でも、内政の上でも、必要な措置をとることにします。

その一つとして、日本政府は、欧米諸国に、

「琉球が日本の領土であることを確認してもらいたい。」

と、交渉しました。それに対して、まずアメリカ公使が、

「それを認めるかわりに、幕末に琉球とアメリカとのあいだで結んだ条約を日本政府が引きついでほしい。」

と、要求してきました。日本政府はその要求を入れました。ほかのヨーロッパ諸国もこの例にならいます。


次に、内政上の措置として、日本政府は、一八七二年(明治五年)九月、琉球国の呼び名を廃して、琉球藩をおき、国王の呼び名も藩王《はんおう》と改めます。それとともに、琉球藩は政府の直轄となり、外務省が管理することになりました。

残された問題は、清国政府との交渉です。清国は琉球が「両属」してきた一方の側の国であり、清国と琉球との関係はまだ切れていませんでした。現に、この年も、琉球は中国に進貢船を出しています。また日本が遠征しようとしている台湾は清国の領土です。だから、宮古島の住民を殺した原住民を討つために台湾に攻め入るとなると、どうしても清国政府の了解をとりつけておかなければなりません。

副島外務卿は、一八七三年(明治六年)二月、日清修好条規の批准書を交換するために

清国へいったとき、北京《ペキン》にいる日本の柳原《やなぎわら》〔前光《さきみつ》〕公使に命じて、清国政府と交渉させ、日本軍の台湾遠征について、了解を求めさせました。そのさい、柳原公使は、琉球が日本領であるか、それとも中国領であるか、という議論は結論が出そうにもないので、そっとしておき、清国政府から、

「台湾は中国の領土であるが、そのなかで、蕃地は化外《けがい》の地（政府の政治と教育がいきとどかない地域）である。」

という言明を引き出すだけで満足しました。それは、なぜかというと、

「化外の地であれば、日本軍が攻め入っても、文句はあるまい。これで台湾遠征がやれる。」

と、腹の中で考えたからです。

このようにだんどりはととのったものの、台湾遠征の実行は翌年（明治七年）にもちこしになりました。それはどうしてかというと、この年（明治六年）は、「征韓論《せいかんろん》」が日本国内で燃えさかっているさなかでもあり、西郷隆盛や副島外務卿は、

「遠い台湾に遠征するよりも先に、近くにある朝鮮にまず出兵した方がよい。」

と、考えて、その計画を熱心に押し進めていたからです。

日本政府にとっては、「征台」も「征韓」も、明治維新で支配階級としての地位を失い、生活が不安定になってきた士族たちの不平・不満を外にむける手段と考えられてい

ました。西郷隆盛は、そのことを、
「内乱をこいねがう心を外に移して、国を興す遠略(遠い先を見通したはかりごと)。」
と、説明し、人一倍熱心に「征韓」を主張していました。そして、この「征韓」の主張は、まもなく、政府の方針として決定され、実行を待つばかりになっていました。

しかし、このとき、大久《おおく》保《ぼ》利通《としみち》らが欧米諸国の視察旅行から帰ってきて、「征韓」は時期がはやすぎると猛烈に反対し、そのために、その実行はとりやめになります。その結果、明治維新の大立者である西郷隆盛を初め、板垣退助《いたがきたいすけ》、副島種臣、後藤象二郎《しょうじろう》など、「征韓」の即時実行をとなえた要人たちが、いっせいに政府をやめるという大きな政変を引きおこしました。

西郷と同じ薩摩藩出身の大久保利通も、もともと、「征韓論」そのものに反対だったわけではありません。その彼が、国内の政治を充実させるのが急務だという理由で、「征韓」の即時実行に反対したのは、それが、不平士族の尊敬を一身に集めている西郷隆盛らの士族派(士族が国の政治をとることを主張していた人びと)の力を強める結果になることをおそれてのことです。その心配さえなければ、大久保利通も、折を見て、朝鮮と中国に日本の勢力をのばしたいと考えている官僚政治家の一人でした。

そして、じっさい、西郷隆盛や副島種臣らが政府を去ったあと、彼らがお膳立てした「征台」の計画を、こんどは、大久保利通らがかわって実行することになります。それというのも、士族の不平・不満は高ずる一方で、それを侵略戦争にそらす以外に、政府は、押さえるすべを知らなかったからです。

一八七四年(明治七年)二月、日本政府は「征台」の方針を決定し、それにもとづいて、五月二十二日、陸軍中将西郷従道《つぐみち》(隆盛の実弟)のひきいる三千六百の陸・海軍が台湾蕃地に攻め入り、たちどころに原住民を降伏させます。これと並行して、日本政府は、清国政府に対し、

「今回の台湾出兵は生蕃をこらしめるためのもので、決して清国に敵対するつもりでやったのではないから、了解してほしい。」

と、柳原公使に交渉させました。しかし、自分の国の領土の一部をいきなり日本軍に占領された清国政府は、日本と戦争になってもやむをえないというほど強腰で、交渉はなかなか折合がつきません。

それで、日本政府の内務卿(内務大臣)大久保利通は、琉球を内務省の管理に移して、日本「国内」にくみ入れる準備を進める一方、大久保自身も中国に渡って、じかに清国政府との交渉にあたります。交渉は、清国駐在のイギリス公使ウェードが仲に立って、やっと折合がつき、日本軍の行動は、

「保民ノ義挙ニ基クモノニシテ、清国ハ認メテ不可トナサズ(人民を保護するためのもので、清国はそれをいけないとはいわない)。」

と、承認されました。これで、清国政府は遭難した琉球人が日本人であることを認める形になったわけです。しかし、琉球の「日清両属」の問題が、それで解決したわけではありません。この問題については、あとで見るように、数年後に日清両国のあいだで争われることになります。

明治の新しい日本政府にとって、沖縄の問題は、単純な国内問題ではなく、初めから外交問題とからみ合っていました。そして、台湾遠征という侵略戦争と結びついて、沖縄が日本「国内」にくみ入れられる緒《いとぐち》についたということは、今になって思えば、その後の沖縄の不幸な運命を予告していたかのようです。

琉球処分——琉球王国滅ぶ

明治の新しい政府が琉球を日本「国内」にくみ入れる準備を急いでいるとき、かんじんの首里王府は、その意味をほとんど理解していませんでした。琉球が日本政府の直接の管理下におかれても、それは琉球の王位を承認してくれるものが、島津氏から天皇にかわったぐらいにしかうけとられていません。中国との朝貢貿易も、これまでどおりつづけられると考え、それを熱烈に希望していました。薩摩藩の在番奉行所にかわって、琉球現地におかれた日本政府の出張事務所も、しばらくは、それを黙認しています。それで、首里王府は、一八七三年(明治六年)にも、また七四年にも、進貢船を中国に送りました。そして、王府の使者は、それまでのしきたりどおり清国の朝廷に参上して、臣下としての服従をあらわす臣属の礼をとっています。

それも、一八七四年の場合は、大久保が、日本政府を代表して、台湾遠征問題で清国政府とひざづめ談判をしている最中です。琉球の使者と日本政府代表とが、清国の首都北京で、鉢合わせになったわけです。日本政府代表は、困惑の色をかくすことができず、

「琉球が中国に進貢をつづけたのでは、中国の属国みたいではないか。まったく不都合きわまる。」

と、嘆息をもらしていました。

「国の権威にかかわることだ。このままほうっておくわけにはいかない。」

と、痛感した大久保は、

「琉球と清国との関係をだんぜん断ち切る必要がある。琉球が聞き入れなければ、圧力を加えて強制するまでだ。」

と、決意します。

一八七五年一月、大久保は、三司官池城《いけぐすく》親方《ウエカタ》〈安規〉を初め、首里王府の重臣たちに上京を命じて、おおむね次のような日本政府の方針を伝えました。

一、台湾で遭難した琉球住民のために日本政府は手厚い保護をとり計らった。それに

対して、琉球藩王は、お礼を言いに、上京すること。

一、琉球も、藩を廃して、おいおい一般の府県と同じ制度に改めること。

一、琉球は、日本に専属している以上、清国への進貢をやめ、清国との関係を完全に断ち切ること。

一、琉球は、これまで、どこの国に属しているか、あいまいであったために、強大な外国が、ひそかに琉球を占領しようとねらっているかもしれない。だから、保護のために、日本の守備軍を駐留させること。

内務大丞《だいじょう》(内務省の重要な役職の一つ)〔三月に就任〕松田《まつだ》道之《みちゆき》からこの方針の説明を聞いた首里王府の重臣たちは、たいへんおどろいて、答えました。

「藩王尚泰《しょうたい》は、現在、病気療養中で、とても上京できる身ではありません。

中国との関係について、申しあげますと、琉球は、皇国(日本)に仕え、中国に進貢してきた国がらで、いまさら中国との関係を断つというのは、数百年来うけてきた厚い恩義にそむき、信義も立ちません。

また、軍隊の駐留について、申しあげます。琉球は、南海の小さな島で、昔からぜんぜん軍備をもたず、話合いで外交のとり決めをしてきました。いま、しいて軍備をもてば、そのために外国も武力を用いる危険が生まれ、かえって、はかり知れない災難をまねくでしょう。だから、軍隊の駐留は、かたくおことわりします。」

首里王府の重臣たちが、支配者の命令を、これほどきっぱりことわった例は、琉球が薩摩藩に征服されて以来このかた、まったくなかったことです。首里王府の重臣たちにとって、中国との関係を断ち切ることは、琉球王国が滅ぶかどうかという深刻な問題であり、琉球の生死にかかわる問題と考えられていました。それは、十四世紀以来、およそ五百年のあいだ、経済的にも、文化的にも中国から恩恵をうけてきた琉球の歴史を思えば、とうぜんのなりゆきといえましょう。特に首里王府にとって、中国との関係を断ち切ることは、琉球の支配者としての地位を失うことでもあります。そこで首里王府は、日本政府の方針に必死の抵抗を示すことになります。

首里王府の重臣たちの回答のなかで、いま一つ注意したいのは、非武装(軍備をもたないこと)の話合いによる外交以外に、琉球の平和と安全を守る道がないと主張して、日本軍の駐留を拒否していることです。

琉球の士族が武器をもたないのは、すでに見たように、十六世紀初頭の刀狩り以来のことです。このこともあって、十七世紀初めには、薩摩軍の侵略をいとも簡単にゆるしてしまいました。そして、また、支配者になった島津氏は、住民の反抗を未然に防ぐために、琉球が武器をもつことを禁じたままにしておきました。そういう四百年の歴史のなかで、南海の孤島の人びとは、話合いによる外交以外に、強大な外国の武力から身を守るすべがないことをさとりました。じっさい、幕末に、イギリスやフランスやアメリカの軍艦が次々とやってきて、武力で琉球に圧力を加えたとき、軍備をもたない琉球は、話合いによる外交以外にとるべき方法がありませんでした。そして、その方法をとることによって、戦災を避けることができたのです。そういうじっさいの経験もあって、首里王府の重臣たちは、軍隊の駐留に強く反対しました。

しかし、日本政府は、首里王府の重臣たちの言い分に耳をかすどころか、強圧的に政府の方針を押しつけるばかりでした。それでもなお、首里王府の重臣たちは、

「重大な問題だから、帰郷して、藩王の意向をうかがわなければ、返答できません。」

と、こばみつづけます。

しびれを切らせた日本政府は、ついに、琉球藩が承諾すると、しないとにかかわらず、政府の方針を強行することにしました。そして、その実施のために、内務大丞松田道之を琉球現地に派遣することにしました。それと同時に、上京中の首里王府の重臣たちも帰郷させます。

一八七五年(明治八年)七月、琉球に乗りこんだ松田は、ただちに首里王府と交渉を始め、二カ月のあいだに、数十回におよぶ会談をくりかえしました。だが、それでも、らちがあきません。首里王府は、ほかのことはゆずっても、清国との関係を断ち切ることと、病気中の藩王の上京については、あくまで反対の態度をつらぬいていました。

結局、会談はもの別れとなり、東京に引きかえした松田は、日本政府に、ことのなりゆきを報告して、

「この上は、琉球を、朝廷にそむくものとして、国法（国の法律）で断罪し、強制的な処分で廃藩置県を実現するよりほかにありません。それとともに、守備軍の駐留をはやくして、暴動がおこるのを防ぐ必要があります。」

と、意見を述べました。そこで、政府は、この松田の意見を入れて、琉球を処分する準備を進めることになります。

これに対して、首里王府は、池城親方らを特使として上京させ、日本政府に何度も何度も嘆願をくりかえしていました。しかし、日本政府はそれにとり合わないで、一八七六年（明治九年）七月、首里王府に、清国との関係を断ち切れという太政《だじょう》大臣（総理大臣）の命令を伝え、進貢船を中国に送ることも禁じました。

せっぱつまった首里王府は、とうとう最後の手段をとることにしました。それは、使者を中国に密航させて、清国政府のたすけを求めることです。使者に選ばれた幸地《こうち》親方《ウエカタ》（朝常）らは、一八七六年に沖縄を出発し、翌七七年三月、中国の福州に着きました。それから、ただちに、ことのなりゆきを清国政府に伝えて、たすけを求めました。

清国政府は、首里王府の要求を入れて、日本駐在の清国公使何汝璋《かじょしょう》に、適当な処置をとるよう命じました。それをうけて、何汝璋は、一八七七年十一月、日本政府にきびし

く抗議しました。ここにいたって、琉球の所属問題は、ふたたび、日清両国の外交問題になりました。それが首里王府を元気づけたことはいうまでもありません。

この時期は、西南戦争(西郷隆盛のひきいる反乱軍と政府軍との戦争)で西郷軍が敗れた直後で、不平士族の反乱の余燼《よじん》が、なお、日本国内にくすぶっているときです。そういうさなかに大久保利通は、一八七八年五月、旧加賀藩(石川県)の士族島田一郎らに暗殺されました。そのために、琉球処分の実施は、大久保のあとをついで内務卿になった伊藤博文の手にゆだねられることになります。

伊藤は、就任後まもなく、松田道之に、琉球処分を実施に移すために、最後の手はずをととのえるよう、命じました。そこで、松田は、伊藤と、これからとるべきだんどりを相談した上で、一八七九年一月、ふたたび琉球に渡り、

「政府の方針にしたがわないならば、それ相当の処分をする。」

という最後の通告を首里王府に手渡します。それに対して、首里王府は、

「琉球の問題は、日本と清国とのあいだで、交渉中であるはずです。その結論が出ないうちに、一方的に日本政府の命令にしたがうわけにはいきません。」

と、おちついて回答しました。駐日清国公使何汝璋が日本政府に抗議したことは、首里王府をたいへん勇気づけていました。

松田は、ただちに東京に引きかえして、

「琉球藩王は朝命（朝廷の命令）にしたがう意志をまったくもっていません。琉球のこの態度は、清国のたすけを期待してのことです。だから、すみやかに厳重な処分をすべきです。」

と、日本政府に報告しました。そこで、政府は、いよいよ、琉球を処分する決定をくだし、予定どおり松田を琉球処分官に任命しました。

一八七九年三月、松田は三たび琉球に渡ります。それも、こんどは、琉球処分官として、百六十人の警官隊と、四百人の陸軍歩兵部隊を引き連れていました。松田は、

「これだけの兵力があれば、だいじょうぶだ。琉球も、初めのうちは、抵抗もし、妨害もするだろうが、もともと武力のない琉球のことだ。そのうちに屈服するだろう。」

と、楽観していました。

三月二十七日、琉球王朝の最後の日がやってきました。この日、松田処分官は、引き連れてきた警官隊と歩兵部隊をしたがえて、首里城に乗りこみました。そして藩王代理の今帰仁《なきじん》王子（朝敷《ちょうふ》）に、

「明治八年以来達してあった政府の命令にしたがわないので、そのままさしおくことができなくなった。よって、廃藩置県のおおせがあったので、それを達する。」

という太政大臣三条実美《さんじょうさねとみ》からの達しを読んで聞かせて、手渡しました。

そのあと、松田処分官は首里王府に少しの余裕も与えず、ただちに首里城を明け渡し

て、藩王も東京に移り住むことを命じます。首里王府の重臣たちは、予期しなかった情勢の急激な変化にうろたえて、松田処分官にゆるしを請う嘆願をくりかえしました。しかし、武力をうしろだてにした松田処分官の強硬な態度の前では、重臣たちの必死の嘆願も何の役にも立ちません。結局、首里城は明け渡され、日本と中国とのあいだにあって独立国の形を五百年間も保ってきた琉球王国は、ここに滅びました。

四月四日、日本政府は、琉球藩を廃して、沖縄県をおくと布告し、肥前藩(佐賀県)の支藩鹿島《かしま》の元藩主で、侍従をつとめている鍋島直彬《なべしまなおよし》を初代の沖縄県令(知事)に任命しました。それからまもなく、日本の守備軍分遣隊(鎮台分営)も予定どおり沖縄におかれることになります。

こうして、沖縄の場合、廃藩置県は、住民の承諾や合意がないまま、住民の反対を武力で押しきって、強行されました。つまり、沖縄は、明治政府の武力をうしろだてにした強制的な併合で、日本「国内」にくみ入れられる出発点に立たされたわけです。

中国にゆずられようとした宮古・八重山

しかし、この琉球処分で、琉球の「日清両属」の問題が、完全に解決されたわけではありません。外交問題は、まだ、残っていました。

琉球処分が強行されてまもない一八七九年(明治十二年)五月、アメリカのグラント前

大統領夫妻が、世界漫遊旅行の途中、中国に立ち寄ったときのことです。清国政府の指導者李鴻章《りこうしょう》は、グラントに、

「琉球問題について、日本とのあいだで話合いがつくように、仲立ちしてほしい。」

と、頼みました。そのとき李鴻章は、

「清国政府は琉球内部の問題に干渉する気はない。清国としては、ただ、琉球王を東京から首里に帰すことと、日本の守備軍を沖縄から撤退させて、日本の琉球独占をやめさせることを希望しているだけだ。」

と、述べ、さらに、

「もし、日本が琉球に留まるならば、台湾もいつか日本に占領されるおそれがある。」

と、つけ加えました。

　これは、後のことになりますが、明治二十七、八年の日清戦争の結果、中国は、じっさいに、台湾を日本に奪われました。そのとりきめをした下関条約に清国代表として調印をしたのは、ほかならぬ李鴻章です。不幸にも、彼の予感はあたったわけです。

　話をもとにもどしましょう。李鴻章の依頼をうけたグラントは、日本にきて、伊藤博文や明治天皇とも会見して、次のような提案をしました。

「清国としては、日本がふたたび台湾を占領して、太平洋への進出をさえぎられることをおそれている。だから、琉球の一部(宮古・八重山)をさいて、清国にゆずってはどう

か。」

このように、琉球を二つに分ける「分島」の提案をうけた日本政府は、

「先に結んだ日清修好条規を改定して、日本の商人にも、欧米諸国の人と同じように、中国内地にはいって貿易する権利を認めてくれるなら、それと引きかえに、宮古・八重山両群島を清国にゆずってもよい。」

と、考え、一八八〇年(明治十三年)、それを清国政府に提案して、交渉します。

これに対し、清国政府の李鴻章は、

「琉球列島を三つに分割し、奄美諸島は日本に属させ、沖縄本島には琉球王国を復活し、宮古・八重山群島は清国に属させる。」

という、独自の案を日本に示しました。

日本政府は、しかし、李の「琉球三分案」には反対で、交渉はなかなか折合がつきそうにもありません。そこへ、たまたま、中国とロシアとのあいだにも国境問題がもちあがり、日本とロシアとが手を結ぶことをおそれた清国政府は、この年の九月、急に日本の提案をうけ入れました。まもなく、宮古・八重山を清国領とする「琉球条約案」もつくられて、清国皇帝の承認を待つだけになりました。それと引きかえに、日清修好条規も改定して、清国は日本に欧米諸国なみの待遇を与える運びになっていました。

しかし、この案には、清国政府内に、初めから強い反対意見がありました。李も、

「この案は、どん欲で恥知らずの日本に利益を与えるだけで、中国には大きな損失をもたらすものだ。しかし、これをこばむと、日本を敵にまわすことになる。しかたがないから、皇帝の承認を引きのばしておくにかぎる。」

という意見を出しました。皇帝も李の意見を入れて、日本政府代表と交渉をやりなおすように命じました。

しかし、日本政府代表は、憤然と帰国してしまい、交渉は二度と開かれませんでした。そうこうしているうちに、日本と清国のあいだでは、朝鮮の問題が重大な外交問題となり、琉球問題はいつの間にか忘れられてしまいました。そして、宮古・八重山も中国領にならずにすみました。

結果はともかくとして、私たちがここで注意したいのは、日本政府の沖縄に対する方針や考え方についてです。

日本政府が、日清修好条規の改定と引きかえに、宮古・八重山を中国領にしてもよいという「分島改約案」をつくったとき、それは、沖縄の住民、そのなかでも特に宮古・八重山の住民の意見や希望を聞いた上でのことではありません。それどころか、日清両国のあいだで交渉が進んでいるあいだも、沖縄の住民は、そのことに関して、何一つ知らされていませんでした。つまり、沖縄の住民は、つんぼさじきにおかれたまま、日本政府が条規改定を有利に導くための取引き材料にされていたわけです。

しかも、この条規の改定は、沖縄の住民にとって、何の利益にもならないことです。それは、ひとえに、欧米諸国と肩を並べて中国に進出しようという日本の侵略的な目的から出たものです。それによって日本の国威をのばし、欧米諸国の仲間入りをするのが、日本政府のねらいでした。そのためには、沖縄県として日本「国内」にくみ入れたばかりの地域を切り離すことも、あえて恥じない方針を日本政府はとったのです。

そこで、私たちは考えてみたいと思います。日本政府は、なぜ、「琉球処分」という強硬措置をとってまで、沖縄を日本「国内」にくみ入れたのでしょうか。それは、日本政府が、

「沖縄の住民も同じ「日本民族」だから、一つの国にまとまるべきだ。」

と、考えて、やったことでしょうか。つまり、日本民族を統一する目的でやったことでしょうか。もし、そうであるならば、宮古・八重山を切り離して、中国領にしてよいと考えるはずがありません。だから、琉球処分は、日本民族を統一するのが目的であったとはいえません。

それどころか、先に見た「分島改約案」は、日本政府が沖縄を植民地(外地)と考えていた、何よりの証拠です。明治政府の要人の一人、井上馨《かおる》は、

「沖縄を併合するのに、武力で侵略するのはよくない。」

という意見のもち主でしたが、その彼ですら、琉球国王を「彼《か》の酋長《しゅうちょう》」と呼んでいまし

た。また、松田道之は、琉球処分のすぐあと、沖縄の士族や役人たちに協力を求める話のなかで、

「沖縄人が新しい県の仕事に協力しないならば、県の役職はすべて内地人がとり、士人は一人も職につけなくなって、ちょうどアメリカの土人や北海道のアイヌのような状態になるだろう。」

と、いっています。井上や松田の言葉からも、当時の日本政府が沖縄をどのようなものと見ていたか、うかがい知ることができます。

このように植民地と考えている沖縄を、日本政府があえて日本「国内」にくみ入れたのは、では、なぜでしょうか。それは、台湾遠征以来のいきさつが示しているように、日本の南を区切る地域の国防をかためるとともに、南と西へ日本の勢力をのばしていく足場をつくるためです。そして、次に日本政府が関心をもったのは、このような軍事上の目的から強制的に日本「国内」にくみ入れた沖縄の住民を、どのようにすれば日本政府に協力させることができるか、ということです。

「大和」への非協力運動と日本政府の弾圧

琉球処分によって新しく沖縄県がおかれた当時、士族たちは、新しい県政への協力をこばんで、なおも抵抗をつづけました。首里・那覇の士族たちのあいだでは、

「大和《やまと》(日本)の命令をこばみ、清国の援軍がくるのを待つこと。
新県令(知事)の命令にしたがい、官職につくものは首をはねること。
大和に反抗したために命を失ったものの家族は、みんなで出し合った金でたすけること。」

と、誓い合い、誓約書をつくって、地方の間切《まぎり》(村)や島の役人にもいっしょに行動することを呼びかけていました。それをうけた各地方の村や島の役人たちは、一般の民衆にも、

「大和人《やまとんちゅ》(日本人)には協力しない。」

という血判状をつくらせていました。

当時の民衆の大部分は、中国との関係を断ち切られて、「大和世《やまとゆ》(日本の支配)」になることが、何を意味しているか、おそらく、はっきりはわからなかったと思います。しかし、次のことだけは、たしかです。それは、大部分の民衆の目からすると、明治の新しい日本政府も、薩摩藩島津氏と同じように、「沖縄人《うちなんちゅ》」を支配し、搾取する「大和人」の政府であることにかわりがなかったということです。

それで、大部分の民衆は、外からきた「大和人」の日本政府にしたがうよりも、同じ「沖縄人」として生死をともにするという一種の共同体意識も強くはたらいて、役人たちの指示するとおり動いたと思われます。当時の沖縄の村落では、同じ祖先から出た血

縁のつながりが強く、それが基盤になって、氏族の長を中心に一族みんなをかたく団結させていました。同じ「沖縄人」という共同体意識も、それを基盤に生まれたものです。

もちろん、例外もありました。重税と役人の横暴に苦しめられてきた百姓のなかには、首里王府の支配からぬけ出すことを望んで、新しい日本政府に期待を寄せた人びとも、いくらかはいました。また、職のない貧しい士族のなかには、首里王府に見きりをつけて、

「日本につく以外に、沖縄の進む道はない。」

と、考えている人びともいました。そのなかには、新しい県政に協力することが沖縄の幸福につながると考えて、ひそかに沖縄内部の情報を提供するなど、進んで日本政府に協力するものもいました。しかし、そういう人びとは、数の上ではごくわずかでした。

そして、このように「大和人」に情報を提供したり、あるいは、「大和人」といっしょに仕事をしたりするものがあると、探訪人(スパイ)とか、裏切者とかののしられて、まわりのものから仲間はずれにされたものです。

さて、このように「大和」への非協力運動が広がったために、役所の仕事をするものもいなくなり、どこの村や島でも、役所は閉鎖状態になっていました。

そういう状況のなかでおこったことです。一八七九年(明治十二年)七月、宮古島に新しく設けられた警官派出所に、下地《しもじ》仁屋《ニャ》という島の男が通訳兼小使《こづかい》としてやとわれまし

た。下地には年老いた父母と弟があり、彼は、家族の生活をささえるために、そうしたのです。しかし、島の役人たちは、それを血判状に違反したものだといって怒り、下地の家族を伊良部島《いらぶじま》に島流しにしました。それからしばらくして、下地が川に水くみにいったところ、ある女が、下地とは知らずに、ほかの女たちを相手に、彼の悪口をたたき、「下地が生きていたら、どのような害を村におよぼすか、はかり知れないから、殺した方がいいと、村の青年たちはいっている。」と、語りました。それを聞いて怒った下地は、その女の髪をつかんで、派出所まで引きずっていきました。島の人たちがそれを見て、大さわぎとなり、五、六百人の群衆が派出所に押し寄せて、なだれこみ、派出所の奥深くかくれている下地を引きずり出してきました。それから、群衆は、下地に荒縄をかけて引きずりまわし、一キロ余り離れた野原で惨殺しました。この事件は、「サンシー」事件と呼ばれていますが、それは、下地が、新しい県政に賛成したところから、「サンシー」〔賛成〕とあだ名されていたためだといわれています。事件のあと、那覇から五十人の警官が応援にやってきて、七、八人の主謀者を逮捕し、処罰しました。こんな私刑《リンチ》事件は、ほかには一つもありませんでしたが、それにしても、この事件は当時の沖縄のある一面を象徴的に物語っています。

この事件があってまもない八月から九月にかけて、日本政府の警察は、非協力運動の指導者と見られる旧首里王府の重臣たちや、沖縄中の村や島の役人たちを次々と逮捕して、非協力運動に徹底的な弾圧を加えました。一月ばかりのあいだに、上は旧王府の三司官から、下は宮古・八重山の離島の役人にいたるまで、百人余りの人びとが警察の留置場にぶちこまれました。そして、警察は、彼らを、かわるがわる留置場から引き出しては、縄で両手をしばり、梁《はり》につるして、杖でなぐるという拷問で責め立てました。それがどんなにひどいものであったかは、拷問されるものの悲鳴や泣き声が二、三百メートル離れた遠くまで聞こえたということからも想像されます。

日本政府は、このような弾圧によって、旧首里王府の役人たちに、

「県の命令にそむくことは絶対にいたしません。」

と、誓約させ、住民の非協力運動を切りくずしていきました。しかし、それだけでは、住民を積極的に日本政府に協力させることはできません。そこで考え出されたのが、次の二つの政策です。

その一つは、藩王を初め、旧支配階級である士族の不満をやわらげて、彼らを味方に抱きこむ懐柔政策です。もう一つは、一般の民衆を教育して、「沖縄人」も「日本人」であるという意識をもたせる同化政策です。

支配階級の懐柔と旧慣の温存

「飴《あめ》と鞭《むち》」という言葉があります。その意味は、支配者が、弾圧と恩恵をうまい具合

に使い分けて、自分の支配下にあるものを服従させ、手なずけていく政策のことです。明治の日本政府も、首里王府の役人たちに弾圧を加えたあとは、恩恵をほどこして、彼らを手なずけることを忘れませんでした。

日本政府は、まず、東京に移住させた元琉球国王尚泰とその近親者には、日本全国の藩主や公卿と同じように、華族の地位を与え、貴族の生活がつづけられる資金も与えました。

次に、首里王府から禄《ろく》(身分に応じて与えられる封建時代の給与)をもらっていた三百六十世帯余りの士族(有禄士族)に対しては、現金で禄の支給がつづけられることになりました。このように現金で支給される禄を金禄《きんろく》といい、それが米などの現物で支給される場合は、秩禄《ちつろく》と呼ばれていました。

また、日本政府は、身分が低く、禄のない士族(無禄士族)に対しては、いくらかの転業資金を与え、さらに、地方の役人や巡査として就職できる道も開いてやりました。しかし、無禄士族は六、七千世帯もあったので、役所に就職できたのは、その一部分でした。大半のものは、農業に転業したり、職人になったりしましたが、士族のなかでは、この人びとが一番生活苦にあえいでいました。

日本政府のこのやり方は、明治維新のさい、全国の士族に対してとった政策とよく似ています。しかし、その時期には大きなずれがあり、また、そのねらいにも大きなちがいがあります。

全国では、一八七一年(明治四年)の廃藩置県にともなって、華族と士族に対する秩禄の支給が始まり、一八七六年には、それが公債(政府の発行する債券)にとりかえられて、禄の支給は打ち切られました。沖縄の場合、有禄士族に金禄が支給されたのは、琉球処分があった一八七九年の十二月からで、それが打ち切られたのは、一九〇三年です。つまり、日本全国では、明治九年までの五年間で打ち切りになった禄の支給が、沖縄では、明治の末近くまで、二十年以上もつづいています。

このように、日本政府は、沖縄の支配階級に徹底的な弾圧を加えたあとは、彼らの生活を明治の末まで手厚く保護してやりました。それと同時に、日本政府は、また、首里王府が存在していた頃の古い社会制度と慣習も、できるだけそのまま残しておくことにしました。これを旧慣の温存といいます。

そもそも、沖縄の士族たちが琉球処分に強い抵抗を示したのは、清国(中国)の力を頼りにして、琉球王国を存続させ、首里王府の支配がつづくことをねがってのことです。だから、彼らは、封建時代の古い社会制度や慣習を改革したり、あるいは、二重の支配と搾取に苦しんできた農民の境遇を改善したりすることには、まったく関心がありませんでした。それどころか、反対に、彼らは、支配階級としての地位を失わないように、古い封建社会が末長くつづくことを望み、その改革を押しとどめたいとねがっていたのです。

日本政府は、そういう保守的な士族たちを手なずけて、沖縄の支配をやりやすくするために、首里王府を沖縄県庁にとりかえた以外は、できるかぎり、彼らの望みやねがいをかなえるようにしてやったわけです。言葉をかえていえば、日本政府は、沖縄を支配するのに、沖縄の古い支配階級と古い社会制度をうまく利用したわけです。

その結果、たとえば、薩摩藩の支配下で、首里王府が農民からとり立てた貢租(租税)の制度は、宮古・八重山の人頭税をふくめて、そっくりそのまま、日本政府のもとにある新しい沖縄県庁に引きつがれました。ちがいは、ただ、首里王府の役人が「沖縄人」だったのに対して、沖縄県庁の役人がみんな「大和人」だったことです。貢租をとられる農民の境遇には、少しの変化もありません。

一八八一年(明治十四年)から二年間、二代目沖縄県令(知事)上杉茂憲《うえすぎもちのり》のもとで、沖縄県書記官として働いていた池田成章《いけだなりあき》は、当時の沖縄の農民の実情を次のように記しています。

「農民の家はたいてい二、三間《げん》四方の小屋で、壁は茅《かや》か竹である。軒《のき》は地面から三、四尺のところに低くたれさがり、床もない。家族は六、七人が豚や山羊といっしょに住み、蚊や虻《あぶ》に刺されるままになっている。芋を主食にし、着物は粗末で、履《は》きものもない。教育について見ると、農民は字一つ読めず、自分の姓名すら書けない。法令や通達がどういうものかもわからない。各自の負担する税額も知らず、ただ村役人のいうとおり、現金や穀物をおさめるだけである。他国を見たことがないので、世間にはもっとよい土地があることを知らない。この上ないみじめな状態にあるのに、自分のみじめさを自覚していない。ああ、どうして、この地の人民にかぎって、こんなにも不幸をきわめているのであろうか。」

この不幸の原因について、池田書記官は、次のように指摘しています。

「沖縄の農民は、(封建時代の)旧法のもとで、重税にあえいでいる。明治十五年度の沖縄県予算で見ると、歳入(年間の収入)が六十五万円余りであるのに対して、歳出(年間の支出)は四十五万円余り、残りの二十万円は国の収入になっている。このように、二十万円もよけいに租税をおさめるのは、絶海の孤島である沖縄としては、負担が重すぎる。」

歳入の六十五万円は、いうまでもなく、全部、農民が封建時代の貢租と同じようにしておさめた租税です。それを公租と呼んでいました。歳出の四十五万円は、沖縄県庁の使う費用で、先に見た有禄士族の金禄もこのなかから出ています。つまり、明治時代の沖縄の農民は、新しい沖縄県庁の大和からきた役人たちの給与を初め、県庁の費用を全部負担したばかりでなく、古い首里王府の身分の高い有禄士族の給与までも負担したのです。日本政府が沖縄の士族たちを手なずけるために使っている費用は、実は、日本政府の金ではなく、沖縄の農民からとり立てた血の出るような租税だったのです。明治の沖縄の農民は、その上、さらに、政府の維持費や国防費等をまかなうための租税を日本政府に納めていたわけです。

それに、また、村や島で役所を維持し、その仕事のために使う費用は、公費といって、公租とは別に、これも農民がおさめたものです。

沖縄の農民が貧困のどん底にあえいでいる根本の原因は、以上のような二重、三重の搾取にありました。そこで、池田書記官は政府に訴えました。

「明治十二年の廃藩置県の処分が、どういうはからいから出たものか、知るところではないが、どうして、堂々たる日本政府が、こんな粟粒のような小島から、しかも琉球を滅ぼしてまで、二十万円の租税をよけいにとろうとするのであろうか。」

上杉県令も、また、これと同じ趣旨のことを政府に訴え、役人の数を減らすなどして、手のつけやすいところから、役所の制度や租税の制度を改革していきたいと、申し出ました。というのは、こういう制度の改革は、県令でも自由にできず、いちいち政府のゆるしをうける必要があったからです。

上杉県令は、元米沢《よねざわ》藩主で、明治五年から六年にかけて、イギリスに留学したこともあり、当時としては、新しい思想のもち主でした。第二次大戦にいたるまで、沖縄県の歴代知事は、すべて内務省から任命されてきた「大和人」でしたが、そのなかで、上杉県令は、どの知事よりも沖縄の民衆にあたたかい同情を寄せ、沖縄の古い制度の改革と教育の普及に努力した人です。また、池田書記官は、旧藩時代からの上杉家の家臣で、上杉県令が沖縄に赴任するとき、沖縄県書記官として伴われてきました。沖縄に赴任してからの池田書記官は、上杉県令の片腕となって働き、沖縄の民衆のために心を配りました。上杉県令が政府に提出した文書は、たいてい、池田書記官が書いたものです。

ところで、上杉県令の申し出を、日本政府はどのようにうけとめたでしょうか。日本政府は、それを、時期がはやすぎるという理由で、たちどころに退けたばかりでなく、それから間もない一八八三年(明治十六年)春、上杉県令をやめさせて、かわりに政府の会計検査院長岩村通俊《いわむらみちとし》に沖縄県令を兼任させました。そして、日本政府は、沖縄の古い制度と慣習を改めるどころか、反対にそれを温存できるようにてこ入れしました。たとえば、華・士族に対する金禄の支給は、初めの予定では、一八八五年に打ち切られることになっていましたが、日本政府は、上杉県令をやめさせた直後に、華・士族の希望を入れて、その後も金禄の支給をつづけることにしたばかりでなく、その増額までも認めてやりました。それ以来、金禄の支給は、前にも見たとおり、明治の末までつづくことになります。

このように、日本政府が、この時期になって、改めて旧慣の温存にてこ入れしたのはなぜでしょうか。それには、国際情勢と沖縄内部の事情とが、密接にからんでいます。

当時、日本、清国、ロシアの三国は、朝鮮の支配をめぐって、勢力争いをし、戦争の危険が日一日と高まりつつありました。そこで、日本政府としては、特に清国との戦争を予想して、沖縄の守りをかためることに気をつかっていました。それを裏づけるものとして、この頃から、沖縄には、日本政府の大臣と将軍たちが相ついで軍事視察にきています。そのなかには、日本陸軍の創始者である山県有朋《やまがたありとも》(当時内務大臣)を初め、大山《おおやま》巌《いわお》陸軍大臣、山地元治《やまじもとはる》陸軍中将、陸軍大将北白川宮能久親王《きたしらかわのみやよしひさ》らがいます。海軍では、西郷従道海軍大臣、仁礼《にれ》(景範《かげのり》)海軍中将、東郷平八郎《とうごうへいはちろう》海軍大尉(後に元帥)らがやってきました。一八八七年(明治二十年)、総理大臣伊藤博文が陸海の将軍たちを引き連れてやってきたのも、迫りつつある日清戦争にそなえて、沖縄の守りをかためるための軍事視察が目的でした。

このように日清間で雲ゆきがあやしくなっているとき、沖縄では、古い支配階級の士族たちが、開化党《かいかとう》と頑固党《がんことう》との二派に分かれて、対立するようになっていました。開化党というのは、時勢のおもむくところ、沖縄の日本所属は避けられないものと考えて、新しい沖縄県政に協力するようになった士族たちの集まりです。これに対して、頑固党に属している士族たちは、いまだに琉球王国の復活を夢見て、清国の援軍に期待を寄せていました。この頑固党のなかから、「脱清《だっしん》」といって、中国に亡命するものがあとを絶たず、多い年は一年間に三、四十人も亡命者がありました。もちろん、亡命の目的は、清国政府に頼んで、援軍を出してもらうことです。数の上では、この頑固党の方が開化党よりも優勢でした。

日本と清国とのあいだに戦争が始まるかもしれないというときに、このような状態では、日本政府としても、不安にならざるをえません。そこで、考えました。

「いま、もし、沖縄の華・士族の地位や生活をおびやかしたならば、頑固党をますますかたくなにするばかりでなく、開化党もむこう側に追いやる危険がある。そうなると、沖縄の守りはますます不安になる。だから、沖縄の華・士族を刺激する政策は、ここ当分、さしひかえた方がよい。」

日本政府が、革新的な政策を押し進めようとする上杉県令をやめさせて、旧慣の温存にてこ入れした理由は、ここにあります。つまり、日本政府は、国防という軍事上の必要から、沖縄の華・士族を手なずけることに気を奪われ、それ以外のことには、できるだけ手をふれない政策をとりつづけたのです。その結果、沖縄は、政治、経済、文化のあらゆる社会生活の面で進歩が押しとどめられ、日本全国にくらべて、大きなおくれをとることになりました。

目を転じて見ると、日本全国では、はやくも、廃藩置県から二年後の一八七三年(明治六年)に、地租改正という社会制度の大きな改革がありました。この改革によって、封建時代の貢租の制度は廃止され、かわって、土地の私有制度と、その上に立つ新しい租税制度が発足しました。このときの改革では、封建的な面もかなり残されましたが、それでもなお、この改革は、近代的な中央集権国家を築き、資本主義経済を発達させる上で、きわめて大きな意義をもっています。

つづいて、一八七六年には、軍人と警官以外は刀を帯びることを禁じた廃刀令が出され、さらに、華・士族に対する秩禄の支給が打ち切られます。これらの措置は、いうまでもなく、封建時代の武士の特権をなくすためのものです。だから、それをきっかけに不平士族の鬱憤《うっぷん》が一時に爆発し、明治七年に佐賀、九年から翌十年にかけて、熊本、福岡、萩、鹿児島など西南の各地で次々と士族の反乱がおこったのです。それを押し切ってまで、政府が廃刀令と秩禄の打ち切りを強行したのは、それが、近代的な国家を築く上で、避けられないものだったからです。政府は、すでに、明治六年に徴兵令を出して、国民皆兵制度をとっており、武士の存在はじゃまにこそなれ、まったく必要のないものになっていました。

一八七七年(明治十年)の西南戦争を最後に、士族の反乱が鎮圧されて後、日本国民のあいだでは、国会の開設を要求する民主的な運動がおこりました。自由民権運動といわれているのがそれです。政府としても、日本が欧米諸国の仲間入りをするためには、近代的な政治の制度をそなえる必要があると考えて、一八九〇年(明治二十三年)に国会を開設しました。これと並んで、県や郡や市町村にも議会が設けられ、日本も、形の上では、近代の議会制度をそなえた国になりました。

このように、明治四年の廃藩置県から二十年のあいだに、日本全国では、近代国家を生み出すための激しい変革が進みました。しかし、これらの変革は、何一つ、沖縄には移し入れられませんでした。沖縄では地租改正もなく、封建時代の地割《じわり》制度と、人頭税をふくむ貢租の制度がそのまま残されていました。また、国会が開設されても、沖縄県民には国会議員を選ぶ権利が認められませんでした。つまり、沖縄からは国会議員を出すことができなかったのです。また、県や市町村の制度をとりきめた府県制や市町村制が制定されても、沖縄には適用されませんでした。それで、沖縄には、県知事を監視する県会もなく、内務省から任命されてくる県知事は、少しも住民の干渉をうけない植民地の総督と同じようにふるまうことができました。

このように見てくるならば、当時の沖縄は、日本「国内」にくみこまれた一つの県でありながら、その実質は植民地であったことがわかります。この状態については、日本の「国内」植民地という以外に、適当にいいあらわす言葉がありません。日本政府がとった旧慣の温存とは、まさに、このような「国内」植民地沖縄を支配するための政策にほかなりません。それが、明治以後も、沖縄に貧困を押しつけ、沖縄の進歩を妨げた根本の、かつ、最大の原因です。

同化政策と皇民化教育

廃藩置県後の沖縄で旧慣の温存をはかった日本政府も、教育の普及、とりわけ小学校教育の普及には、ことのほか熱心でした。それは、どうしてかというと、初代県令鍋島直彬が政府に提出した文書の中で述べているように、

「言語、風俗を本州と同一ならしめることは、沖縄県の政治をおこなう上で、もっとも急を要する任務である。その手段は、もちろん、教育以外にない。」

と、考えられていたからです。言葉をかえていえば、

「沖縄人を日本に同化させるために、子どもたちの学校教育にすぐ手をつけなければならない。それは、何よりも先に、急いでやるべきである。」

と、考えられたわけです。

このような考え方から学校教育が奨励され、どの村や島でも、住民の負担する公費で小学校がつくられていきました。はやくも、琉球処分の翌一八八〇年(明治十三年)には、小学校の教員を養成する師範学校が一校、中学校が一校、小学校が十四校も開校しました。それ以後、学校の数も、生徒の数も、年を追って急速に増加し、次の表からわかるように、明治の末頃には、沖縄中の子どもの九十二パーセント以上が小学校に通うようになりました。

生徒数と就学率の増加

	小学校生徒数	児童就学率
一八八七年(明治二十年)	四八二四人	六・七八%
一八九七年(明治三十年)	二万五八八〇人	三六・七九%
一九〇七年(明治四十年)	六万二二四六人	九二・八一%

このように急速に普及した沖縄の学校教育には、二本の中心になる柱がありました。その一本の柱は、子どもたちに日本語(大和口《やまとぐち》)を教える標準語教育です。もう一本の柱は、

「天皇陛下は、沖縄に対しても、一視同仁《いっしどうじん》である。だから、沖縄県民も、天皇陛下の赤子《せきし》として、天皇陛下に忠義をつくす皇国の臣民にならなければならない。」

という、天皇中心主義の皇民化教育(皇国の臣民をつくる教育)でした。

一視同仁というのは、すべてのものを、差別することなく、平等に見るということです。また、赤子というのは、君主と人民との関係を父子の関係になぞらえていったものです。だから、言葉をかえていえば、

「日本国民は、みんな、天皇を父とするわけへだてのない兄弟姉妹《けいていしまい》(同胞《はらから》)である。沖縄県民はそのなかの一つの家族で、一番上の家長は天皇である。だから、沖縄県民も、子

が父に孝行をつくすように、天皇に忠義をつくし、また、父を長とする家族を愛するように、天皇を長とする皇国を愛さなければならない。」ということになります。

こういう忠君愛国の思想は、忠孝を重んずる封建的な道徳と、家父長中心の家族主義とを、天皇に絶対権力をもたせた国家主義に結びつけて、つくられたものです。国家主義というのは、個人の利益よりも、何よりも、国家の利益を第一とし、国家のためには、個人やその他のすべてのものが犠牲になってもやむをえないという考え方です。だから、こういう国家主義は、国内では人民の民主的権利をふみにじってかえりみないものになり、国外では他民族を侵略して恥じないものにならざるをえません。

一八九〇年(明治二十三年)に出された教育勅語は、こういう忠君愛国の思想を、日本国民の精神的なよりどころとして示したものです。この前後から、日本では、教育勅語にのっとって、忠君愛国の思想を国民の頭にそそぎこむことが、学校教育の基本方針になりました。だから、皇民化教育というのは、実は、沖縄だけでなく、全国的な教育の基本方針でもありました。しかし、沖縄の場合は、それが、標準語教育とともに、「国内」植民地の住民を日本に同化させる政策として実施されたことに特徴があります。

すなわち、沖縄の場合、住民は、天皇の忠良な臣民として、皇国のためにつくす義務をはたすことによって、初めて、日本国民とみなされたわけです。したがって、その義務をはたせないうちは、日本国民としての権利が認められず、本土(内地)から差別された植民地(外地)の住民として、社会生活のすべての面で不平等なあつかいをうけなければならないという理屈になります。

その後、日本の植民地になった朝鮮と台湾で日本政府がとった同化政策も、沖縄の場合と同じように、日本語教育と皇民化教育とが二本の柱になっていました。さらに、また、昭和になってから、日本が侵略し、占領した満州を初めとする中国各地でも、同じような同化政策がとられ始めていました。これらのことを考え合わせると、沖縄は、期せずして、日本の植民地政策の実験場になっていたといえましょう。

人頭税廃止運動と旧慣の改革

一八九四、五年(明治二十七、八年)の日清戦争を境にして、日本政府の沖縄に対する態度には、変化が現われ始めました。その変化というのは、政府が、沖縄のいろいろな制度を本土なみにする方向へ徐々に動き出したことです。それには、いくつかの原因が重なっていますが、そのなかで、この変化を呼びさます直接のきっかけになったのは、一八九三年(明治二十六年)に人頭税の廃止を要求して立ちあがった宮古島農民の運動です。

もっとも、重税に反対する農民の運動は、なにもこのときに始まったものではなく、すでに琉球処分の直後から、どこの村や島でもおこっていました。上杉県令が役所の制度や租税の制度を手のつけやすいところから改革しようとしたのも、重税反対の運動が沖縄中の農村に広がりつつあったからです。上杉県令は、そういう農民の要求に、進んでこたえようとしたのです。しかし、初めのうちは、農民の反対運動も、村役人の不正な租税のとり立てや、不法な土地のひとり占めなどにむけられていて、封建時代からそのまま引きつがれた租税の制度を根本からかえるところまでは進んでいませんでした。

沖縄本島から差別され、一段とひどい人頭税に苦しめられてきた宮古・八重山でも、農民は、租税その他の負担を減らしてくれるように、嘆願をつづけていました。しかし、島の役所や県庁に嘆願をくりかえすだけでは、いっこうにらちがあきませんでした。とりわけ、古くからの島の役人や士族たちは、農民の嘆願に耳をかすどころか、反対に、農民の運動を妨害し、押しつぶそうとやっきになって、農民にきびしく対立していました。

そこで、宮古島の農民は、ついに一八九三年(明治二十六年)、人頭税の廃止を政府と国会に請願することにして、四人の代表を上京させました。つまり、政府だけでなく、国民の代表が集まる国会に直接ねがい出て、全国民に訴える道を進むことになったわけです。そのさい、宮古島の士族や役人たちは農民代表の出発を実力でくいとめようとし、また、県庁と警察も、農民代表の上京を思いとどまらせようと、農民たちをさとしてまわりました。しかし、農民は、それに屈しないで、四人の代表をぶじ漲水《はりみず》港から東京に送り出し、さらに、代表が請願を終えて帰ってくるまでは、みんなが力を合わせて租税をおさめない運動をつづけることにしました。

四人の代表のなかには、宮古島の農民である西里蒲《にしざとかま》、平良真牛《ひららもうし》のほかに、新潟県出身の中村十作《なかむらじゅうさく》と、沖縄本島那覇出身の城間正安《ぐすくませいあん》という人が加わっていました。中村十作は、たまたま前の年の一八九二年に、水産業を経営するつもりで宮古島にきたのでしたが、農民の苦しみを黙って見すごすことができず、城間正安とともに、農民の仲間に加わって、人頭税廃止の運動を指導した人です。内務省の役人たちは、この二人の指導者を「農民を扇動するふらちなやから」と敵視しましたが、その役人たちですら、中村と城間が「貧しい農民と苦難をともにし、貧しい農民が心から信頼している指導者」であることを認めていました。

四人の代表が上京したとき、東京の各新聞は、それを大きくとりあげて、宮古島農民の悲惨な実情をくわしく報道し、宮古島農民の請願を強く支持しました。そういう世論のたすけもあって、一八九四年(明治二十七年)六月、宮古島農民の人頭税廃止の請願は国会で採択されました〔一九〇三年廃止〕。

こうなっては、政府としても、沖縄の古い社会制度の改革に手をつけないわけにはいきません。そこで、初めて、政府は、沖縄の租税制度を改めるための取り調べ委員会を設けて、その実情調査に乗り出すことになりました。

これと並行して、沖縄県庁には土地整理調査委員会が設けられ、古い土地制度を改めるための準備が始まりました。前にもふれたように、封建時代には、農民の耕す土地は「お授け地」といって、領主から耕作する権利をさずけられたものとされ、その見かえりとしておさめる貢租は、村全体の責任で負担した額を、五人組に割りあてるしくみになっていました。これに対して、日本全国ですでに実施されていた地租の制度は、土地の価格の二・五パーセントを一年間の租税の額とし、それを土地の所有者個人から現金でとるしくみになっていました。だから、この地租の制度を沖縄で実施するとなると、地割制度など、封建時代の土地制度を改めて、農民が個人で土地を所有し、自由に売り買いもできるような「土地の私有制度」を認めなければなりません。そのためには、まず、沖縄中の土地を民有地と官有地とに分け、さらに、民有地は、どれだけの土地を誰のものとするか、個人個人の所有地に分けなければなりません。そういうことをやるのが土地整理といわれて、この作業が終わらなければ、新しい地租の制度を実施することもできない関係にありました。

その準備がととのって、土地整理がじっさいに始まったのは一八九九年(明治三十二年)四月からです。それが完了したのは四年七カ月後の一九〇三年十月で、これと相前後して、翌年一月、沖縄本島で租税の制度を改める地租条例が施行されました。それと同時に、農民だけが租税を負担するしくみになっていた従来の公租、公費の制度は廃止になり、地租のほかに、あらたに府県税と市町村税が設けられ、それも農民だけでなく、全住民が負担することになりました。

ここにいたって、封建時代の貢租の制度は撤廃され、その上にあぐらをかいていた有禄士族に対する金禄の支給もこの年から打ち切られました。それが本土の地租改正と秩禄処分からおくれること、実に四分の一世紀以上です。

謝花昇と参政権獲得運動

土地整理の準備が進むなかで、一八九八年(明治三十一年)、土地整理委員の一人、謝《じゃ》花昇《はなのぼる》と沖縄県知事奈良原繁《ならはらしげる》とのあいだに、杣山《そまやま》を民有地にするか、官有地にするかという問題をめぐって、のっぴきならない対立が生まれました。杣山というのは、それまで村の農民が共同で管理し、利用してきた山林(入会地《いりあいち》)のことです。

奈良原知事は、杣山の「官地民木《かんちみんぼく》」ということを主張し、「土地は官有で、樹木は民有ということにすれば、農民は、これまでどおり山林を利用できる上に、官有地には税金がかからないから、税金も負担しなくてよい。」と、誰でもとびつきそうなうまい話を農民にもちかけました。

これに対して、謝花昇は、杣山の「民地民木」を主張し、「杣山は、土地も樹木も、ともに民有にすべきである。土地が官有になれば、農民は、必要な材木や薪を自由に切り出すことができなくなる。官有地の樹木を農民が自由に利用できるようにいうのは、まったくのごまかしである。また、これからの税金は地価(土地の価格)に応じてかけられるもので、その地価は土地からあがる利益をもとに計算される。したがって、利益のあがらない土地に重い税金をかけてきたら、どんどん反対して、それを軽くさせればよい。税金をおそれて、杣山を官有地にしたのでは、あとで材木や薪が必要になったときに、農民は高いはらいさげ代金を払わされることになろう。」

と、農民に説いて聞かせました。

奈良原は鹿児島県の出身で、元の名は幸五郎といい、幕末から明治維新にかけては薩摩藩士として活躍した人物です。その後は日本政府の官僚となり、日本鉄道会社の初代社長、貴族院議員、宮中顧問官などを歴任して、一八九二年(明治二十五年)、五十九歳のとき、沖縄県知事になりました。彼は、伊藤博文や、当時の総理大臣松方正義《まつかたまさよし》とも親しいつきあいがあり、しかも、この二人より年長の先輩格でした。この二人から沖縄県知事に就任することを強く要請されたとき、奈良原は、

「中途でやめさせたりはしない。」

という約束をとって引きうけたといわれています。それを裏書きするように、奈良原は、一九〇八年(明治四十一年)、七十五歳の老体をみずからいたわって沖縄を去るまで、実

に十六年近くのあいだ沖縄県知事の椅子にすわりつづけていました。その在任中、彼は、県会もない沖縄で、文字どおり植民地総督のようにふるまい、まるで、薩摩藩の植民地であった時代の琉球が、近代的なよそおいもあらたに、ふたたびよみがえってきた感じさえありました。彼は、県庁や、警察や、教育界から沖縄出身者をさかんに追い出し、鹿児島出身者を主とする彼のとりまきで、県庁や、警察や、教育界をかためていました。商業の面でも、彼は、鹿児島出身の商人たちに特別の保護と便宜を与えてやって、沖縄の経済を彼らに牛耳《ぎゅうじ》らせていました。

そういう奈良原に対立した一方の謝花昇は、一八六五年(慶応元年)、沖縄本島南部の東風平《こちんだ》村(現在の八重瀬町)で、農家の長男として生まれました。一八八二年(明治十五年)、上杉県令在任の頃、沖縄から初めての県費留学生が五人、東京に派遣されたとき、謝花はそのなかに選ばれました。それから、一八九一年、(帝国大学)農科大学(東京大学農学部の前身)を卒業すると、ただちに帰郷し、沖縄県庁の技師としてつとめることになりました。それから一年ほどおくれて、奈良原知事が赴任してきました。

さて、奈良原知事は、赴任して間もなく、杣山の開墾計画を立てました。その目的は、首里、那覇の貧しい無禄士族に山林を開墾させて、彼らに働き場所を与え、それと同時に、産業を開発するためだといわれていました。しかし、じっさいに開墾をねがい出ているのは、無禄士族ではなく、金禄もあり、資産もある沖縄の華・士族や、本土からきた商人や役人やその縁故者などです。そういう人びとに杣山をはらいさげたならば、沖縄の一部の特権階級と奈良原知事のとりまき連中とを肥えふとらせるだけで、沖縄の農民が大きな損害をうけることはあきらかです。たまたま県庁の開墾事務取扱主任であった謝花昇は、そこで、本当に貧しい無禄士族を救うものになり、産業の開発にも役立つもの以外は、開墾のねがい出をいっさい許可しないことにしました。

すると、自分の思いどおりにならなくなった奈良原知事は、謝花を開墾事務取扱主任から別の事務に移し、かわりに自分の腹心の部下を開墾事務取扱主任にすえました。そうすることによって、奈良原知事は、何十万坪、何百万坪という山林を、沖縄の一部の特権階級と彼のとりまきに、次々とはらいさげてやりました。その結果、山林は濫伐され、それが風水害をまねく原因になって、農民に大きな損失を与える結果をまねきました。

そこで、謝花も、杣山の土地整理にあたっては、同じ考えをもった友人たちと力を合わせて、各地の農村で演説会などを開き、奈良原の主張する「官地民木」に反対する農民の運動をもりあげる努力をしました。これに対して、奈良原知事は、演説会の解散を命ずるなど、弾圧と妨害を加え、他方では、重税で苦しんできた農民を無税(税金がかからないこと)というあまい言葉でまどわして、「官地民木」に賛成する世論をつくりあげていきます。

たまたま、この年(明治三十一年)の六月、日本では伊藤(博文)内閣がたおれたあと、大隈重信を首相とし板垣退助を内相(内務大臣)とする憲政党内閣が生まれました。この内閣は明治維新以来この方、薩摩と長州の出身者を中心につくられてきた歴代の藩閥内閣とは異なり、日本で初めての政党内閣です。そして、大隈も板垣も自由民権運動の指導者としてよく知られていました。それで、謝花昇はこの内閣に期待を寄せ、板垣内相の力を借りて奈良原知事を沖縄から追い出そうと思い立ちます。

八月、謝花は公用で上京した機会に、板垣内相を訪ね、奈良原知事の横暴ぶりと悪政の数々を説明して、知事の更迭《こうてつ》を要請しました。板垣内相は、その熱意に動かされて、知事の更迭を承諾しました。しかし、その実現はそれほど簡単なことではありません。というのは、奈良原知事の背後には薩長の藩閥勢力がひかえているのに対して、憲政党内閣はこの藩閥勢力を押さえきるほど力をもっていなかったからです。それで、板垣内相は知事更迭のだんどりを慎重に検討して、手ぬかりのないように準備を進めます。ようやく、奈良原の後任を誰にするかもきまり、知事更迭は実現の一歩手前までできました。ところが、そのとき、文部大臣尾崎行雄《おざきゆきお》の帝国教育会での演説内容が藩閥勢力の攻撃材料となり、それがきっかけで大隈・板垣の憲政党内閣はもろくもつぶれてしまいます。そのあとは、山県有朋を首相としてふたたび藩閥内閣ができ、奈良原知事のうしろだてである松方正義も大蔵大臣として入閣しました。それで沖縄県知事の更迭問題がお流れになり、奈良原知事の地位が安泰になったことはいうまでもありません。

それからあと、奈良原知事の謝花に対する迫害は一段とひどくなり、謝花もたまりかねて、この年の十二月に、県庁をやめました。しかし、それで奈良原知事の暴政に対する闘いをやめたわけではありません。野《や》にくだった謝花は、ただちに二十人ほどの同志たちと「沖縄倶楽部《クラブ》」という政治団体をつくり、『沖縄時論』という機関誌を発行して、奈良原知事の悪政を鋭く追及しつづけます。それとともに、謝花は、県政を改革するためには、沖縄県民も国会に代表を送る権利(参政権)をもつことが急務であると考えて、参政権獲得の運動をくり広げていきます。

これに対して、奈良原知事は、暴力団を使って謝花を襲撃させたり、あるいは沖縄倶楽部の運動の資金源を断ち切ったり、ありとあらゆる手段で謝花らを迫害しました。こうした迫害と弾圧のために、一九〇〇年春以後は、沖縄倶楽部も活動をつづけることが困難になり、同志たちもちりぢりに散ってしまいました。謝花自身も、この運動のために全財産を失い、活路を求めて東京へ赴き活動中、一九〇一年、ようやく山口県に就職口を見つけて、赴任することになります。

しかし、その先には、悲しい運命が謝花を待っていました。山口県に赴く途中、神戸駅に降り立った謝花は、駅の構内で、とつぜん発狂してしまったのです。それから、彼は郷里の東風平村に連れもどされ、「生《い》ける屍《しかばね》」となった悲惨な姿を七年間も人目にさらしつづけたあと、一九〇八年(明治四十一年)、四十四歳のとき、永遠の眠りにつきました。

ところで、彼が求めた沖縄県民の参政権はどうなったでしょうか。一八九九年(明治三十二年)、衆議院は選挙法を改正して、沖縄からも二人の議員を選出できる条文をつけ加えました。だが、それも、実施の時期は「勅令(天皇の命令)で定める」とあって、はっきりしませんでした。政府は、その理由として、

「沖縄では、土地整理が終わらず、地租改正もまだだから、誰に選挙権があるか、きめられない。」

と、説明していました。当時、選挙権は、二十五歳以上の男子で、地租またはその他の国税を十五円以上(明治三十三年以後は十円以上と改正)納めているものにだけ与えられていました。つまり、ある程度以上の資産がなければ、選挙権も与えられません。そこで、沖縄の場合、封建時代のままの土地制度と租税制度が改正されなければ、誰が選挙権をもっているか、きめられないといわれたわけです。

しかし、それは単なる口実にしかすぎませんでした。もし、政府のいうとおりであるならば、沖縄で土地整理が完了し、地租条例が出された一九〇三、四年(明治三十六、七年)頃には、沖縄の人びとにも選挙権を与えてよいはずのものです。ところが、沖縄でじっさいに最初の衆議院議員の選挙がおこなわれたのは、それより十年近くもおくれて、

一九一二年(明治四十五年)のことです。しかも、このときの選挙は沖縄本島だけでおこなわれ、宮古・八重山の人びとには依然として選挙権が認められませんでした。宮古・八重山の人びとに選挙権が認められたのは一九一九年(大正八年)になってからです。

それでは、沖縄県民の参政権獲得がこんなにおくれた本当の理由は何だったでしょうか。それは、ほかでもなく、日本政府が沖縄を植民地と考えていたからであり、沖縄の住民が日本に同化しないうちは、参政権を与えるわけにいかないと考えていたからです。そのことを、政府は、

「沖縄の民度(住民の知識や生活の程度)が低く、住民に日本国民としての自覚がないうちは、選挙権を与えるわけにいかない。」

などと、いいくるめていました。

ところで、当時の沖縄の場合、民度が高くなって、住民に日本国民としての自覚が生まれたと認められることは、とりもなおさず、標準語教育と皇民化教育を二本の柱とした同化政策が進み、住民が「皇国の忠良な臣民」になったと認められることにほかなりません。そして、事実、そのような同化が進んだと認められたとき、日本政府は、沖縄県民に参政権を与えたのを初め、府県制や市町村制など、沖縄の自治体の制度をすべて本土なみに改めたのでした。その足どりを、次に見てみましょう。

同化の一応の「完成」と本土なみ制度の適用

日清戦争の前、沖縄の士族たちが頑固党と開化党とに分かれて対立していたことは、すでに見たとおりです。その対立は、一八九四年(明治二十七年)に日清戦争が始まるや、一段と激しくなり、一方が清国の勝利を祈願して気勢をあげれば、他方は日本の勝ち戦の知らせに祝盃をあげるといったありさまでした。

一八九五年に戦争が終わり、日本の勝利が伝えられても、頑固党の士族たちは、それを嘘だといって、信じようとしません。しかし、時がたち、清国に亡命していた士族たちも帰ってくるようになって、清国が敗北した事実を認めないわけにはいかなくなりました。ここにいたって琉球王国を復活するために清国のたすけを求めていた頑固党の夢は完全に破れ去ってしまいました。それからあとは、頑固党も開化党と歩調を合わせ、日本政府を頼って、華・士族の古い特権の維持をはかるようになります。

そういう情況になり始めた一八九五年のことです。開化党と頑固党の主だった人たちがいっしょになって、公同会という政治団体をつくり、尚家《しょうけ》を世襲の沖縄県知事にしてもらおうという運動を始めました。会の指導者たちは、沖縄中を遊説してまわり、有禄、無禄の士族たちを中心に七万三千人の署名を集めて、一八九七年秋、日本政府に請願書を提出しました。その請願書には、次のようなことが述べられています。

「沖縄県民の永久の幸福をはかるには、一般人民をすみやかに日本に同化させなければならない。同化すれば、四十余万の沖縄県民は日本国民としての権利と幸福をすべて自分のものにすることができる。しかし、現在のように同化が進まないならば、どんなに沖縄の制度をよくしても、内地と沖縄とは常に精神的なへだたりをもち、勝者と敗者の関係はいつまでもつづくだろう。いま、一般人民のためにだいじなことは、知識の啓発や制度の改革よりも、日本国民としての精神を養い、皇国のためにつくす国民の本分を自覚させることである。そのためには、沖縄人民の精神を統一し、指導する中心にある尚家を世襲の知事にする特別制度を設けて、まず尚家に人心を統一し、尚家に人民をひきいさせて天皇につかえ、皇国のためにつくさせるようにしたい。」

これは、いうまでもなく、首里王府の沖縄支配を新しい形で復活しようとはかったものです。一八九七年(明治三十年)といえば、土地整理と地租改正の準備が進み、封建時代から引きついだ古い社会制度がようやく改革の緒《いとぐち》についたところです。そういう時代に直面して、沖縄の華・士族は、失われゆく自分たちの特権を守るために、時代に逆行する反動的な運動を始めたのです。

一方日本では、この頃ともなると資本主義の経済がよく発達していて、沖縄を古い社会制度のままにしておくことは、資本主義の経済を沖縄に押し広げる上でじゃまに感じられるようになっていました。そういう状況から見ても、沖縄の古い社会制度を改革し、沖縄を本土なみの統一した制度のもとにおく必要はだんだん強くなりつつありました。

だから、それに逆行する公同会の請願を日本政府が認めるわけはありません。公同会の運動が始まったころ、野村〔靖〕内務大臣は公同会の代表たちに、「もしこの運動を今後もつづけるならば、やむをえず、国事犯として処罰する。」と、きびしくいい渡しています。やがて、首里王府の復活をはかる動きは、どんな形のものも、いっさい姿を消すことになりました。

しかし、公同会はなくなっても、その同化についての考え方は、その後も長く残っていました。そして、この考え方を押し広める役割をはたしたものに、『琉球新報』という新聞がありました。この新聞は、首里の華・士族が中心になって、一八九三年〈明治二十六年〉に創刊したもので、もともと「沖縄県民の日本への同化」をうながすことを使命にしていました。そして、一九〇五年〈明治三十八年〉に、本土からきた商人たちの機関紙ともいえる『沖縄新聞』が出るまで、『琉球新報』は沖縄でただ一つの新聞でした。

その『琉球新報』は、

「最初から末の末を見とおし、一貫した思想を持っていたわけではなく、味噌でも糞でも、他府県同様にしさえすれば、それで満足という次第。当時、もし、主義と名づけるべきものがあったとすれば、国民的もしくは社会的同化主義とでもいうか、言語風俗はもちろん、あくびでもくしゃみでも、大和振《やまとぶ》りをまねるのが本意であった。」

と、いわれ、明治三十七、八年の日露戦争の頃まで、

「善悪を問わず、一から十まで他府県人のまねをせよ。」

と、沖縄県民に説きつづけていました。そういう主張をしている『琉球新報』の首里士族たちが、そろって公同会に参加していたことはいうまでもありません。

ところで、これらの首里士族たちは、一般人民の日本への同化を促すためには、

「制度の改革より、日本国民としての精神を養い、国民の本分を自覚させることがだいじである。」

と、考えていたので、古い社会制度の改革には関心がないどころか、むしろその改革を押しとどめる立場をとっていました。だから、彼らは、農民の重税反対の運動や、土地制度の改革や、税制の改革には、冷淡な態度をとり、『琉球新報』がこれらの問題をとりあげたこともありませんでした。また、謝花昇がひきいる沖縄倶楽部の参政権獲得運動に対しては、『琉球新報』がまっこうから反対の論陣をはって敵対し、首里士族たちは、奈良原知事とくんで、謝花たちを弾圧し、迫害する側にまわりました。それは、謝花らの運動が発展すると、華・士族の支配階級としての地位が失われるのではないかと、不安に感じていたからです。

しかしながら、こういう華・士族の動きにもかかわらず、沖縄の古い社会制度の改革はもはや避けられないものになっていました。一九〇三年(明治三十六年)に土地整理が完了し、これと相前後して地租や府県税や市町村税が本土なみに徴収されるようになる

と、県や市町村の制度も昔のままにしておくわけにはいかなくなります。それで、県や市町村の制度も、一九〇八年から翌一九〇九年にかけて、本土の制度に近いものに改められました。それには、なお本土とはちがう制限がかなりつけられていましたが、それでも、まがりなりに町村会議員や県会議員の選挙もこのときからおこなわれるようになりました。

こういう時期になってからは、『琉球新報』も、

「沖縄県民は、ひとしく国民の義務をはたしているのに、参政権も与えられていない。この不当な特別あつかいをやめて、沖縄にも参政権を与えよ。」

と主張し始めます。この頃ともなると、尚家を中心とする華・士族の有力者たちは、沖縄県知事とも結んで、沖縄の銀行や会社の大部分を支配する資本家に成長していました。そこで、彼らは、政界にも打って出ることを考え、それにそなえて、世論を自分たちに有利に導くために、参政権の要求を始めたのです。

それはともあれ、参政権を要求する沖縄の世論のもりあがりを背景に、一九一二年(明治四十五年)には、沖縄でも衆議院議員の選挙がおこなわれるようになりました。しかし、このときは、先にもふれたように、宮古・八重山は除外されていました。宮古・八重山の住民にも選挙権が認められたのは、それより十年近くおくれて、一九一九年(大正八年)のことです。そして、その翌一九二〇年に、県や市町村の制度につけられて

いた制限もすべて撤廃されました。つまり、明治維新から半世紀もたって、初めて、沖縄に対する制度上の差別あつかいはなくなり、沖縄も本土なみの制度のもとにおかれたわけです。

ところで、このように沖縄が本土なみになったということは、とりもなおさず、沖縄県民の日本への同化が一応「完成」し、沖縄県民が皇国の臣民になったということにほかなりません。では、それは何によってあかしが立てられたのでしょうか。それを実証したものは、何よりもまず、日本臣民の三大義務とされていた「納税」、「教育」、「兵役」の義務を、沖縄県民がよくはたしているということです。

沖縄がよけいな税金をどれだけ国におさめていたかについては、くりかえす必要もないと思います。また、小学校教育がどんなに急速に普及したかも、すでに見たとおりです。この小学校教育の普及は、住民の生活と文化の程度を引きあげるのに役立ちましたが、他面では、標準語教育と皇民化教育とが沖縄中にしみとおったことを意味していました。歴史をさかのぼってみれば、沖縄と日本本土とは、人種も言語も源が同じであるという事情もあって、こういう学校教育を通しての同化は、それほど大きな障害もなく進みました。特に、日清戦争で日本が勝利をおさめて以後は、それが急速に進みます。

「兵役の義務」について見ても、それは、参政権が沖縄に与えられる十数年も前から、いちはやく沖縄県民に負わされていました。一八九八年(明治三十一年)、日本政府は徴兵令を沖縄にも適用し、新しい学校教育をうけて育った沖縄の若者たちを日本の軍隊に入れることにしました。そして、一九〇四、五年の日露戦争では、沖縄出身の兵士たちも、日本軍の一員として戦闘に参加し、「天皇の忠良な兵士」であることを実証しました。それは、何にもまして、「皇国の臣民」であることのあかしでした。

この日露戦争を境にして、標準語教育と皇民化教育を二本の柱とする同化政策は「完成期」にはいり、その数年後から一九二一年(大正十年)までのあいだに、沖縄にも本土なみの参政権や自治権が与えられ、制度もすべて本土なみに改められました。

以上のようにして、沖縄県民は、日本への同化を一応「完成」し、日本民族の中に結び合わされることになりました。しかし、その結びつきは、あくまでも皇国の臣民として、天皇を中心にしたものでした。そして、参政権も、自治権も、国民がとうぜんもつべき民主的権利として認められたのではなく、天皇の恩恵として与えられる形をとりました。したがって、そのような状況のなかから生まれる日本国民としての自覚や民族意識というものは、天皇に対する住民の考え方がぐらつくと、たちまちこわれてしまう弱点をもっています。

そうならないようにするために、政府に残された手段は、ただ一つ、天皇中心の思想をたえず住民の頭にそそぎこむよりほかにありません。そこで、沖縄では、同化が一応の「完成」を見ても、天皇中心の思想を植えつける皇民化教育は、標準語教育と並んで、その後も引きつづき強化されていくことになります。それは、だから言葉の本当の意味では、決して「完成」することのない矛盾に満ちた民族同化政策であったといえます。この政策に終止符が打たれたのは、沖縄戦における日本軍の敗北によって、それが破綻したときです。

六　大正・昭和前期の沖縄

つづく半植民地の状態

沖縄のいろいろな制度がすべて本土なみになったあと、日本政府の沖縄に対する差別あつかいが完全になくなったかというと、かならずしもそうではありません。

たとえば、租税について見ると、重税は明治時代と同じようにつづいていました。一九二五年(大正十四年)を例にとると、沖縄県から政府におさめた国税は六百三十四万円であるのに対して、政府から沖縄県のために支出されたのは、二百二十七万円にすぎませんでした。差し引き四百七万円は国全体の経費をまかなうためにすいとられていたことになります。また、沖縄県とほぼ同じ人口をもつ宮崎県や鳥取県とくらべてみても、沖縄県の国税負担額は宮崎県や鳥取県の二倍またはそれ以上になっていました。

沖縄県がこのように重い税金を負担させられたのは、明治時代の土地整理にともなう税制改革のさい、それまでの公租を基準にして新しい税金の額をきめたからです。だから、大正から昭和にかけて、沖縄県民が負担した税金は、封建時代の貢租とあまりかわらない重税だったといえます。それが沖縄の住民、特に農民の生活をいちじるしく圧迫する第一の原因であったことはいうまでもありません。

それに加えて、産業面でも、日本政府は、沖縄の農業技術を改良することや、新しい産業をおこすことにはまったく熱意がなく、昔ながらの生産技術で甘蔗《かんしょ》の栽培を奨励しているだけでした。そのために農業の生産もあがらず、五反《たん》以下の土地しかもたない農家が半数以上を占める農村は、極度に貧しい生活をしいられていました。

農家の中には農業で暮らしを立てていけない人が年とともに多くなり、そういう農家の人びとは、関西や関東の工業地帯に出稼ぎにいって低賃金で働く労働者になったり、あるいは、海外へ移住していきました。その頃、沖縄は日本全国でも海外移民が一番多かった県で、一九二五年には、人口一万人に対して四二九人の割合で移民を出しています。それは、全国二位の和歌山県(人口一万人に対して一一〇人が移民)を大きく引き離すような高い比率です。それだけ沖縄には暮らしに困っている人びとがたくさんいたわけです。

また、学校教育の面について見ると、日本政府は、沖縄で小学校教育を普及させることには熱心であったけれども、それ以上の高い学校教育を沖縄住民にうけさせることには、熱意がありませんでした。それは沖縄で旧制の中等学校教育をうけたものの数が全国平均の半分であったことや、旧制の高等学校や専門学校が一つもない県は沖縄以外になかったことからもあきらかです。後に専門学校に昇格した師範学校は、小学校で皇民化教育にたずさわる教員を養成するところであったので、沖縄人を師範学校の校長にしたことは一度もありません。

県庁には沖縄人もたくさんつとめるようになっていましたが、歴代の知事と、知事につぐ重要な役職は、あいかわらず大和人《やまとんちゅ》で占められていました。

このように、沖縄のなかば植民地のような状態は、制度が本土なみになったあとも、なおつづいていました。そして、住民の生活水準と文化水準は、日本全国を平均したものより、かなり低いところに押しとどめられていました。その第一の原因は、いうまでもなく、日本政府のなかに、沖縄を植民地として差別する考え方が根強く残っていたからです。

そうであるかぎり、一般日本国民の頭から沖縄を植民地のように差別する考え方や偏見(かたよった見方)をとり去ることができるはずはなく、それもまた、日本社会全体に根強く残っていました。先に紹介した(四三頁)山之口貘さんの「お国は？　と女が言った」で始まる「会話」という詩は、この時代につくられたものです。

戦争直前の軍国主義教育

大正から昭和にかけて、沖縄の人びとのなかには、日本政府の沖縄に対する差別あつかいをはねかえすためにも、

「天皇制の国家である日本を、民主的な国に、根本からつくりかえなければならない。」

と、考える人が生まれてきました。そして、これらの人びとの多くは、左翼の革命運動に参加するか、あるいは、それに共鳴していました。日本共産党の創立者の一人であり、第二次大戦直後の日本共産党書記長であった徳田球一《とくだきゅういち》さん(一八九四―一九五三)は、その代表的な人です。当時、沖縄は、全国でも、左翼の革命運動に参加した人びとが多い県の一つでした。

しかし、一方では、これとは反対に、

「沖縄が差別あつかいをうけてきたのは、廃藩置県のときに、当時の沖縄の指導者たちが日本政府の方針に反対したためである。ここで、また、日本政府に反対したのでは、もう一度同じあやまりをくりかえすことになる。だから、沖縄に対する差別や偏見をとりのぞくためにだいじなことは、日本政府の方針によく協力して沖縄県民が日本国民としての精神を養い、よき日本国民になることである。」

と考えている知識層の人びともたくさんいました。そして、これらの人びとは、標準語教育と皇民化教育を進んでうけ入れ、それを強力に押し進めていました。この動きは、

日本全国で左翼の革命運動やその他の民主的な運動に徹底的な弾圧が加えられ、軍国主義の嵐が吹きすさぶようになって、一段と勢いをましていきます。

一九三九年(昭和十四年)以後になると、県の方針として、学校でも家庭でも方言の使用をいっさい禁止するほど、標準語教育が徹底しておこなわれました。学校では方言を使っている生徒が見つかると、職員室に立たせたり、方言札《ほうげんふだ》という板札を首につるさせたり、いろいろなやり方で生徒に罰を加えたものです。

こういう標準語励行に対しては、胸を痛めた教師ももちろんいて、次のような記録を残しています。

「幼い児童の口から、方言を標準語に直訳した言葉が、彼らの生命の躍動とともにとび出してくる。

「下駄をフミます」(下駄をはきます)

「傘をカブリます」(傘をさします)

「鉛筆をトギます」(鉛筆を削ります)

すると、情なくも、

「オイ、フム?」

「オイ、カブル?」

「オイ、トギます?」

と、標準語励行に熱心な教師の鋭い言葉が、児童の魂におおいかぶさってくる。児童は恥じ、あるときは当惑し、あるときはおそれ、あるときはちぢみあがる。この結果、彼らは使用する言葉と自分とを一体として生活しなくなる。何か話そうとするときは、いつでも、自分の使用する言葉に反省を加え、これを検討する。そのあいだに彼らの表現しようとする思想や感情は流れ去って、消滅していく。発表しなくなる。それは、彼らにとって、苦しい掟《おきて》である。そのために、彼らは、知らず知らずのあいだにいじけたり、だんまりになったりする。言語生活にそこねられて、人間そのものがちぢこまり、卑屈になってしまうのだ。「言葉」を授けようとして「人」を殺してしまう。

いま、方言でさかんにおしゃべりする児童の一群がある。そこへ先生が姿を現わすと、どの子も無言になる。はなはだしいのは逃げてしまう。児童たちは方言を使用することを道徳的犯罪と考えているのではないか？　標準語励行の方法として、それが最上のものであるとは、私にはどうしても考えられない。」

このような標準語教育のいきすぎに対しては、一九四〇年(昭和十五年)一月に沖縄を訪れた日本民芸協会のメンバーが、

「日本の共通語や公用語として標準語を習得するのは誰にとっても必要であるが、そのために、地方語である沖縄方言を野蛮視してはならない。沖縄方言には日本の伝統的な言葉(和語)がたくさん残っている。そういう沖縄方言を敬い、尊ぶことを忘れてはなら

ない。それは、むしろ、保存に努力すべきである。」

と、注意を促しました。この意見は沖縄の三つの新聞に大きく報道され、まもなく、それに反論する声明が沖縄県学務部から発表されました。それがきっかけになって、それからおよそ一年間、沖縄の新聞は、標準語励行と方言廃止の問題をめぐる論争でにぎわいます。新聞にのる論文や、談話や、投書のなかには、沖縄県の方針を支持するものもあれば、日本民芸協会に賛成するものもありました。この問題は、東京に住む沖縄出身者のあいだでも話題になり、沖縄の歴史の研究にたずさわっている沖縄出身者は一人残らず、日本民芸協会の考え方に賛成していました。しかし、これと対照的に、かつての琉球国王の親族で、東京に住む伊江朝助《いえちょうじょ》男爵は、

「標準語問題でもめているようであるが、およそ沙汰のかぎりだね。

皇紀（神武天皇即位を元年とした紀元）二千六百年にあたり、東亜の盟主として君臨する日本は、いま一段と気持ちを引きしめるべきときにきている。そのようなときに、南方の生命線をもって任ずる沖縄が、多年の宿題となっている風習の革新、ひいては方言一掃の運動に乗り出すのはとうぜん至極といわねばなるまい。

古い伝統と芸術を誇ることは、どこにでもあるが、それもおおげさになっては、かえって弊害がある。それを、我が県民が、一介の外来者（民芸協会のメンバーのこと）の言葉に乗せられて、だいじがっているようすはあわれというべきである。そうでなくてさえ

他の府県にくらべておくれをとっている沖縄に、手ぬるい、センチメンタルな考え方を持ちこんでは、ついに歴史の動きをとどめる反動の役割をはたすであろう。」と、軍国主義を押し進める立場から、方言廃止を主張する意見を発表しました。

こういう論争がくり広げられているなかで、当時の沖縄県知事淵上房太郎《ふちがみふさたろう》は、日本民芸協会の代表である柳宗悦《やなぎむねよし》に対し、

「日本民芸協会の意見は県の大方針に反する考え方だ。家で方言を使っているようでは、標準語は上達しない。方言を尊べなどといわれると、県としては迷惑だ。方言は廃止させるつもりだ。そもそも、この県の事情を他県と同一に見ては困る。この県は日清戦争のときでも支那(清国)につこうとした人がいたくらいなんだから。とにかく、県の方針はきまっている。それをじゃましないでほしい。これ以上県と議論しないよう注意ねがいたい。」

と、県の方針を説明し、民芸協会の意見をはねつけました。

淵上知事の説明や、先の伊江男爵の意見からもうかがえるように、この時の標準語教育は、単に方言を抹殺しようとはかっただけでなく、沖縄固有の文化や風習を否定し、罪悪視することにもつながっています。それだけではありません。この標準語教育は、軍国主義教育と一つに結び合わされて、日本軍国主義に都合の悪いものは、すべて、否定し、罪悪視するところまで進んでいました。そして、沖縄に対する差別と偏見からの

がれたい一心で、自ら進んで日本へ同化する道を選んだ沖縄の人びとは、「よき日本国民」になろうと努力するあまり、侵略的な日本軍国主義の考え方までも無批判にうけ入れていったのです。

このようにして、沖縄県民の大部分は、軍国主義の思想を植えつけられ、忠君愛国の精神に満ちあふれた「皇国の臣民」として、戦争への道をまっしぐらに駆り立てられていきました。沖縄戦はその悲劇的な結末です。

ここまで沖縄の歴史をたどってくれば、沖縄戦における数々の悲劇がどのようにして生まれてきたかも、おのずからあきらかでしょう。

七　アメリカ軍政下の沖縄

敗戦直後の捕虜生活

第二次大戦がすんでまもない頃、日本本土に住む沖縄出身者の団体に沖縄人連盟というのがありました。それが一九四六年(昭和二十一年)二月、全国大会を開いたときのことです。たまたま同じ時期に大会を開いていた日本共産党から「沖縄民族の独立を祝うメッセージ」が送られてきました。それはわかりやすくいいなおすと、

「沖縄人諸君は、数世紀のあいだ日本(薩摩藩)の封建的支配にしたがわされ、明治以後は天皇制国家である日本の搾取と圧迫とに苦しめられてきました。それが今回、長年のねがいであった独立と自由を獲得する道につかれて、大きなよろこびを感じておられることでしょう。」

という内容のものです。その根底には、

「沖縄人は日本民族の一派ではあるが、長いあいだ、なかば植民地の人民として圧迫を

うけてきた。今後は、どこの国に属するにしても、民族の自主的な自決の権利にもとづいて、自治共和国のようなものをつくるべきである。」

という考え方が横たわっています。

それはさておき、ここで問題として考えたいのは、当時の沖縄が「独立と自由を獲得する道についた」という見方がどうして生まれてきたかということです。当時、沖縄は戦争でアメリカ軍に占領されたまま、日本から完全に切り離されていました。沖縄と本土とのゆききは禁止され、民間の交通は完全に途絶えていました。報道関係ももちろん完全に断ち切られていました。だから、本土の日本人は誰も、沖縄の戦後の実情を知ることができませんでした。そのような状況にあるとき、十八年もの長い獄中生活から解放されたばかりの日本共産党の幹部たちは、日本のなかば植民地の状態にあった沖縄が、アメリカ軍によって解放されたものと思っていたのです。つまり、アメリカ軍を解放軍と考えていたわけです。そこから、沖縄は「独立と自由を獲得する道についた」という見方も生まれました。

日本共産党も、数年後には、この考え方を改めましたが、当時は、共産党だけでなく、日本の革新政党の人びとは、ほとんどみんなといっていいくらい、同じ考え方をしていました。日本社会党も、

「沖縄を日本に返せと要求すべきではない。」

という態度をとっていました。

ところで、当時の沖縄の実情はどうだったかというと、およそ「独立」や「自由」とは縁もゆかりもない、みじめきわまるものでした。ひとことでいえば、当時の沖縄は、島全体が捕虜収容所になっていて、住民はそのなかで奴隷的な捕虜生活をしいられているようなものでした。

アメリカ軍が沖縄本島を占領したとき、彼らは、まず、戦火であれはてた土地のいたるところに金網をはりめぐらして、飛行場や港湾や兵舎や物資集積所などの軍事基地に使う広大な土地をいちはやく確保しました。そして、住民はそれ以外の狭い土地に押しこめて、その日暮らしの生活をさせていました。住民が収容されている土地には、もちろん、家もなければ、電気や水道もありません。住民は、地上のいっさいのものを焼きつくし、破壊しつくした戦火のなかで、あやうく命拾いして生き残った人びとばかりです。その人びとはアメリカ軍が使い古したテントやトタンでみすぼらしい小屋をつくって、住んでいましたが、それも、年に二、三度はある暴風雨のたびごとに、全部吹きとばされては、またつくりかえるというありさまでした。衣類もアメリカ軍から支給されたもの以外は何もなく、男も女も、老人も子どもも、アメリカ兵が着古したダブダブの軍服を着ていました。

住民は、食糧も、アメリカ軍から配給される物資に頼るほかにありませんでした。しかし、それはただで支給されたわけではありません。住民は、アメリカ軍の命令で、公務や、港湾荷役などの労働や、その他の仕事にしたがわされ、それで得たわずかの賃金で、配給物資を買わされていました。しかも、その値段はアメリカ軍の都合で勝手にきめられ、ときには、いきなり二倍、三倍にはねあがることもありました。そういうとき、安い賃金では配給物資さえ買えなくなった住民が、港湾荷役などの労働につくことを拒否することもありました。すると、アメリカ軍は住民全体に対する食糧品の配給をいっさい中止するという非人道的なしうちを加えるのが常でした。このような脅迫のもとに、アメリカ軍は、住民を強制労働にかり立てて、こき使っていたのです。

沖縄の住民には、民主的な自由や自治の権利など、およそ権利と名のつくものは、ひとかけらもありませんでした。そういう権利を住民が要求すると、アメリカ軍は次のように答えていました。

「たとえていえば、アメリカ軍はネコで沖縄住民はネズミである。ネコのゆるす範囲内でしかネズミは遊べない。ネコとネズミは、いまはよい友達であっても、ネコの考えがかわったらネズミも困ることになろう。」

これは、沖縄の住民を生かすも、殺すも、アメリカ軍の自由であるということにほかなりません。じっさい、アメリカ軍は、そういう絶対権力をふりかざして、住民を威圧していました。そういう状況のなかで、アメリカ兵の住民に対する犯罪は日常茶飯事のように頻々《ひんぴん》とおこり、あとを絶つことがありませんでした。あるアメリカ人記者は、「一九四九年(昭和二十四年)四月から九月までの六カ月間に、アメリカ軍兵士は殺人二十九、強姦十八、強盗十六、殺傷三十三というおどろくべき数の犯罪を犯した。」と、報告しています。戦争がすんで四年もたった一九四九年に、なおこういう状態でした。それ以前の状態は推して知るべしです。住民はこういうアメリカ軍兵士の犯罪に対しても、文句一ついうことができず、泣き寝入りするほかにありませんでした。

このように、アメリカの軍事占領支配は、沖縄住民の生命を守るという基本的人権すらふみにじってかえりみない、ひどいものでした。それは、「解放」どころか、反対に「生き地獄」のようなものでした。

恒久的軍事基地建設の準備

第二次大戦直後は、日本本土もアメリカ軍を主力とする連合軍に占領されていました。そして、本土では、日本の軍備をなくし、日本を民主主義の国につくりかえる政策がとられていました。その結果、思想、言論、結社の自由など、長いあいだ禁じられ、押さえつけられていた民主的な権利が国民のものになり、労働組合や革新政党の活動も活発になりました。アメリカとしては、そうすることによって、日本の財閥の力をぬき去り、日本がふたたびアジアに支配力をのばすことがないようにしようと考えていました。それが日本をアメリカにしたがえるにも都合がよいと考えられていたのです。

しかし、沖縄では、アメリカ軍もそういう政策をとる必要がなく、沖縄を将来どうするかがきまるまでは、住民を捕虜のように管理しておけばよいという、その日暮らしの政策をとっていました。沖縄を占領しているアメリカ軍の任務といえば、日本本土を占領している連合軍の後方を守りその補給基地を確保しておくことです。

ところが、一九四七年、ヨーロッパで始まった東西冷戦が世界中に拡大し、進む中で一九四八年(昭和二十三年)以来、アメリカの日本に対する政策も、沖縄に対する政策も、がらっと一変しました。アメリカとしては、中国大陸から日本を追い出したあと、中国国民党の蔣介石《しょうかいせき》と結んで、中国をアメリカのいいなりになる国にしようと望んでいました。そのために、アメリカは、武器やその他の物資を蔣介石に送って、蔣介石軍が中国共産党のひきいる人民解放軍と戦うのをたすけました。しかし、結果は裏目に出て、人民解放軍が勝利し、中国は社会主義を目指して進む国になります。しかも、中国で革命が成功したことは、長いあいだ欧米諸国の植民地支配に苦しんできたアジアの人びとを勇気づけ、社会主義を目指して進む動きが、独立を達成したばかりのアジアの他の国々にも広がる勢いを示しました。

第二次大戦後、アジアに支配力をのばそうと考えていたアメリカは、まったくあてがはずれてしまいました。そこで、アメリカは韓国、日本、台湾、フィリピン、タイなど中国をとりまく国々と軍事同盟を結び、その地域に軍事基地の網をはりめぐらして、軍事力で中国を封じこめる政策をとりました。

そのさい、日本に対しては、それまでの政策とは反対に、再軍備を押し進め、資本主義の経済も立てなおしてやって、アメリカの同盟国に引き入れる方針がとられます。それと同時に、一方の沖縄は、永久に日本から切り離して、アメリカの恒久的な軍事基地にする方針が立てられました。

ところで、アメリカは、日本にもたくさんの軍事基地をつくり、日本を味方にしておきながら、どうしてわざわざ沖縄を日本から切り離す方針をとったのでしょうか。

その理由をひとことでいうと、沖縄の軍事基地は日本本土にあるアメリカ軍基地とはちがう特別のものにしようと考えていたからです。アメリカは、まず、沖縄の軍事基地には原水爆などの核兵器や毒ガスなどの化学兵器も、たくわえておくことにしていました。また、沖縄の軍事基地からは、アメリカ軍が、いつ、どこにでも、自由に出撃したり、帰ってきたりすることができるようにしていました。さらに、また、韓国や日本や、台湾や、フィリピンなどの国々からアメリカ軍基地をとりはらわなければならない事情がおこっても、沖縄の軍事基地だけはアメリカの手に確保しておこうと考えていました。そうして、最後に、沖縄の軍事基地は、アジアにあるアメリカの軍事基地の要として、アジアで最強のものにしようと考えていました。

沖縄をこのような特別の軍事基地にするために、アメリカは沖縄を日本から永久に切り離す方針をとったのです。そして、一九五〇年(昭和二十五年)十一月、アメリカ政府は、日本と講和条約を結ぶさいの七つの原則を示したなかで、琉球列島と小笠原諸島はアメリカの信託統治にする方針を具体的にあきらかにしました。信託統治というのは、どこの国の領土ともきまらない一定の地域を国際連合の監視下におき、国際連合から統治をまかされた国がその地域を治めることをいいます。

アメリカ政府は、この方針を立てたとき、

「日本国内で長いあいだ植民地のように差別されてきた沖縄のことだから、日本国民からも、沖縄住民からも、それほどの反対はあるまい。」

と、あまく考えていました。しかし、それにしても、沖縄を占領しつづけるとなると、住民を治めるやり方をかえなければならないということは、アメリカ軍も知っていました。というのは、生活の改善や、自治の権利や、学校教育の再建などをめぐる住民の不満と要求は、武力による脅迫だけでは押さえられなくなっていたからです。住民は、集会を開いて、アメリカ軍に自治の権利や生活の改善を要求したり、あるいは、アメリカ軍の命令を無視して、消極的な抵抗を示したりするようになっていました。

そこで、アメリカ軍は、まず、住民の自治権の要求をやわらげるために、琉球列島を一つの「国」に見立てて、住民の政府をつくらせることにしました。初めの予定では、

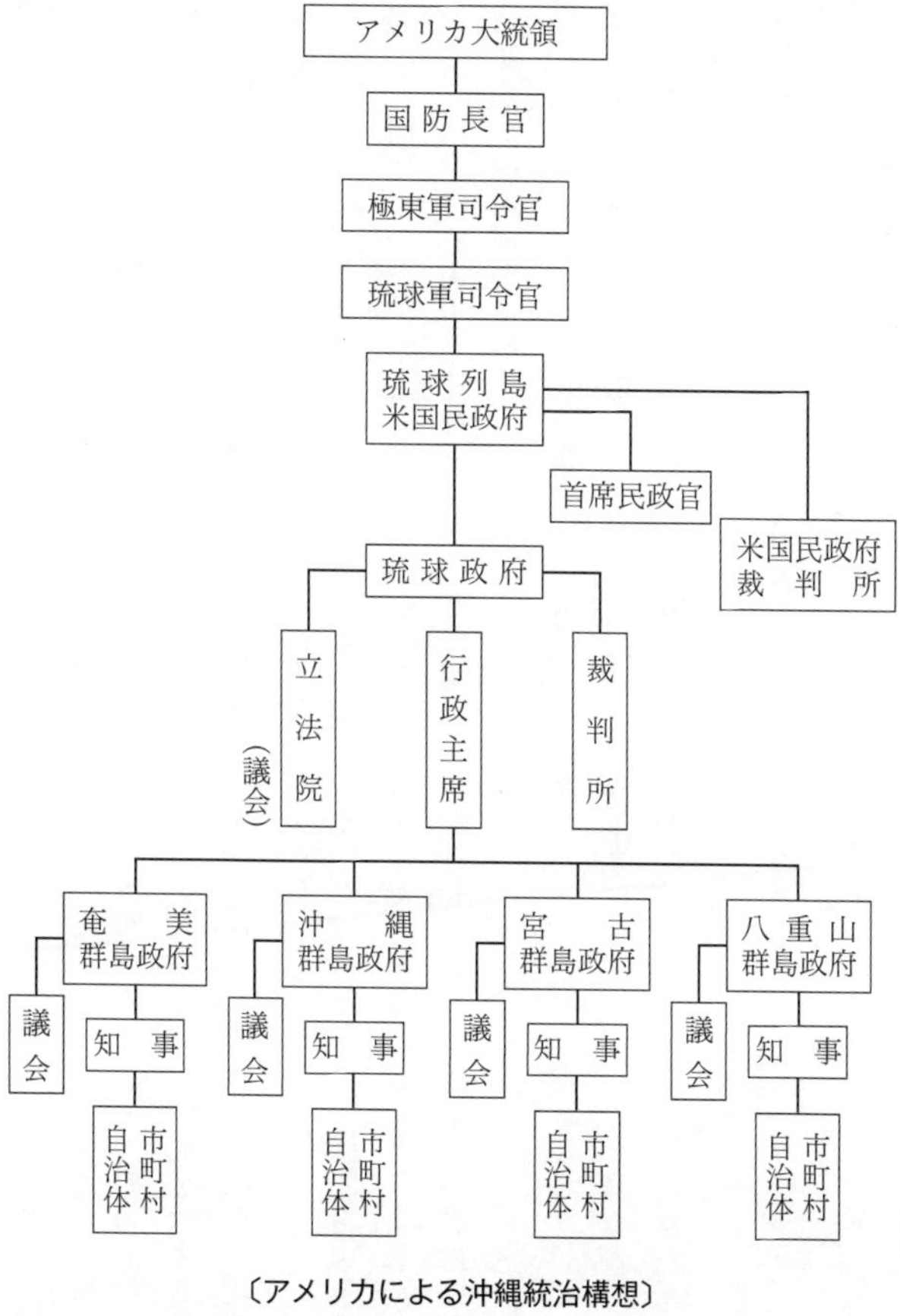

〔アメリカによる沖縄統治構想〕

前頁に示してあるように琉球列島を四つの群島に分けて、群島政府をつくり、その上に、琉球全体の政府として琉球政府をつくることになっていました。琉球政府は、また、琉球列島米国民政府《みんせいふ》の下にあって、その指示や命令にしたがうことになっていました。米国民政府というのは、名前は「民政府」でも、実質はアメリカ軍が住民を治めるための「軍政府」です。その長官はアメリカ極東軍司令官が兼任し、副長官は琉球軍司令官が兼任していました。

次に、アメリカ軍は、住民の生活改善の要求をやわらげるために、住民を軍事基地建設の仕事につかせ、そこでうけとる金で生活を立てなおさせる政策をとりました。それと同時に、日本本土と沖縄とのあいだで貿易を再開させ、パスポートがあればゆききもできるようにしました。

このようにして、アメリカは、一九四九年(昭和二十四年)から五〇年にかけて、沖縄を永久に日本から切り離し、アジアで最強の軍事基地にしたてていく準備を着々と進めていました。そして五〇年六月に朝鮮戦争が始まった前後から、この計画は急速におし進められました。

それを、沖縄の住民はどのようにうけとめたでしょうか。

日本復帰運動の開始

一九五〇年(昭和二十五年)当時、沖縄には、沖縄民主同盟、沖縄人民党、社会党という三つの政党がありました。それらは、いずれも、戦後まもない一九四七年に相ついで結成されたものです。結成された頃の三つの政党は、「アメリカ軍によって日本軍国主義者の支配から解放された沖縄は、今後、民主的な自治政府をつくって、独立の方向へ進むべきである。」と、考えていました。そして、沖縄の日本復帰を主張する政党は一つもありませんでした。その人びとのあいだでは、もちろん、「日本国民としての自覚や意識」も姿を消していました。

そのことは、一般民衆のあいだでも、同じです。日本へ同化するために、あれほど熱を入れてつちかったはずの「日本国民の意識」は、絶対不敗の神国だと信じこまされてきた「皇国」日本の敗北によって、もろくも崩れ去ったのです。それは、もともと、天皇中心の皇民化教育でそそぎこまれたものであってみれば、あまりにもとうぜんのなりゆきといえましょう。とりわけ、沖縄戦で「皇軍」といわれた日本軍の沖縄住民に対する不信行為や残虐行為を身近に見たり聞いたりしたことは、「日本国民の意識」が崩れ去る大きな原因の一つになりました。日本軍国主義に対する不信と憎しみは、「日本の国」そのものに対する不信につながっていました。

ところが、戦争がすんで五年もたち、対日講和条約を結ぶ準備も進んで、沖縄をアメリカの信託統治にする方針があきらかになったとき、沖縄の住民は、それでよいのかどうか、いま一度、きびしく問われることになりました。それは民族の運命をかけた大きな問題でした。

そのさい、民主同盟と社会党の人びとは、

「日本の再軍備と、沖縄の信託統治は避けられない情勢である。そうである以上、これからの沖縄の進むべき道は、アメリカの信託統治のもとで自治権を広げながら、「独立」を達成することにある。」

と、主張し、アメリカの信託統治に賛成する態度をあきらかにしました。

しかし、多くの住民はそれに反対しました。沖縄戦以来五年のあいだ、アメリカ軍から無権利の捕虜や奴隷のようにあつかわれ、基本的人権をふみにじられてきた住民にとって、アメリカ軍の占領支配が永久につづくと考えることはたえられないことでした。それは民族の破滅にもつながると考えられました。そこで、対日講和条約の締結にさいして、住民が何よりも先に望んだことは、アメリカ軍の占領支配からぬけ出すことです。そのためには、日本に復帰する以外に道はないという考えが住民のあいだに生まれてきました。

そのような考え方は、最初は、学校の教師や官公庁職員など、一般知識層の人びとのなかに強く芽生えました。これらの人びとの多くは、かつて、日本への同化政策を進んでうけ入れ、住民の皇民化教育にも力をそそいだ人たちです。この人びとの胸のなかには、こんな思いが浮かんできました。

「沖縄は、明治以来百年近い歳月をかけて、やっと日本に結ばれてきた。人種と言葉が、もともと、同じ祖先から分かれたものであっても、沖縄が本土なみにあつかわれるまでには、それだけの苦しい努力が必要であった。いま、日本と分かれて、アメリカにつくとなると、またもや同じ苦しみをくりかえすだろう。しかも、こんどは、相手がアメリカで、人種もちがい、言葉もちがう。じっさい、過去五カ年のアメリカのやり方を見ていると、沖縄人を虫けらのようにしか見ていない。そのようなアメリカにつくよりも、このさい、どうしても日本に復帰した方がよい。」

そのように考えた一般知識層の主だった人びとは、一九五〇年十月、沖縄社会大衆党という中道的な革新政党をつくり、翌五一年にはいってから、日本復帰の主張を掲げて進むようになります。

これと相前後して、沖縄人民党も、また、日本復帰の主張を掲げるようになりました。この党は、沖縄ではもっとも左翼の政党で、一九四七年の結成以来、常に住民の生活と権利を守る運動の先頭に立ってきました。その体験をとおして、この党の人びとは、アメリカ軍が解放軍であるどころか、反対に、沖縄を軍事植民地にしようとしている帝国主義の軍隊であることを知りました。そこで、この党は、アメリカ軍に抵抗する姿勢をだんだん強めていき、沖縄人民が日本人民と結合して、平和と民主主義と民族独立をかちとるという基本的な立場から、日本復帰の道へ進み出ることになります。

それから、この年(一九五一年)の四月二十九日、沖縄社会大衆党と沖縄人民党が中心になり、それに教職員会、青年会、婦人会など、いろいろな団体も加わって、日本復帰運動を押し進めるための集まりである「日本復帰促進期成会」がつくられ、日本復帰の署名運動が始まりました。そして、署名は、三カ月のうちに、住民の七十二パーセントに達しました。そこで、日本復帰促進期成会は、サンフランシスコの対日講和会議に集まってきたアメリカ、日本を初めとする各国の代表に、沖縄住民の意志が日本復帰にあることを知らせて、その実現を要請しました。

しかし、会議の結果は、アメリカ政府と日本政府とがあらかじめ内々にとりきめてあったとおり、沖縄は、日本から分離されて、引きつづきアメリカの軍事占領下におかれることになりました。それを明文化したのが対日講和条約の第三条です。この第三条には、

「琉球、小笠原諸島をアメリカの信託統治にすることに日本政府は同意する。その信託統治が国連に提案されて、国連で可決されるまでは、これらの島々をアメリカが治める。」

という意味のことが書かれています。この条約が結ばれたのと同時に、アメリカと日本

とのあいだには安全保障条約も調印され、軍事同盟が結ばれました。すべては、アメリカの計画どおり運んだわけです。

理想の祖国と現実の日本

沖縄の日本復帰運動が始まった頃、沖縄の住民のなかで「琉球の独立」をとなえる人たちは、次のように、日本復帰に反対する意見を述べていました。

「明治以来、沖縄は、日本の天皇制のもとで、植民地のように差別され、搾取されてきた。日本に復帰すれば、もう一度同じことになるだろう。

また、日本は再軍備することもきまっているから、沖縄が日本に復帰したら、われわれはふたたびあの悲惨な戦争に駆り立てられないともかぎらない。

さらに、また、沖縄が日本に復帰しても、アメリカが必要だと思う沖縄の軍事基地の用地は、日本政府から租借《そしゃく》(ある国が他の国の領土の一部を借りうけて使うこと)するだろう。そして、租借地には日本政府の権限がおよばないから、われわれは自分の土地にあるアメリカの軍事基地に指一本ふれることができなくなるだろう。しかも、租借料は、日本がアメリカの大きな軍事力を頼っているかわりとして、帳消しにされるだろう。」

「琉球独立」の主張そのものは、アメリカに頼って、独立を達成しようというもので、結局はアメリカの信託統治を承認するものでした。だから、それは、当時から、沖縄の住民のあいだでも、問題にならなくなっていました。しかし、彼らが指摘していることは、日本に復帰したあとの沖縄で問題になっていることばかりです。問題は、反対の立場や、逆から見ると、はっきり見える場合があるようです。ところで、当時、日本復帰を主張した人びとは、一番痛いところをつかれたこの意見に対して、どのように答えたでしょうか。代表的な回答は次のようなものでした。

「彼ら、日本復帰に反対するものたちは、過去の天皇中心主義の非民主的な日本がいまでもあると思っている。しかし、それは錯覚である。現在の日本は、そんなものではなく、新しい憲法のもとで、主権は天皇から国民に移り、帝国主義から民主主義へ、好戦国家から平和愛好国家へ、一八〇度の転換をしている。われわれは、そういう日本の八千万同胞と手をつないで、日本に復帰し、人民の政治を人民の手によっておこなう民主主義の恩恵をうけることができる。」

これでは、問題の答えになっているとはいえません。なぜかというと、ここにえがかれている日本の姿は、現実の日本の姿ではなく、日本復帰を主張する人びとの胸のなかにある理想の姿でしかないからです。もし、当時の日本が、ここにえがかれているように理想どおりの民主的な平和愛好国家になっておれば、沖縄を日本から分離して、アメリカの軍事基地にすることに、日本政府が賛成するはずはありません。

しかし、事実は逆に、日本政府は、日本の独立を回復してもらい、資本主義経済を立てなおしてもらう代償に、沖縄をアメリカの軍事占領支配にゆだねたのでした。第二次大戦の末期に、アメリカ軍の本土上陸を引きのばし、本土決戦を避けるための捨て石にされた沖縄は、こんどは、日本が敗戦の憂き目から立ちなおるための質草《しちぐさ》として、アメリカにゆずり渡されたのです。そして、沖縄の住民が「八千万同胞」と親しく呼びかけている日本国民も、一部の人びとをのぞいて、沖縄のことにはほとんど関心がありませんでした。それでも、なお、沖縄の人びとは、理想の「祖国」を思いえがいて、日本復帰運動をつづけました。それ以外に、アメリカの軍事占領支配からぬけ出す道を見つけることができなかったのです。

「政府」あって「人権」なし

一九五二年(昭和二十七年)四月一日、対日講和条約と日米安全保障条約の発効を二十八日後にひかえて、琉球政府が発足しました。それは、すでに見たように、一九五〇年以来、アメリカ軍が下準備をしてきたものです。それが、最初の計画とちがうところは、四つの群島政府が廃止されたことと、行政主席がアメリカ軍の任命制になったことです。その理由は、一九五〇年の選挙で選ばれた四人の群島知事と、群島議会議員の大多数が、日本復帰の主張者で占められたからです。その結果、アメリカ軍は、群島政府を廃止したばかりでなく、行政主席の公選も棚あげにして、主席は任命制にしてしまいました。

この二つの点をのぞくと、あとはほぼ予定どおりのものです。

前に掲げた図(二二七頁)をもう一度見てください。この統治のしくみは、琉球を一つの「国」に見立ててつくったものですから、立法院は国会にあたるものです。しかし、当時の沖縄にはアメリカ軍の出した布告、布令、指令というものがあって、それが最高の法律であり、立法院は、そのゆるす範囲内でしか、法律もつくれませんでした。しかも、その法律を、アメリカ軍は、命令一つで廃止したり、修正したり、自由にできるようになっていました。

また、琉球政府の裁判所は、沖縄人のあいだでおこった事件しか裁くことができない上に、刑事事件の場合は、アメリカ軍が裁判所の判決をくつがえすことができるようになっていました。

これとは別に、沖縄人がアメリカ軍の布告、布令、指令に違反した事件は、すべて、米国民政府裁判所であつかわれていました。たとえば、アメリカ軍の物資を沖縄人がとった場合や、沖縄人がゆるしをうけずにアメリカの軍事基地にはいったりした場合などがそうです。さらに、パスポートをもたないで、沖縄から出たりはいったりした場合や、アメリカ軍の許可をうけないで集会をしたり、あるいは文書を印刷、配布した場合なども、やはりそうです。この民政府裁判所の裁判官と検事は、みんな、アメリカの軍人で、別に資格のある法律の専門家ではありません。そして、裁判のやり方は、その場で即座に判決をくだす即決の軍事裁判でした。

一方、アメリカ兵が沖縄人を殺したり、傷つけたりする犯罪は、この米国民政府裁判所とはまったく別の軍事法廷(軍法会議)で裁かれていました。この軍事法廷は被害者の家族さえも傍聴をゆるさない完全な秘密裁判で、判決の結果も公表しませんでした。その上、被害者に対する補償も何一つありませんでした。だから、たとえば、アメリカ兵に乱暴されて沖縄人が殺されても、犯人がどういう刑をうけたかもわからず、死んだ人はまったくの殺され損です。その家族が、ただただ泣き寝入りさせられる状態は、敗戦直後の頃と少しもかわりがありません。

こんな状態でしたから、立法院や裁判所がつくられても、住民が自主的に法律をつくったり、裁判をしたりする権利は何一つ認められていませんでした。その上、行政主席はアメリカ軍から任命されていました。だから琉球政府は、司法、行政、立法の三つの機関をそなえてはいるものの、その実体は、民政府と呼ばれる軍政府の下働きをさせるためにつくられた機関にすぎません。

そして、また、三権分立という近代国家のよそおいをした琉球政府はあっても、思想、言論、集会、結社の自由など、民主的な自由の権利を守る法律は一つもありませんでした。そのかわりにあるのは、アメリカ軍に都合の悪いものにはかたっぱしから刑罰を加えるいろいろな布令の定めで、それが住民の基本的人権を根こそぎに奪っていました。

だから、住民が、生きる権利を守るためには、自分たちの団結した力以外に、頼るものは何もありませんでした。

住民の抵抗とアメリカ軍の弾圧

琉球政府が発足した頃、沖縄は大規模な軍事基地工事でにぎわっていました。沖縄の住民も、十万人近い人びとがそれにやとわれていました。それは、ほかに働き場所がなかったからです。工事を請負っている土建業者は、沖縄の業者だけでなく、遠く、アメリカ、フィリピン、日本本土からもたくさんやってきました。そして、これらの土建業者たちは、沖縄に労働基準法や労働組合法などの労働法がないのをいいことにして、労働者を低賃金でこき使ったばかりでなく、首切りや賃金不払いなども平気でやっていました。

たまりかねた労働者は、ハンガー・ストライキなどで抗議に立ちあがり、労働法の制定を要求する運動をくり広げていきました。これが戦後の沖縄における労働運動の始まりです。運動が発展した結果、初めのうちは労働法の制定を認めようとしなかったアメリカ軍も、ついに労働者の強い要求に譲歩を示して、一九五三年(昭和二十八年)七月に、立法院で決議された労働法が制定、十月に施行されました。しかし、それを前に、アメリカ軍は、軍事基地関係の労働者を、この労働法の適用からのぞく布令(布令一一六号)

を出し、軍事基地労働者の団体交渉や争議行為をいっさい禁止しました。そのために、これら十万近い軍事基地労働者は依然として無権利の状態におかれることになりました。しかも、軍事基地労働者の賃金は国籍によって差別され、一時間あたりの給与は、アメリカ人が最高七百五十二円二十銭から最低百二十五円二十銭、フィリピン人が百九十六円八十銭から四十八円、日本人が四十五円から二十五円であるのに対して、沖縄人は二十五円から九円五十銭ときめられていました。

軍事基地関係以外の会社などで働く労働者の場合も、労働組合をつくることは、決してやさしくはありませんでした。結成された組合はアメリカ軍の認可をうけなければならない上に、さらに、組合がつくられた会社などに対しては、アメリカ軍が組合幹部の首切りを命ずるなど、さまざまな圧力を加えてきました。そのために、生まれたばかりの組合は、次から次へとつぶされていったものです。

一九五三年十二月に奄美諸島が日本に返されてから後、労働組合を初め、革新政党やその他の大衆団体に対する弾圧は一段と激しくなりました。この頃、アメリカは、一九五〇年以来つづいていた朝鮮戦争から手を引かなければならなくなり、そのかわりに沖縄基地だけは無期限に確保するという方針を内外に示していました。この方針に沿って、沖縄現地のアメリカ軍は、軍事基地の完成を急ぐのと同時に、住民の日本復帰運動を初めとする民主的な大衆運動を容赦なく弾圧していきました。そのさい、アメリカ軍が弾

圧の口実としてくりかえしくりかえしいっていたのは、

「日本復帰運動や、軍事基地の維持を妨げるその他の運動は、共産主義者に利益を与えるだけだ。アメリカは、共産主義の侵略の脅威から自由世界を守るために、沖縄に軍事基地を保有しているのである。」

ということです。アメリカ軍にとって、反共の旗印は、どんな行為でも合理化できる大義名分になっていました。

たとえば、一九五四年(昭和二十九年)五月一日のメーデーのとき、アメリカ軍は労働者の集会を妨げるために、

「メーデーは共産主義の創始者であるカール・マルクスの誕生日を祝う共産主義者の集まりである。だから、メーデーに参加するものは共産主義者と見なす。」

といった具合です。いうまでもなく、メーデーの起源は、一八八六年(明治十九年)、アメリカの労働者が、八時間労働制を要求して、五月一日にストライキを決行したことにあります。そして、マルクスの生まれたのは一八一八年五月五日で、メーデーの起源とは何の関係もありません。白を黒といいくるめるのも、反共の看板さえあればいいというのが、当時のアメリカ軍のやり方でした。そして、アメリカ軍から共産主義者のレッテルをはられたものは、職にも就けず、生活をおびやかされる結果になっていました。

アメリカ軍の反共宣伝と弾圧は、とりわけ沖縄人民党に集中していました。それは、

この党がアメリカ軍に対する抵抗運動の先頭に立っていたからです。

一九五四年八月、アメリカ軍は奄美大島出身の人民党員二人に沖縄からの即時退去を命じました。それを拒んだ二人のうち、一人がアメリカ軍に逮捕されたのをきっかけに、十月には、その人をかくまったという理由で、人民党の指導者である瀬長亀次郎《せながかめじろう》さん（当時立法院議員）（一九〇七―二〇〇一）と又吉一郎《またよしいちろう》さん（当時豊見城《とみぐすく》村長）が逮捕されました。さらに、その日の晩、二人の逮捕に抗議するポスターをつくったり、はったりしたというので、この党の中心メンバーが三十人近くも一挙に逮捕されました。逮捕された人びとは、弁護士もつかない即決の軍事裁判にかけられ、二年から半年の懲役をいい渡されて、投獄されました。

　このような弾圧がつづいたために、しばらくは、日本復帰運動も労働運動も火が消えたようになっていました。しかし、そういう状況のなかにあっても、アメリカ軍に対して、のっぴきならない抵抗をつづけている人たちがありました。それは、軍事基地の用地として、あらたに田や畑をとりあげられようとしている農民たちです。この人びとは、軍事基地関係の仕事に頼って生活するわけにもいかず、田や畑を耕して、農業を営んでいる人たちです。そのなかでも、とりわけ、沖縄本島の中部にある伊佐浜《いさはま》（現在の宜野湾市内）という水田地帯と、北部にある伊江島《いえじま》では、農民がアメリカ軍の土地とりあげに反対して、がんばっていました。

これに対して、アメリカ軍は、あの手この手で脅迫をつづけていましたが、それでも農民の抵抗をくずすことができないと知るや、ついに、武装した軍隊を出動させて、農民の土地を強制的にとりあげてしまいました。

伊江島の武力土地接収

伊江島では、一九五五年(昭和三十年)三月十一日、約三百人の完全武装したアメリカ軍部隊とともに、ブルドーザーやトラックなど、数十台の車両が島の西海岸に陸揚《あ》げされました。上陸した部隊と車両は、ただちに、島の中央部よりやや西側にある飛行場付近に移動して、テントの野営陣地をつくりました。それがすむと、着剣した銃をかまえているアメリカ兵に守られて、付近一帯の土地の測量が始まりました。ブルドーザーもうなりをあげて作業を始めました。土地の武力接収が始まったのです。おどろいてかけ寄ってきた農民たちは、アメリカ兵に突きとばされ、けちらされて、右往左往するばかりでした。しかし、アメリカ軍も、この日の作業は、ヽこて調べ程度で終わりました。日暮れが近づいていたからです。

この伊江島では、二年ほど前から、アメリカ空軍の爆撃演習場をつくるために、半径五千フィート〔一五二四メートル〕の円内にある約百五十万坪の土地の明け渡しと八十戸の農家の立ち退きを命じられていました。その土地には、真謝《まじゃ》、西崎《にしざき》両部落合わせて二百

世帯余りの農家の畑があり、それを耕して、約千人の人びとが暮らしを立てていました。その畑は、島の民謡にも、

真謝原《まじゃばる》ぬ芋《うむ》や　一本《ちゅむと》から三笊《みばき》　真謝原の芋は一株からざるの三杯もとれる

とうたわれるほど肥沃な土地です。その土地をとられると、千人の人びとがたちまち路頭に迷わなければなりません。だから、農民はこぞってこの土地のとりあげに反対していました。そこへ、アメリカ軍が武力接収にやってきたのです。

翌三月十二日は、朝早くから、アメリカ軍の作業が始まりました。その時のことです。並里清二《なみざとせいじ》さんという六十二歳になる老人が寝まき姿のまま外に出て見ると、数人のアメリカ兵が付近の畑に杭を打っています。並里さんは、とんでいって、手まねや身ぶりをまじえながら、

「この土地がとられると、家族七人が死んでしまいます。どうか、土地のとりあげはやめてください。」

と、うったえました。言葉がまったく通じないので並里さんは、地べたに寝ころがって、死ぬかっこうをして見せたりしながら、手を合わせて嘆願しました。すると、土地接収の指揮をとっている工作隊長のガイディア中佐が、つかつかと歩み寄ってきて、並里さ

んをこぶしで何回もなぐりつけ、地べたに押したおしました。それを、こんどは、数人のアメリカ兵がとり押さえて、手足を荒縄でしばり、さらに、その上を毛布でぐるぐる巻いて、みの虫のようなかっこうにしばりあげ、有刺鉄線を円筒形に積みあげてこしらえた檻にほうりこみました。心配して、並里さんのところに駆け寄った仲井間《なかいま》憲長《けんちょう》さんという六十歳の農民も、また、アメリカ兵につかまって、兵舎に監禁されてしまいました。このように作業のじゃまになると思うものはかたっぱしから監禁しておいて、アメリカ兵は半径五千フィートの広大な土地に有刺鉄線をはりめぐらしていきました。手のほどこしようもなくなった農民たちは、ガイディア中佐に面会を求めて、

「アメリカは民主主義の国だというが、戦争に勝てば、負けた国の農民の土地を強制的にとりあげてよいのか。」

と、抗議しました。それに対して、ガイディア中佐は、

「コノ沖縄ハアメリカ合衆国軍隊ノ血ニヨッテブンドッタ島ダ。君ラニソンナコトイウケンリハナイ。君ラハ三等国民ダ。」

と、うそぶきました。農民が、

「では、アメリカ軍は弱いものの肉をくってよいというのか。」

と、重ねて抗議すると、ガイディア中佐は、平然とした態度で、あざけるように、

「ハイ、クウノダ。」

と、答えていました。

それから二日たった三月十四日には、いよいよ家屋の強制立ち退きが始まりました。朝七時頃、知念広吉《ちねんこうきち》さん(当時三十歳)の家の前には、トラック四台に分乗したアメリカの武装兵約五十人が、ブルドーザーといっしょに現われました。広吉さんの家には、広吉さん夫婦とお母さんのほかに、幼い子どもが四人いて、そのうち、五歳になる長女はハシカで病床にありました。その家に四、五人のアメリカ兵が土足であがりこむなり、広吉さんを外に引きずり出して、道むこうの野原に監禁しました。それから、残りの家族を、病気の子どももいっしょに、トラックに乗せ、数キロ離れた村役所まで運んでいって、ほうり出しました。空屋になった知念さんの家はまもなくブルドーザーで引きつぶされてしまいました。

山城《やましろ》ウメさん(当時三十九歳)の家では、アメリカ兵が、

「ママサン、マッチ、マッチ。」

と、ふざけながら、山羊小屋に火をつけて、燃やしました。母屋《おもや》は、ウメさんと子どもたち四人を外に追い出したあと、ブルドーザーをぶっつけて、押したおしました。

このようにして、金網のなかにはいった十三戸の農家は、住んでいる家族が、カービン銃をつきつけられて、追い出されたあと、あるものはブルドーザーで押しつぶされ、あるものは火をつけて焼きはらわれてしまいました。そのかわりに、十三世帯の家族に

与えられたのは、なんと、荒野の草むらに建てられた窓もない野戦用のテント小屋でした。そこに住む苦しみを、農民たちは、琉歌にたくして、次のようにうたいあげています。

幕《まく》ぬ下《しちゃ》うとて　波《なみ》ぬ声《くぃ》ど聞《ち》ちゅる
あきよ此《く》ぬ哀《あわ》り　他人《ゆす》ぬ知《し》ゆみ

雨降《あみふ》りば漏《む》ゆい　太陽《てぃだ》照《て》りば暑《あち》さ
水《みじ》や泥水《どろみじ》ゆ　飲《ぬ》むる苦《く》ちさ

地《じ》畑《はた》無《ね》んゆいる　此《く》ぬ形《ない》になたる
此《く》りんアメリカぬ　しちゃるし
わざ

テント小屋の下にくらして、波の声しか聞こえない。ああ、このあわれな苦しみを他人は知ってくれるだろうか。

雨が降ると、もって水びたしになり、太陽が照ると、むんむんと熱気がたちこめて暑い。飲料水もなく、泥水をすくってのんでいるがその苦しいことといったらない。

土地や畑が奪われて、なくなったために、こんなみじめな姿におちぶれてしまった。それというのも、アメリカがやったしわざなのだ。

農民は、土地を失っては生活できません。それで、伊江島の農民は、その後、金網をくぐって爆撃演習場のなかにはいり、

「ここは私たちの土地であります。私たちは生きるために働きます。」

と、和英両文で書いた白い旗をかかげて、畑を耕作することにしました。すると、武装したアメリカ兵たちは、その農民たちにおそいかかり、農民を捕えて、あるときは三十二人、あるときは五人と、相ついで軍事裁判にかけ、三カ月の懲役をいい渡しました。また、あるときは、新城良信《しんじょうよしのぶ》君という十六歳の少年が金網を切り始めたところを捕えられ、父親の新城新《あらた》さん（当時四十六歳）が身がわりとして六カ月も投獄されました。そのほかアメリカ軍が、軍用犬にかみつかせて逮捕し、軍事裁判にかけた農民は、百数十人にものぼります。

金網をくぐって畑を耕しにいった農民の中からは、これまでに、アメリカ軍の飛行機から投下される演習弾で爆死したものが二人、射殺されたものが一人、重軽傷を負ったものが三十八人も出ています。負傷者のなかには、右腕をもぎとられた十七歳の少年や、大腿部を銃弾で撃ちぬかれた十一歳の小学生もふくまれています。こういう大きな犠牲をはらいながら伊江島の農民は、爆撃演習場になった自分たちの土地をとりもどすため、いまもなお、必死に闘いつづけています。

伊佐浜の武力土地接収

伊佐浜の場合は、これも、一九五三年から、十三万坪の水田の接収と三十二戸の家屋の立ち退きをアメリカ軍からいい渡されていました。それに対して、農民は反対運動をつづけ、アメリカ軍の土地測量も実力で阻止するなどして、がんばっていました。それが、とうとう、一九五五年(昭和三十年)の七月、一週間の期限を切って、土地の明け渡しと家屋の立ち退きを命ずる最後通告が、アメリカ軍から出されました。その期限があと一日で切れるという七月十六日、琉球政府を訪れた伊佐浜の農民たちに、

「接収は一日も延期できない。通告どおり、十八日には強制収用を断行する。」

と、アメリカ軍の意向が行政副主席から伝えられました。それをうなだれて聞いていた農民たちのなかから、赤ちゃんを抱いた婦人が、思いつめたように副主席に抗議しました。

「ネズミやカニじゃあるまいし、立ち退き先もないのに立ち退かせるなんて、あんまりではありませんか。小さい子どもたちまで心配して、学校にもいきません。今朝も、子どもが、

「おかあさん、私たちも伊江島の子どもたちと同じように、ごはんもたべられなくなるし、学校にもいけなくなるのだね。」

と、いった時には、たえられなくなって、子どもを抱きしめて泣きました。

農民が田畑を失うのは、あなたが副主席を首になるよりおそろしいことです。それは死ねというのと同じことです。家も田畑もとりあげられて、路頭にほうりだされる。いくら戦争に負けたからとはいえ、それが血も涙もある人間のやることでしょうか。」

副主席は押しだまったまま、かえす言葉もありません。

琉球政府もまったくあてにならないとわかった農民たちは、部落に帰って、会議を開き、最後の対策を協議しました。土地を明け渡すか、それとも、最後の抵抗を示すか、道はいずれかです。みんな沈痛なおももちで、しばらくは、誰も発言するものがありません。やがて、長老の一人がもの静かにいいました。

「どの道を選んでも、自分たちには土地も残らないし、移動する先もない。それを自分で立ち退いたとあっては、アメリカ軍の野蛮な土地とりあげを自分たちが認めたことになる。それでは自分たちをこれまで支援してくれた沖縄中の人びとや、遠く祖国日本から激励の手紙を送ってくれたみなさんにも、申し訳が立たない。自分たちには、もはや子孫に残す財産もなくなろうとしている。この上は土地を死守して、最後まで闘い、せめて、歴史の上に、伊佐浜の名を残そうではないか。」

さわやかな風が吹き渡ったように、重苦しくよどんだ空気は一掃されました。みんなの顔は晴ればれとなり、アメリカ軍の武力土地接収に最後まで抵抗して闘う方針が決定されました。

いよいよ七月十八日、強制接収が予定された日になると、伊佐浜には、朝早くから幾百、幾千という人びとが沖縄中から駆けつけ、昼すぎまでには、のべ一万をもって数える人が集まりました。もちろん土地を守って、がんばりぬいてきた農民をたすけるためです。そのために、その日は、アメリカ軍も手を出しませんでした。そして、強制接収は、支援の人たちが家に帰って、地元の農民のほかは、二、三百人しか泊りこんでいない深夜に始まりました。

午前三時頃、水田地帯の一角から、重機の動く音が聞こえてきました。しかし、まっ暗闇で、その姿は見えません。目をこらしながら聞き耳を立てていると、こんどは、水田地帯のすぐ側を通っている軍用道路のかなたから、ごうごうという無気味な音が聞こえてきます。それも、まだ、姿は見えません。音がだんだん近づいてきたところを、目をこらして見ると、武装兵を満載したトラックと、これまた武装兵を両脇に乗せたブルドーザーが、ライトを消して、何台も何台も、徐行しながらやってくるのです。そして、空がうっすらと白みかける頃には、十三万坪の水田地帯はすっかり武装兵に包囲され、ブルドーザーは三十二戸の農家のある部落に突入していました。海の方では、ドレッジャー（海底の砂を海水といっしょにすいあげて陸地に流しこむ船）が汽笛を鳴らしながら伊佐浜の海岸に近づいて、砂を流しこむパイプを水田地帯にむけてつないでいきました。それは、戦争さながらの海陸両面作戦で、その指揮は琉球軍副司令官ジョンソン准将が陣頭に立ってとっていました。

夜が明けたときには、水田地帯のまわりに有刺鉄線がはりめぐらされ、大勢の作業員が水田の畦《あぜ》を次々と切りおとしていました。支援にかけつけた人たちは、武装兵にはばまれて近づくこともできず、怒りにふるえながら、アメリカ軍のしうちを見守っているばかりです。

農民たちも、こうなっては、手のほどこしようがなく、金網のなかにはいった三十二戸の家屋にすわりこみ、最後の抵抗を示していました。それを、アメリカ兵たちは、銃やピストルをつきつけて追い出したあと、家屋のとりこわしにかかりました。まず、部落の入口にある店の屋根につるはしが打ちこまれました。むき出しになった天井の梁にはロープがかけられ、それをブルドーザーで引っぱって、その家は引きたおされました。たおれた家の木材などは、ブルドーザーで寄せ集め、ダンプカーに載せて、海辺に捨てにいきます。そのようにして、三十二戸の家は次々ととりこわされました。このようなアメリカ軍のひどいしうちに、婦人たちは髪をふり乱して抗議しています。前の日から伊佐浜に泊りこんでいた私は、こうした光景をまのあたりに見て、こみあげてくる涙を押さえることができませんでした。

一方、田んぼには、ドレッジャーが海底からすいあげた砂を海水といっしょに流しこみ、あたり一面がみるみるうちに砂で埋められていきます。

家をとりこわされて、強制立ち退きをさせられた三十二世帯の人びとは、移り住むところもなく、しばらくは近くの小学校の校舎に収容されていました。その後まもなく、これらの人びとは、十数キロ離れた高原地帯に移されましたが、そこは農業もできない不毛の地です。それで、結局、二年後には、大部分の人びとが生計を立てる道を失い、南米のブラジルへ移民として移住しました。

CICの拉致と拷問

伊佐浜の農民の闘いは、強大なアメリカ軍の武力接収に敗れて、ブラジル移民という悲しい結果に終わったとはいえ、それは伊江島の農民の闘いとともに、沖縄中の人びとの心に抵抗の火をともし、やがて〝島ぐるみ〟の土地を守る闘争をまきおこす土台をつくりあげるものになりました。

しかも、それは、アメリカ軍の相つぐ弾圧によって、労働組合のほとんどが押しつぶされ、人民党の幹部が投獄されている状況のなかでおこったことです。そこで、アメリカ軍は、農民の闘いを支援し、もりあげてきた共産党の組織が、目に見えないどこかにかくされていると見て、その実態をさぐるのにやっきになっていました。そして、その組織に関係していると見られているものや、日本の大学に在学している帰省学生の何人かがCICに拉致《らち》(無理に連れていくこと)され、拷問される事件が相ついでおこりました。

CICというのは、占領地の住民のあいだで秘密にスパイ活動をするアメリカ陸軍の「対民間諜報部隊」のことです。労働組合や人民党に対する弾圧でも、かげではかならずこのCICが暗躍していました。また、軍事基地で働く労働者のあいだでは、たえず

ＣＩＣが目を光らせていて、労働組合をつくろうとしているとか、あるいは、軍需物資をぬきとろうとしているとか、何らかの理由であやしいとにらまれたものは、ＣＩＣに拉致されて、拷問されることがよくありました。

筆者である私も、伊佐浜の武力土地接収からまもない時期に、ＣＩＣに拉致されて、拷問された経験があります。それがどんなものであったか、具体的にわかってもらうために、次に、そのときの話をしましょう。

一九五五年(昭和三十年)八月、真夏の太陽が照りつける暑い日の午後でした。友人と二人で、沖縄本島中部の軍事基地地帯の中心都市コザ市(現在は美里村と合併して沖縄市)にある中央病院に立ち寄って、帰りのことです。

病院には、前年の人民党に対する弾圧で投獄された瀬長亀次郎さんが入院していました。瀬長さんは、獄中で重い病気になり、この病院に移されて、手術をうけたばかりでした。そして、多量の輸血が必要だということでした。それを聞き知っていた私と友人は、献血かたがた、見舞いがゆるされるなら、そうしたいと思って、病院を訪れたのです。

私自身は、一九五三年に東京の大学を卒業して以後、沖縄に帰っていました。初め、帰郷するときは、高等学校の教員になる予定でした。ところが、帰ってみると、アメリカ軍から、琉球政府に対して、私をいっさいの公職につけてはならぬという内々の指示があったというので、私は教員になることもできませんでした。それというのも、私が、学生時代に、沖縄の解放運動に参加していたことが原因でした。それで、私は帰郷した当時から、CICには目をつけられていました。だからといって、ひるむ必要はもちろんありません。私は、自分一人の生計は何とか立てながら、沖縄の解放運動に全力をそそぐことにしました。そのために、沖縄人民党にも所属し、瀬長さんとは親しいあいだがらにありました。

人民党員としての活動のほかに、私は、また、友人たちと力を合わせて、左翼の本や雑誌や新聞などを日本本土からとり寄せたり、あるいはそういう種類のパンフレットや新聞を印刷・発行して、購読希望者に配る活動もしていました。

ところで、当時、左翼の出版物は、輸入も、出版も、配布もアメリカ軍から禁止されていて、活動はすべてアメリカ軍の目につかないようにしなければなりませんでした。そのようにしてやる非合法活動（支配者から禁じられた活動）のことを地下活動といい、その地下活動にしたがう人びとの集まりを地下組織といいます。当時のきびしい軍政下では、こういう活動も、組織も必要なものでした。

この地下活動については、CICも感づいていて、その実態をさぐるのに血まなこになっていました。そして、伊江島と伊佐浜の土地闘争の前後には、先にもふれたように、この地下活動に関係があると見られている何人かが、CICに拉致されて、取り調べをうけていました。だから、私としても、警戒を怠ってはならない状況にありました。

ところで、病院へいってみると、病室の入口には刑務所の看守が見はっていて、見舞いもできずに帰りました。

病院の玄関を出て、バスの停留所へ行くとき、アロハシャツを着た日系二世のアメリカ人らしい二人の男が、私たちのあとをつけている気配が感じられて、しようがありませんでした。那覇ゆきのバスに乗り、そのバスが動き出してからも、先の二人の男が気になるものだから、ガラスごしにうしろを見てみました。すると、どうでしょう。アメリカ軍のナンバープレートをつけた乗用車がバスのうしろにぴったりついて走っています。車のなかには、先の男たちが乗っています。バスが次の停留所でとまると、その車もとまりました。バスが動き出すと、その車も動き出します。

「CICだ。まちがいない。」

と、私たちは判断しました。私は、とっさに、友人は降ろしていた方がよいと考えて、

「君は次の停留所で降りて、まいて帰るがいい。」

と、すすめました。友人は、それを承知して、次の停留所にきたとき、バスを降りて、人ごみのなかに消えました。例の乗用車はバスのうしろにとまったままです。バスが動き出して、その車もまた動き出しました。

それから三つ、四つ停留所をすぎた頃です。バスの前にもう一台の乗用車が現われ、

つごう二台の車がバスを前後からはさんで走る形になりました。その形のまま、次の停留所では、バスも二台の車もとまりました。そして、前の車からは背の高い半袖シャツのアメリカ人が二人、うしろの車からは先ほどの二世が二人、地面に降り立って、バスの乗降口に歩み寄ってきました。乗降口でひとかたまりになった彼らのうち、二世の男たちは、私の方を指さして、「あれだ、あれだ」と、教えながら、何か急いで相談しているようです。二人のアメリカ人は、私の方に目をむけながら、うなずいて聞いています。何やら、相談がまとまったとみえて、赤ら顔で、鷲鼻のアメリカ人がバスに乗りこんできました。そして、後部の座席にすわっている私のところへまっすぐやってくるなり、背中をまるめて、上からのぞきこみ、

「コクバサンデスネ。チョットオリテクダサイ。ワタシ、コレデス。」

と、かたことの日本語で話しながら、身分証明書を私の顔の前につきつけました。

一般に、近代国家であれば、世界中どこの国でも、人を逮捕する場合には、現行犯でないかぎり、どういう犯罪の疑いで逮捕するということをはっきり書いた書類(逮捕令状)がなければならないことになっています。たとえば、日本国憲法では、それが第三十三条に記されています。沖縄のアメリカ軍が出した、「刑法並びに訴訟手続法典」という布令(布令一四四号)にも、それと同じ意味のことが一応は書かれています。しかし、この布令では、すぐそのあとに、

「ただし、この定めは、合衆国軍隊要員が、重罪を犯しているもの、犯そうとしているもの、または犯したものを逮捕することを禁ずるものではない。」というただし書きがあって、逮捕したければ、誰であろうと、「重罪」の疑いをかけることによって、逮捕令状なしに、逮捕できるようになっています。その場合「重罪」というのは、アメリカ軍に反抗するとか、それをあおるとかいうのが主な内容です。バスに乗りこんだアメリカ人が身分証明書を私につきつけたのは、私を取り調べる権限が彼にあることを示すためです。

バスのなかで押し問答しては、バスの発車がおくれて、乗客にも迷惑になると思い、私は一応バスを降りることにしました。すると、アメリカ人と二世たちは、バスから降りた私をとり囲んで、バスの前にとまっている車の方に押しやり、うしろのドアをあけて、その車のなかに私を押しこめました。

「何をするんだ。どこへいくんだ。」

と、隣のアメリカ人に聞いても、答えようともしません。バスのうしろをついてきた二世たちの車は、いったん前の方に出てきてから、ただちにUターンして、もときた道を引きかえしました。先にバスを降りた友人を探しにいったようです。それから、私を乗せた車も走り出しました。前の座席にいるアメリカ人は、無線電話で連絡をとっています。

ました。

「どこへいくんだ。」

と、もう一度聞いてみました。と、もう一度聞いてみました。だが、彼らはひとことも答えないで、車を走らせつづけました。

着いたところは、武力土地接収のあった伊佐浜のすぐ近くにあるCIC本部です。私は、車から降ろされて、かまぼこ型兵舎の一つに連れこまれました。入口からはいると、八畳くらいの部屋があって、応接セットがおいてあり、壁には大きな沖縄の地図がかけられています。その奥は、ドア一つへだてて、四畳半くらいの部屋につながり、そこには小さなテーブルが一つおいたきりでした。

すでに無線電話で連絡がとれていたとみえ、私が部屋に連れこまれるなり、アメリカ人と二世と半々くらい、七、八人のCICたちがどやどやとはいってきて、私をとり囲みました。そして、すかさず、

「身体検査をするから、服を脱げ。」

と、私に命じました。私がしぶっていると、彼らは、寄ってたかって、私の服を、はぎとってしまいました。それから、聴診器をもったアメリカ人が私の前にきて、聴診器を私の胸にあてました。それがすんだと思うと、口のなかをのぞいたり、鼻や耳をのぞいたり、はては肛門までものぞいているのです。それは、もう、健康診断が目的ではありません。私の体のどこかに、何か隠してあるのではないかと、調べているのです。だか

ら、彼らは、私の髪のなかに手を突っこんで、引っかきまわしたりもしていました。

この奇妙な身体検査ならぬ身体捜索がすむと、私をソファに腰かけさせて、尋問を始めようとしました。そこで、私は、

「人を裸のままにして、君らは、それでも民主主義だというのか。服をかえせ。」

と、抗議し、彼らの取り調べにはいっさい答えないことにしました。つまり、「黙秘権」を使うことにしたわけです。すると、彼らは、

「お前がそのつもりなら、こちらにもその考えがある。」

と、わめき散らしながら、私を奥の部屋に移し、壁ぎわに私を立たせたまま尋問を始めました。彼らの尋問は、まもなく、聞くにたえないようなののしりにかわりました。そこへ、さらに、カメラとライトをかついだアメリカ人がはいってきて、辱《はずかし》めを与えるような言葉を吐き散らしながら、私をいろいろな角度からカメラにおさめました。

彼らも、そのうち、二人ずつ交替で私を拷問するようになりました。たいていは、アメリカ人と二世とが組になっていて、二世は日本人と少しもかわらないくらい日本語が達者なものばかりでした。交替時間はほぼ一時間半から二時間くらいで、全部で七、八組はあるようでした。

ときには、濃い色めがねをかけ、でっぷり太った、びっこのアメリカ人が、左手には杖のかわりにもなる太い棒をもち、右手には長い革の鞭をもって、部屋にはいってきま

した。見るからにアメリカのゴロツキといった感じの男です。彼ははいってくるなり、私を壁にむけて、腕立て伏せのような姿勢にし、私が姿勢をくずすと、棒で私の体をあちこちとこづきまわしたり、鞭をびゅんびゅんふりまわしては、私の体に巻きつけたりします。私がすわろうとすると、足げりにして立たせていたのは、この男だけにかぎらず、どの拷問者もみんな同じでした。

そうこうしているうちに、窓の外はすっかり暗くなりました。私が連れてこられたのは午後四時頃でしたから、もう、かれこれ、五時間ほどはたっていたでしょうか。そのとき交替ではいってきた二人の拷問者は、私の服をもってきて、着るように、やさしくいいました。私は、別に、何の疑いももたず、

「夜は、風邪をひくとでも思っているのかな。」

と、かるく考えていました。ところが、それは下心があって、やったことだったのです。

私が服を着終わると、拷問者の二人は、撮影用のライトを二つもってきて、私から数十センチ離れたところにおき、ギラギラする光線を私の顔に真正面からあてました。目はまぶしくて、あけられないし、それに、焼けつくような熱が顔にあたります。暑くて暑くて、たまりません。汗がたらたら流れて、まもなく、服は汗でびしょびしょに濡れてしまいました。彼らが服を私にかえしたのは、この熱責めを効果的にするためだったのです。

小さい部屋なので、熱気が立ちこめ、彼らも暑くなったのでしょう。ひとりが扇風機をもち運んできて、テーブルの上におき、私の方にはうしろむきにして、彼らだけ風にあたっています。そして、ののしりわめく声がとまると、扇風機に針金を突っこんで、ガラガラガラガラ騒音を立てています。さらに、いつのまにもち運んできたのか、からの石油缶を金属の棒で引っかきまわすようにして、カランカランやかましい音を立てています。つまり、光と熱と騒音で私の神経をいらだたせる戦法に出たわけです。

それにしても、一番こたえたのは、のどがかわくことです。何しろ、連れこまれてから、水は一滴も飲んでいません。もちろん、食事も与えられていません。その上、汗はしぼり出すように流れつづけています。のどがかわくのはあたりまえです。彼らは、もちろん、それをよく知っていて、ときには、

「どうだ。のどがかわいたか。水をやろうか。ほら。」

と、水をさしたコップを私の顔の前にかざしてきます。私がとろうとすると、そのコップを引っこめて、

「ノーノー。こちらの調べに答えるなら、水をやろう。」

と、いやがらせをします。結局、水は一滴も与えられませんでした。

彼らが私の神経をいらだたせることをねらっている以上、私は、それに引っかからないように、できるだけ冷静さを保とうと考えました。そして、立ったままでも、目をと

じて、神経を休ませるように心がけました。すると、彼らは、紙のこよりを私の鼻や耳に入れて、むずむずさせるのです。目をとじさせず、神経を一秒も休ませないという戦法なのです。

光と熱と騒音のなかで、このような拷問が夜を徹してつづき、そのあいだに、CICたちは、幾組も交替でやってきました。

騒音のあいまに雀の鳴き声が聞こえるので、気をつけて見ると、窓の外はうっすらと白くなっています。まもなく、蟬の声も聞こえ、夏の夜はすっかり明けました。そこで、彼らはライトを消し、光と熱と騒音を中断しました。と思うと、またもや、寄ってたかって、私の服を全部はぎとり、別の部屋へもち去っていきました。それから、CICたちは、例のように交替でやってきて、ののしり、わめき散らしながら、拷問をつづけました。私は一睡もせず、水も食事も与えられないままです。

このようにして、長い夏の一日が過ぎ、またも夕闇が迫ってきました。そこで、CICたちは、またもや、私に服を着せ、ライトの光と熱を浴びせてきました。扇風機と石油缶もふたたび騒音を立てています。私が目をとじると、例のように紙のこよりを鼻や耳に突っこんできます。そのようにして、二度目の夜もふけていきました。

疲れた私の頭には、いろいろな考えが浮かんでは、消えていきます。ときには、

「このまま消されるのではないか。」

という死の恐怖がよぎることもありました。

「それとも、密室にとじこめたままの拷問がいつまでもつづくのかな。」

という不安が頭をもたげることもありました。そのたびに私は自分自身にいい聞かせたものです。

「結果を心配し、つまらんことを考えて、少しでもひるんだ態度を彼らに見せてはならぬ。私がいまうけている辱めと責苦《せめく》は、アメリカ軍が沖縄の全住民に加えてきた辱めと責苦なのだ。私は、それをはねかえして、人間の尊さを彼らに見せてやらねばならぬ。」

そのように思いめぐらしていると、土地を守るために、アメリカ軍の銃剣の前で、身をもって抵抗したたくさんの農民の姿が、気高く浮かんできます。アメリカ軍の戦車に囲まれたなかで、腕をくんでデモ行進をした労働者の顔も浮かんできます。私は心に一種のはずみを感じながら、ＣＩＣの拷問に黙秘をつづけて、たえていきました。

この二度目の晩は、夜がふけるにつれて、拷問する側にも焦りの色が見え始めました。入れかわり立ちかわりやってくる拷問者たちのなかには、自信をぐらつかせて、弱気になっているのもいました。私は、ただ黙って、彼らがののしりわめくのを聞いているだけですから、彼らの変化をくまなく観察できる立場にありました。そして、二昼夜の拷問で、彼らがさぐろうとねらっているのは、私の地下活動のことや、私とつながりのある地下組織のことだということも、はっきりつかむことができました。それから、また、私といっしょにコザの病院にいった友人の名前を、彼らがしつっこく知りたがっていることも、はっきりわかりました。それで、私は、バスを降りた友人がぶじであったことを知り、安心すると同時に、拷問者たちが私を秘密のうちに処理できないだろうという見通しももつことができました。

夜が明けて、ライトが消され、私は三たび服をはぎとられました。連れこまれた日からかぞえて、三日目になっていました。そのあいだ、私は、とうとう一睡もさせられず、水も食事もまったく与えられませんでした。しかも、ほとんどの時間を立ちどおしでした。

正午前になって、みんなにキャプテンと呼ばれている隊長がやってきました。彼は、私を応接セットのある部屋に呼び、ソファに腰かけさせて、ものやわらかそうにいいました。

「コクバサン。モウソロソロ　コタエテ　クダサイ、ソウスレバ、アナタノタメニナル。」

拷問者たちは、どのように最後の始末をつけるか、その方法を探しているようすです。それは、キャプテンの言動からも感じられました。そこで、私は、彼らに合法的な道を思い出させるためにいいました。そして、問答が始まりました。

「君たちにぼくを取り調べる権限があるとしても、四十八時間以上は拘留できないはずだ。もう、そろそろ、その時間は切れる、あとは裁判で争おうではないか。」

「サイバンニカケテモ、シラベハココデスル。オナジコトダ。」

「裁判にかけないで、そのまま拘留をつづけると、君たちは不法の上に不法を重ねることになる。ぼくがここに連れてこられていることは、ぼくの友人がみんなに話しているだろうから、いずれは沖縄中に知れ渡ることだ。」

「アナタ、コクバ、コウタロウデアルコトミトメナケレバ、サイバンカケラレナイ。」

「ぼくが、それを認めたら、裁判にかけると約束するか。」

「ヤクソクスル。」

「本当にか。」

「ウソイワナイ。」

念を押してから、私は国場本人だということを認めました。もちろん、拷問者たちも、それは確かめるまでもなく承知のことです。キャプテンは、部下のＣＩＣに私の服をかえすように指示してから、

「デハ、サイバンイクマデ、ヤスンデクダサイ。ショクジイリマスカ。」

と、いうものだから、私は、

「もちろん、いる。」

と、食事をとり寄せました。食事をすませてから、ソファの上に横になって、初めて、数時間の睡眠をとりました。それから、夕方になって、那覇の軍事裁判所（アメリカ民政

府裁判所)に連れていかれ、英文の起訴状を手渡されました。それには、起訴理由として、「国場は「民族の自由と独立のために」という出版物の発行責任者である。」と、書かれていました。アメリカ軍の布令(布令一四四号)には、

「合衆国政府または琉球列島米国民政府をそしる文書を発行または配布するものは五年以下の懲役に処す。」

「琉球政府の許可を得ないで新聞、雑誌、小冊子、廻状を発行または印刷するものは六月以下の懲役に処す。」

とあり、このような言論、出版の自由をふみにじる布令で、私をどのようにでも処罰できるというわけです。

その日の軍事裁判では、起訴状を渡されただけで、私の身柄は那覇警察署の留置場に移されました。私は、軍事裁判が始まったら、法廷で人権を無視したCICの拷問の模様を徹底的にあばき出し、さらに、アメリカ軍が言論、出版の自由をふみにじっていることに抗議して闘うつもりでいました。翌日の午後おそく、軍事裁判に呼び出されたときは、その腹づもりで警察の留置場を出ました。ところが、軍事裁判が始まると、冒頭に、判事が、

「あなたに対する起訴はとりさげられて、不起訴になりました。だから、これで閉廷します。」

と、私にいい渡し、私はその場で釈放されました。アメリカ軍は、私を罪におとし入れるだけの十分な証拠を見つけることができなかったのか、それとも、私を刑務所につなぐことによって得るものよりも、法廷でCICの拷問の実態をあかるみに出されることによってうける損失が大きいと判断したのか、そのいずれかの理由によるものと思います。

＊　著者による「新訂増補」原稿では、二四三頁四行から二五七頁五行までを削除し、新たな原稿に差し替えることとされていたが、この部分の記述がきわめて貴重な歴史上の記録・証言であることから、編者らの判断により、本文を元のまま生かし、差し替え用に執筆された原稿を「注」として左に示すこととした。

CICの取り調べ方は、まず、拉致してきた者をコンセット兵舎の一室に連れ込んで、日系二世または三世と思われる三、四人を含む七、八人のCIC隊員が取り囲み、衣服を脱がせて身体検査をしたり、前方と左右から写真をとったり、最初から人権を無視した扱いです。それから共産主義団体に参加または関係したことがあるか、共産主義者の友人がいるか、などの設問を含んだ「第三国人身上明細書(身元調査書)」の質問事項に回答の記入を要求する。適当に受け答えすると、裸にして「ウソ発見器」にかける。家族に勤め人がいると、クビにすると脅かす。帰省学生の場合は、日本へ渡航するパスポートの発給を差し止める。最初から取り調べに応じないで黙秘する者に対しては、昼間は裸にして、恥辱を与えるような罵声を浴びせ、時に

は局部をステッキで突ついて性的いやがらせをしながら拷問する。夜は衣服を着せて、写真撮影用のライトを顔の前におき、光と熱と騒音で責め立てながら、ろくに水も食事も与えず、一晩中一睡もさせずに拷問する。それが三日二晩、まるまる二昼夜に及んだ例もあります。

ＣＩＣのこのようなやり方は、二〇〇三年に始まったイラク戦争下のアブグレイブ刑務所でアメリカ軍兵士がイラク住民に対して行った人権無視の拷問(虐待)のやり方に相通ずるものがあります。アメリカ陸軍内部には、占領地の住民に対する諜報活動の極秘マニュアルがあって、沖縄でもイラクでも、住民に対する拷問はそのマニュアルに従ったものではないか、と推測されます。拷問のやり方だけでなく、沖縄とイラクにおけるアメリカ軍の占領支配には本質的な共通点があります。

二〇〇一年九月一一日のニューヨーク・ワシントン同時テロの直後から、アメリカ政府は対テロ戦争の名目でアフガニスタンを、次いでイラクを先制攻撃し、アメリカの軍事占領下においています。現在、イラクに大量破壊兵器がなく、イラク戦争の大義を失ったアメリカ政府は、イラクを軍事占領しているのは、イラクを「自由と民主主義」の国にし、中東全域に「自由と民主主義」を広めるためだ、といっています。

一方、一九四五年から一九七二年までの二七年間、アメリカが沖縄を軍事占領していた当時、その軍事占領の目的は共産主義の浸透を防ぎ、「自由と民主主義」を守るためだ、とアメリカ政府は言っていました。

「自由と民主主義」を守り、広めるとは、煎じ詰めて一言でいうと、アメリカ国内の自由競争の理念に基づく「自由資本主義体制」を世界に広めるということです。そういう理念や使命感から、先制攻撃をしかけてイラクを占領しているのだ、とアメリカ政府は言っているのです。そして、イラクにおける軍事占領による民主化には、第二次大戦後の日本におけるアメリカ占領軍による民主化がモデルになる、と言っています。果たしてそうでしょうか。

第二次大戦後の日本はアメリカ軍を主力とする連合軍の間接占領下にあって、日本政府は存続を許されていました。イラクでは、フセインのイラク政府がアメリカの軍事力行使によって廃止され、アメリカの軍事占領下でアメリカ政府の息のかかったイラク政府が作られつつあります。それは、第二次大戦後の日本ではなく、アメリカの軍事占領下にあった当時の沖縄と瓜二つです。アメリカ軍政下の沖縄でアメリカ軍政府の代行機関である琉球政府が設けられていたことは前に見たとおりです。

アメリカ軍占領下のイラクは第二次大戦後の日本をモデルにしたものではなく、まさしく、アメリカ軍政下の沖縄をモデルにしています。

アメリカ兵による幼女暴行殺害、主婦射殺事件

住民の基本的人権をふみにじるアメリカ軍の弾圧と武力土地接収が相ついで、住民の誰しもが深い憤りに胸のつまる思いをしているとき、またもや、聞くだけでも胸のはりさけそうな事件がおきました。

伊佐浜の土地接収からまだ二カ月とたたない一九五五年(昭和三十年)九月三日、沖縄本島中部の石川市(現在のうるま市)内で、永山由美子《ながやまゆみこ》ちゃんという六歳になる女の子が

アメリカ兵に連れ去られ、翌四日、嘉手納《かでな》海岸で無惨な死体になって発見されました。そして、死体を調べた結果、由美子ちゃんがひどく乱暴されたこともわかりました。この事件が報道されるや、住民の怒りと憤りは堰《せき》を切って噴き出し、動物にもおとるアメリカ兵の残虐行為を追及する抗議運動が湧きおこりました。その結果、アメリカ軍も、犯人のハート軍曹については、特別に軍事法廷を公開して、死刑の判決をくだしました〔その後、犯人は本国に送還された〕。

それから半年ほどたって、一九五六年四月、こんどは与那嶺《よなみね》悦子《えつこ》さんという三十二歳の婦人が、柵のこわれているアメリカ軍弾薬集積所にはいったというので、アメリカ兵に射殺されました。悦子さんは、三人の幼児をかかえ、夫ひとりの働きでは生活が苦しく、暮らしの足しにするために、くず鉄(スクラップ)を拾っているところでした。それを、アメリカ兵がいきなり射殺したのです。しかも、アメリカ軍の法廷は、そのアメリカ兵に無罪の判決をいい渡し、反対に、死んだ悦子さんに軍事基地への不法侵入という罪名を着せました。アメリカ軍は、母親を失った三人の幼い子どもと、妻を失った夫に、びた一文もつぐないをしないばかりか、謝罪さえもしませんでした。

土地を守る闘いの発展

虫けらでもふみつぶすように、沖縄住民の基本的人権を蹂躙《じゅうりん》してはばからないアメリカ軍の数々の行為に、住民の怒りと憤りは積み重なるばかりでした。そして、この怒りと憤りは、一九五六年六月、沖縄の軍用地に関するアメリカ政府下院軍事委員会の調査報告が発表されるにおよんで、一挙に爆発しました。軍用地というのは、いうまでもなく、アメリカの軍事基地になっている土地のことです。

その頃、沖縄には約一万六千二百ヘクタール(約四千九百万坪)の軍用地がある上に、あらたに四千五十ヘクタール(約千二百万坪)の土地が軍用地に接収される予定になっていました。こんなに広大な土地が軍用地にとられているために、全農家戸数の五十五パーセントは〇・五ヘクタール以下の耕地しかもたなくなり、農業で生活をささえることができなくなりました。しかし、アメリカ軍が軍用地の使用料としてきめた金額は、まったくとるに足りないものでした。たとえば、もと畑だった軍用地の年間使用料は一坪あたりわずか十五円ときめられていました。一カ月一坪の使用料が一円余りというわけです。その使用料も、アメリカ政府は毎年支払うのではなく、およそ十七年分をまとめて支払い、それで軍用地を永久に買いあげる方針をとっていました。先の畑の例でいえば、一坪を二百五十円くらいで永久に買いあげようというわけです。この方針は、一九五〇年(昭和二十五年)頃、恒久的な軍事基地建設を始めるときに、アメリカ軍がきめたものです。

沖縄の住民はこの方針にこぞって反対していました。アメリカ軍に任命された比嘉秀《ひがしゅう》平《へい》行政主席でさえも、この方針には反対でした。そして、住民は、保守、革新の別なくみんなが一致団結して、次の四項目をアメリカ政府に要求していました。

一、軍用地の買いあげ、または永久使用料の一括支払いは絶対におこなわないこと。
一、現在使用中の土地は適正で完全な補償がなされること。軍用地使用料は住民の要求する合理的な金額を毎年支払うこと。
一、アメリカ軍が加えたいっさいの損害をすみやかに賠償すること。
一、あらたな土地のとりあげは絶対に避けること。

これは、当時、「土地を守る四原則」といわれていました。これをうけて、アメリカ政府下院軍事委員会の調査団は、一九五五年(昭和三十年)十月から十一月にかけて、沖縄基地を現地調査し、その結果をまとめて報告しました。この報告は、調査団の団長がM・プライス議員であったことから、俗にプライス勧告と呼ばれています。プライス勧告は、まず沖縄基地の重要性を強調し、

「琉球列島には挑戦的な民族主義運動がないので、アメリカは、この島々を長期にわたって、アジア・太平洋地域における前進基地として使用することができる。ここでは、原子兵器を貯蔵または使用するアメリカの権利に対し、なんら外国政府の干渉や制約を

うけることはない。」

と、公言してはばかりませんでした。そして、軍用地問題に関しては、

「いかに琉球の問題に同情的になっても、琉球におけるわれわれ(アメリカ)の主要な使命は戦略的なものであり、したがって、ここでは、軍事上の必要性が断固としてすべてに優先する。」

という軍事優先の立場から、住民の四原則を頭ごなしに退け、予定どおり四千五十ヘクタールのあらたな土地とりあげをした上、軍用地は永久に買いあげる方針をあきらかにしました。

このプライス勧告は、

「沖縄には民族主義運動もないほど、住民は無気力で、おとなしいから、アメリカは沖縄を制約のない前進基地・原子兵器基地として永久に使用することができる。」

と、沖縄の住民を馬鹿にしてかかったうえ、

「軍事上の必要がすべてに優先するから、そのためには、住民の生活と権利がどんなに犠牲になってもかまわない。」

という考えを、あからさまに言ってのけたものです。

このプライス勧告の発表は、住民の胸のなかに積み重なり、くすぶっている怒りと憤りに火をつけ、それをいっぺんに爆発させて、燃えあがらせました。それと同時に、こ

のプライス勧告は、また、住民のひとりひとりに、沖縄が滅ぶかどうかのせとぎわに立たされていること、すなわち民族の危機にあることを強く意識させずにはおきませんでした。そこで、この民族の危機を打開するためには、全住民が一致団結してプライス勧告に反対しなければならないという考えが沖縄中に湧きおこり、「土地を守る四原則」の貫徹は、単に軍用地所有者だけの問題ではなく、領土権を守るための民族的な闘いであると考えられるようになりました。

このような考え方から、全住民の団結をはかるために、立法院と、行政府と、市町村長会と、軍用土地連合会(軍用地所有者の団体)とが一つになって、四者協議会という集まりをつくりました。そして、もし、アメリカ軍がプライス勧告を強行するならば、立法院議員も、行政主席も、市町村長も、みんな総辞職して、無抵抗の抵抗をする決意をあきらかにしました。また、各政党と、教職員会や青年会などの大衆団体も、この方針にしたがい、四者協議会と力を合わせて、大衆運動をくり広げることにしました。

プライス勧告が発表されてから十一日後の一九五六年六月二十日、沖縄のほとんどの市町村で、市町村ごとの住民大会がいっせいに開かれました。ついで六月二十五日には、那覇で十万人、コザで五万人を集めた住民大会が開かれました。このようにして、プライス勧告に反対する運動は、沖縄全住民を巻きこんで、文字どおり〝島ぐるみ〟の闘いとなり、沖縄の島全体が熱っぽい民族運動の坩堝《るつぼ》と化しました。

この闘いは、もともと、アメリカによる軍用地の買いあげに反対して、国土を守り、祖国日本の領土権を守るという民族意識にささえられたものでしたので、日本復帰運動にそのままつながっていました。

土地闘争の分裂と「赤い市長」の誕生

沖縄住民の島ぐるみの土地闘争は、日本本土でも連日のように大きく報道され、国民の沖縄に対する関心はにわかに高くなりました。それよりも前、本土では、一九五三年(昭和二十八年)に今井正《いまいただし》監督の映画『ひめゆりの塔』が上映され、〝忘れられた島〟沖縄を思いおこさせるのに大きな役割をはたしました。また、一九五五年(昭和三十年)一月には、自由人権協会が沖縄の人権問題について調査した結果を『朝日新聞』が大きく報道し、沖縄の実情もようやく国民に知らされるようになってきました。しかし、この頃まで、日本本土における沖縄返還運動は、まだ、沖縄出身者だけの運動にとどまっていました。それが広く国民的な運動になり始めたのも、沖縄住民の島ぐるみの土地闘争が日本本土に伝えられてからです。

その頃から、日本国民のあいだでも、沖縄の日本復帰は、日本の独立を完成するための重要な課題だということが、ようやく理解され始めてきました。そして、このような理解が国民のあいだで深まるにつれて、国民の沖縄住民に対する支援と激励は大きくなっていきました。それと同時に、沖縄をアメリカの軍事占領支配にゆだねている日本政府の責任を追及する意見も国民のあいだで強くなってきました。

こうした世論のもりあがりに対して、日本政府はどのような態度をとったでしょうか。鳩山一郎《はとやまいちろう》を首相とする当時の日本政府は、

「沖縄はサンフランシスコ条約でアメリカの統治下にはいっており、日本は沖縄に対する統治権を失っている。だから、軍用地問題に関して、日本政府がアメリカに強力な働きかけをすることは事実上困難である。いまさら沖縄を返せということもできない。」

と、考えていました。そういう考え方から、

「当分は冷却期間をおいて、沖縄と日本国内の世論が静まるのを待ち、そのあとで、沖縄の軍用地問題がまるくおさまるように、沖縄島民とアメリカ政府とのあいだをとりもとう。」

というのが日本政府の態度でした。

この考え方は、アメリカ側の望むところでもありました。というのは、このように冷却期間をおくことは、沖縄住民の団結を切りくずすために、ぜひとも必要であると考えられたからです。沖縄現地では、その切りくずし工作が、アメリカ軍の手によって、まもなく始められます。

プライス勧告の発表から二カ月たった八月七日、いまなお島ぐるみの土地闘争が燃え

さかっているさなかに、アメリカ軍は、とつぜん、アメリカ兵相手のバーやみやげ品店が立ち並ぶ軍事基地の町コザ市一帯に、アメリカ兵が立ち入るのを禁止するオフ・リミッツの声明を出しました。その結果、この地域でアメリカ兵相手のバーや商売などをしている人びとは、生活の道が断たれるのをおそれて、土地闘争に反対する態度をとるようになりました。それは、いうまでもなく、アメリカ軍にオフ・リミッツを解除してもらうためです。当時のコザ市長も、また、同じ態度をとりました。つまり、これらの人びとは、アメリカ軍の経済的圧迫に負けてしまったわけです。

この頃ともなると、沖縄では、アメリカの軍事基地に関係した仕事で生計を立てている人が非常に多くなっていました。そして、軍事基地関係から得られる外貨（ドル）は、沖縄の経済全体のなかでも、大きな比重を占めていました。表1を見ると、それがよくわかります。この表は、沖縄の貿易の状況と、貿易以外から得られる外貨の額とを示したものです。

一九五六年を例にとると、輸出は二千十七万ドルしかないのに、輸入は七千九百四十六万ドルで、五千九百二十九万ドルの輸入超過になっています。それは、当時の日本の金で、約二百十三億円になります。輸出する品物が少ないのに、これだけよけいに品物を買い入れることができたのは、軍事基地関係から得た金が四千七百十四万ドル（約百七十億円）もあったからです。それは輸入超過額のほぼ八〇％にあたっています。しかも

表 1　輸入超過額と軍事基地収入　(単位：万ドル)

年	貿易の状況			貿易外の外貨収入	
	輸出額(A)	輸入額(B)	輸入超過額(A－B)	軍事基地関係の収入	その他
1955(昭 30)	1,344	6,296	－4,952	4,993	1,173
1956(昭 31)	2,017	7,946	－5,929	4,714	2,833
1957(昭 32)	1,495	8,882	－7,387	6,306	2,265
1960(昭 35)	2,909	13,338	－10,429	7,210	2,010
1963(昭 38)	7,046	19,486	－12,440	10,500	2,330
1966(昭 41)	7,602	30,844	－23,242	15,240	2,900
1969(昭 44)	9,549	42,079	－32,530	20,920	4,910

資料)『沖縄年鑑』1972

表 2　軍事基地収入の内訳　(単位：万ドル)

年	米軍雇用者の給料	軍用地料	その他	合　計
1960(昭 35)	2,020	1,090	4,100	7,210
1963(昭 38)	2,760	820	6,920	10,500
1966(昭 41)	4,000	450	10,790	15,240
1969(昭 44)	6,730	660	13,530	20,920

資料)『沖縄年鑑』1972

軍事基地関係から得た外貨の半分以上は、アメリカ兵とその家族が沖縄で消費した金でした。表2を見てください。これは、軍事基地関係から得られる収入の内訳を示したものです。このなかで、「その他」とある項目の大部分がアメリカ兵とその家族が消費した金です。だから、もし、軍事基地の町がオフ・リミッツになると、沖縄の経済全体にとっても、かなり大きな打撃になったわけです。

アメリカ軍の経済的な圧迫は琉球大学にも加えられてきました。八月九日、アメリカ軍は、琉球大学に対し、

「土地闘争に積極的に参加している反米的な学生を処分しないならば、大学に対する補助金をいっさい打ち切る。」

と、通告しました。それをうけて、大学の理事会は数人の学生を謹慎処分にしました。しかし、それだけでは、アメリカ軍が満足しませんでした。それで、琉球大学の理事会は、もう一度処分をやりなおして、六人に退学(除籍)、一人に謹慎を命じました。〔二〇〇五年に琉球大学同窓会が「処分は不当な米軍の圧力によるもの」として、大学にその撤回を求める要請をしていた。〇六年にミシガン州立大学公文書館で、処分が米国民政府首席民政官バージャー准将の強権的な圧力によってなされたことを記した報告書が発見されたため、〇七年に琉大当局は公式に処分を取り消して謝罪、五一年ぶりに処分学生七人(この時、除籍処分の一人はすでに死亡)の名誉回復がなされた。〕

このように、アメリカ軍の圧迫をうけて、それに負ける人びとが次々と出てきたために、住民の団結には大きなひび割れが生じました。それに引きかえ、アメリカ軍はプライス勧告を実施する強硬な態度を少しもくずしません。その結果、行政主席や、立法院議員や、市町村長など、初めのうちは、総辞職して無抵抗の抵抗をするといっていた人びとの決意も、だんだんぐらついてきました。それで、土地闘争もだんだん下火になっていきました。

そのすきに、銀行や会社などを経営している財界人のあいだからは、軍用地使用料の一括払いに進んで賛成する者がたくさん現われてきました。それは、軍用地使用料が何年分もまとまって支払われたら、それで景気がよくなり、銀行や会社なども儲かると考えたからです。

そういう状況のなかで、前に進むことも、うしろに退くこともできず、途方にくれていた比嘉行政主席は、十月二十五日の夜、それこそとつぜん、自宅で急死しました。そして、後任の新主席には、十一月一日、当間重剛《とうまじゅうごう》那覇市長がアメリカ軍から任命されました。当間新主席は、島ぐるみの土地闘争が燃えさかっている頃から、かねがね、「アメリカが土地の所有権を獲得しないという条件さえはっきりしておれば、軍用地使用料の一括払いにかならずしも反対ではない。」という意見を発表していました。それがアメリカ軍に高く買われて、新主席の椅子を与えられたのです。

銀行や会社などを経営している財界人が当間主席の誕生を歓迎したことはいうまでもありません。これら財界人は、さっそく、軍用地使用料の一括払いに賛成する署名運動を始めて、当間主席に声援を送りました。

ここにいたって、〃島ぐるみ〃の土地闘争は完全に分裂し、住民は大きく二つの勢力に分かれました。

その一方は、土地を守る四原則をつらぬき徹して、沖縄の日本復帰を押し進めようとする革新勢力で、その先頭には沖縄人民党が立っていました。そして、この沖縄人民党をささえている人びとは、主として、労働者・農民でした。

これに対して、他の一方は、アメリカの軍用地政策を認め、アメリカの軍事占領支配に協力していこうという保守勢力で、当間主席のような政治家たちがそれを代表していました。そのささえになっていたのが、財界人と呼ばれる人たちです。

住民が捕虜のようなあつかいをうけていた敗戦直後の沖縄では、住民のあいだに貧富の差がほとんどなく、階級的な利害の対立もありませんでした。ところが、軍事基地の建設が始まってから七年もたった一九五六年頃ともなると、軍事基地と結びついた経済復興の波に乗って資本家や企業経営者になった人びとが現われました。

このような資本家や企業経営者たちが生まれた結果、労働者・農民と資本家や企業経営者との階級的な利害の対立も生ずるようになり、土地闘争の分裂をきっかけにして、それが一挙に表面化しました。そして資本家や企業経営者を主体とする保守勢力と、労働者・農民を主体とする革新勢力とは、当間那覇市長が行政主席に転じたあとの後任者をきめる一九五六年十二月の那覇市長選挙と、その結果生まれた革新市政をめぐって、正面から激突することになります。

那覇市長選挙にあたって、革新陣営からは、この年の春、刑期を終えて出獄したばかりの瀬長亀次郎さんが沖縄人民党公認で立候補しました。これに対して、保守陣営からは、二人の候補者があり、それを一人にしぼることができませんでした。それにもかかわらず、保守陣営の人びとは、土地闘争を分裂させた余勢をかって、

「この選挙は、保守陣営の候補者二人の争いであろう。」

と、たかをくくっていました。新聞も、また、そのように観測していました。ところが、選挙の結果は、おおかたの予想をくつがえして、人民党の瀬長候補が市長に当選しました。沖縄の中心都市那覇市の民衆は、プライス勧告を実施するために住民を圧迫しているアメリカ軍と、そのアメリカ軍に同調して、土地闘争を分裂させた保守勢力とに対し、怒りをこめて、手痛い反撃を加えたのです。

あてがはずれて、あわてたのは、アメリカ軍と、当間主席や財界人などの保守勢力です。しかし、アメリカ軍も、市民の投票で選ばれた市長をいきなりやめさせるわけには

いきません。それというのも、数年前ならともかく、〝島ぐるみ〟の土地闘争以後は、沖縄でおこったできごとが、ただちに電波に乗って、日本本土をはじめ世界に伝わるようになったからです。そこで、アメリカ軍がとった手段は、またもや、経済的な圧迫です。

さっそく、アメリカ軍は、それまで那覇市に援助してきた都市計画事業に対する補助金を打ち切ると発表しました。理由は、瀬長市長が共産主義者であり、〝赤い市長〟に援助を与えるわけにはいかないというものです。アメリカ軍が五十一パーセントの株をもつ琉球銀行も、また、同じ理由で、那覇市に対する融資を中止し、那覇市が預けてある金も凍結しました。ほかの銀行も、すべて、これにならい、財界人たちは次のような瀬長市長への非協力声明を発表しました。

「今回の那覇市長選挙で当選した瀬長亀次郎氏は共産主義者であり、反米的であり、破壊的である。そういう立場で行動する彼に、那覇市の復興と繁栄を期待することはできない。われわれは、同氏に対し、絶対協力しないことを声明する。」

那覇市会議員の多数も、さらに、また市役所の部長や課長たちまでも、同じような非協力声明を出しました。

こういう状況のなかで、瀬長さんは、一九五七年(昭和三十二年)一月、那覇市長に就任しました。補助金や銀行融資を打ち切られ、預金を凍結された市の財政は、たしかに苦しい状態にありました。頼りになる財源は、市民がおさめる税金を主にした市の収入だけです。瀬長市長は、その実情を、つつみかくすことなく、市民に知らせ、アメリカ軍と保守勢力の不当な圧迫と干渉をはねかえすために、市民の団結と協力を呼びかけました。就任後まもない瀬長市長は、また、従来の那覇市政が、財界人の利益をはかるために、どんなに不正なことをやっていたか、その具体的な事実の数々をすべて明るみに出し、市民の利益を守るためには、民主的な市政を築いて、それを守りぬくことがどんなにたいせつであるかを説きあかしました。

瀬長市長の市政についての報告や、市民への呼びかけは、毎月開かれる市民集会でおこなわれるならわしになっていました。その集会は、市民が集まりやすい夜の時間を利用して、市の要所要所の野外の広場で開かれていました。そういう集会で、市民は市長とじかにふれあい、市民と市長との民主的な結びつきは日増しに強くなっていきました。それとともに、民主的な瀬長市政を守りぬく市民の決意は強くなるばかりでした。その結果、市議会があるときには、たくさんの市民が傍聴に押しかけていき、市会議員たちの言動をきびしく見守るという状態も生まれました。それで、先に非協力声明を出した議員のなかからも、瀬長市長の不信任にふみきれないものが出てくるありさまになりました。

そこで、焦り出したアメリカ軍の司令官や当間主席らは、保守の市会議員を、ときには料亭やクラブにまねき、ときには主席公舎に呼び集めて、酒やさかなでもてなしながら、市議会で瀬長市長を不信任とするよう命じました。そして、この年六月の市議会で、ついに、瀬長市長に対する不信任案が二十四対六で可決されました。

もともと、市町村自治法(市町村の組織や運営などをとりきめた法律、日本本土の地方自治法と同じ内容の法律)の定めによると、市長が議会で不信任とされたとき、それが真に住民の意志を反映しているかどうかを問うために、市長は議会を解散することができるようになっています。そして、解散後におこなわれた議員選挙の結果、議員の三分の二以上が出席した議会でふたたび市長不信任が議決されたときは、今度は市長がやめなければならないことになっています。瀬長市長は、この法律の定めにしたがって、ただちに市議会を解散しました。その結果、この年(一九五七年)の八月四日に、瀬長市長の信任、不信任をかけた市会議員選挙がおこなわれることになりました。

保守勢力は、瀬長市長不信任と反共を看板にかかげた那覇市政再建同盟という政治団体をつくり、議員定数三十人の三分の二以上にあたる二十人以上の当選を目指して、二十八人の候補者を立てました。これに対して、革新陣営は、人民党と社会大衆党那覇支部と瀬長市長信任派無所属とがいっしょになって、民主主義擁護連絡協議会(略して民連)をつくり、十二人の候補者を立てました。

激しい選挙戦の結果、当選者は、再建同盟が十七人、民連が十二人、中立が一人となり、再建同盟は市長不信任をふたたび議決するのに必要な三分の二以上の議席をとることができませんでした。瀬長市長は市民の手で守りぬかれたのです。

業《ごう》を煮やしたアメリカ軍は、とうとう、この年(一九五七年)の十一月、市町村自治法を改定する布令を出し、市議会で二度めの市長不信任を成立させるのに必要な議員の定足数を三分の二から単純な「過半数」に引きさげてしまいました。それと同時に、アメリカ軍は、また、選挙法も布令で改定して、瀬長市長がアメリカ軍の弾圧をうけて投獄されたときのことを理由に、市長選挙でふたたび立候補できないようにしてしまいました。

このように、瀬長市長がアメリカ軍の布令で追放されたあとをうけて、一九五八年一月には、ふたたび那覇市長選挙がおこなわれました。この選挙にあたり、保守勢力は、中間層まで抱きこむことをねらって、社会大衆党公認の平良辰雄《たいらたつお》候補を支持しました。これに対して、革新陣営の民連は、同じ社会大衆党から脱党した兼次佐一《かねしさいち》候補を推して、選挙戦にのぞみました。保守と革新が一対一で対決した結果は、革新の民連候補が勝利をおさめました。那覇市の民衆は、瀬長市長を布令で追放したアメリカ軍と、その尻馬に乗る那覇市政再建同盟や当間主席や財界人などの保守勢力に対し、またもや、痛烈な反撃でむくいたのです。

軍用地問題の「妥結」と革新陣営の分裂

〝島ぐるみ〟の土地闘争が分裂して、下火になったとき、日本本土の新聞報道でも、沖縄の影はうすくなりました。それが、瀬長那覇市長の出現と、市長の信任、不信任を問う劇的な政治的攻防の展開によって、沖縄問題はふたたび本土の新聞をにぎわしました。そして、日本政府としても、沖縄問題をそのまま放置していては、国内世論の追及を避けることができない情勢になってきました。

一九五六年(昭和三十一年)十二月、瀬長市長誕生の一週間前に国連加盟を実現したばかりの日本政府にとって、当面している重要な政治的課題は、世界各国とのあいだに自主的な外交の道を切り開くことと、日本の経済的な自立を達成することでした。そういう面からも、沖縄問題は、日米安保条約改定の問題とあわせて、日本政府が避けて通ることのできない日米間の重要な外交問題になってきました。

そこで、一九五七年六月、日本の岸(信介)首相は、この二つの外交問題を引っさげて、アメリカに渡り、アイゼンハワー大統領と会談しました。そのさい、岸首相は、

「琉球および小笠原諸島の施政権を返還してもらいたいという日本国民の強い希望を力説した。」

と、いわれています。それに対し、アイゼンハワー大統領は、

「極東に共産主義の脅威と緊張が存在する限り、アメリカはこれら諸島の統治を継続す

る。」

と、答えて、岸首相の要望を退けました。

しかし、アメリカ政府としても、軍用地問題や那覇市長問題をめぐって、沖縄住民の抵抗が激しくなっている沖縄内部の情勢や、沖縄問題が日米間の外交問題になっている国際情勢に対応して、従来の沖縄統治政策を手なおしする必要は認めていました。岸首相が渡米してくる十日前に、アイゼンハワー大統領が、いちはやく先手を打って、〝琉球列島の管理に関する大統領行政命令〟を発したのは、その現われでした。この大統領行政命令によって、沖縄現地の統治責任者は高等弁務官となり、それは、

「国防長官が国務長官(外相)にはかり、大統領の承認を得て、合衆国軍隊の現役軍人の中から選任する。」

と、さだめられました。もちろん、これによって、沖縄現地の軍政には少しの変更もありません。しかし、それにしても、沖縄占領統治の現地責任者を国防長官に直属させ、その選任に大統領と国務長官が介入するようになったことには、それだけの意味があるにちがいありません。左頁にあげた図を二一七頁の図と比較、参照してください。これは、あきらかに、沖縄問題が日米間の重要な外交問題になってきた情勢に対応して、アメリカ政府部内の態勢をととのえたものです。こういう態勢のもとで、沖縄現地の統治政策を手なおしする準備も進められ、一九五八年には、それが実施に移されました。そ

の実施にあたったのは、この年五月に高等弁務官として着任したドナルド・P・ブース中将です。

ブース高等弁務官がとった政策のなかで重要なものは、第一に、住民の要求をある程度入れて、軍用地問題を妥結させることです。第二には、沖縄経済の成長をはかるために、日本やアメリカなど、外部から民間の資本を導き入れて、あらたに産業をおこすことです。第三には、住民の政治的要求に対し、ゆずれるところはゆずり、特に、日本復帰を要求している住民の民族感情や民族意識を刺激しないように、柔軟な政策をとることです。このような一連の政策をとることによって、ブース高等弁務官は、沖縄住民の

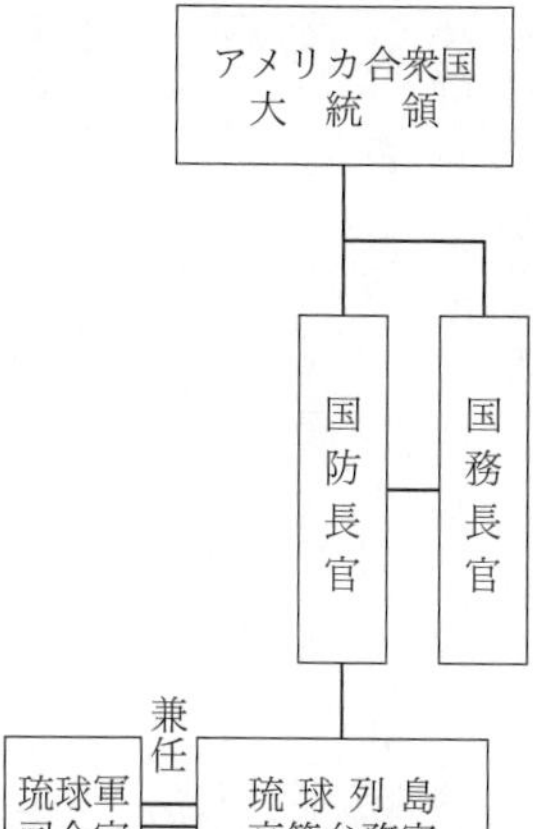

〔アメリカによる統治のしくみ 1958-72年〕

経済上の不満や政治上の不満をやわらげる一方、他方では親米的な保守勢力を育成、強化する一石二鳥の効果をねらいました。

まず、軍用地問題に関しては、この年の六月から十一月にかけて、当間主席や安里《あさと》〔積千代《つみちよ》〕立法院議長（社会大衆党委員長）や与儀《よぎ》〔達敏〕民主党（与党）総裁らが、沖縄代表として、アメリカの本国政府や現地軍と話し合った結果、当間主席らが、

「共産主義の侵略に対する自由世界の防衛のため、琉球諸島が重要であることを完全に理解して、アメリカ軍基地の存在を認める。」

という態度を表明したのと引きかえに、アメリカ側は、

「沖縄の軍用地は賃借することにして、所有権をとることはしない。賃貸借料（借り賃）は、プライス勧告当時の約六倍にして、毎年払いすることにし、五年ごとに評価替えする。賃貸借料の前払いを希望するものについては、十年分を限度として、一括払いを認める。」

と、柔軟な態度を示し、当間主席らはそれを了承しました。

このようにして、軍用地問題は妥協的な解決にもっていかれました。

四原則の貫徹を主張する革新勢力がこのような妥協に反対したことはいうまでもありません。しかし、このときは、革新勢力もそれに有効な反撃を加えることができませんでした。それというのも、一つには、民連の兼次候補を当選させたこの年（一九五八年）

一月の那覇市長選挙以後、革新政党間の協力関係は完全にくずれて、革新陣営は分裂を深めていたからです。

その分裂の発端は、先に見たようにアメリカ軍の追放指令で退陣を余儀なくされた瀬長市長の後継統一候補選びと市長選挙をめぐって、人民党と社大党とが対立したことにあります。

そもそも戦後沖縄の日本復帰運動と抵抗運動は、この社大党と人民党との協力提携のもとに、広範な民衆を結集して発展してきました。その両党が那覇市長選挙戦で全面的に対決するようになり、その進行の過程で社大党内の左派は脱党して沖縄社会党(日本復帰後の日本社会党沖縄県本部)を結成しました。そしてまた、社会党は初めのうちこそ人民党と提携していましたが、いくばくもなく両党は労働運動の主導権をめぐって相争うようになります。こうして革新陣営は社大党、人民党、社会党も三派に分かれて三つ巴の対立抗争に明け暮れる泥沼におちいりました。

それに加えて、アメリカ政府が次々と打ち出してくる統治政策の転換に対しては、どの党もそれを客観的に分析することができず、ただ単に、沖縄をプエルトリコのようなアメリカの属領に組み入れる準備であるなどと主観的に判断して、属領化反対とか植民地的搾取反対とかいうようなスローガンで民族主義の感情に訴えるばかりでした。

そのような革新政党のありさまでは、民衆の共感と支持が得られるはずはなく、革新の「民連ブーム」は潮が引くように下火になり、間もなく消滅しました。

このように、革新陣営が分裂し、革新政党がたがいにいがみ合っている状態を見て、ブース高等弁務官は、ほくそ笑んでいたにちがいありません。アメリカ軍が、当間主席や、その与党である民主党のほかに、社大党までも抱きこんで、軍用地問題を妥結させたのは、まさに、こういう時期でした。

通貨のドルへの切替えと日米新時代の幕あけ

この年(一九五八年)の八月二十三日、軍用地問題も妥結の見通しが立てられるようになった頃のことです。ブース高等弁務官は、

「九月十六日午前零時以降、アメリカ合衆国のドルを琉球列島における通貨とする。」

と、発表しました。それまで、沖縄の通貨は、アメリカ軍が発行する軍票《ぐんぴょう》(軍隊の発行する紙幣)でした。それは、Bという文字のはいった軍票で、円を単位としていたことから、ふつうには、B円と呼ばれていました。そして、B円の一円は日本円の三円にあたっていました。そのB円をアメリカ本国のドルに切替えることになったのです。二カ月ほど前から巷の噂にのぼっていたこととはいえ、さすがに、この発表は住民に大きなショックを与えました。

「通貨をドルに切替えるのは、アメリカが沖縄を永久に支配するためではないのか。こ

れでは、日本復帰がますます遠ざかるばかりだ。」

と、住民は、誰しも、心配しました。

「通貨のドルへの切替えは、沖縄をアメリカ領にくみ入れて、属領にするための準備であろう。」

と、うがった見方をする人もいました。

住民のあいだでは、アメリカ政府の意図について、いろいろちがった憶測がありました。しかし、ドルへの切替えに不安を感じて、それに反対している点では、大部分の人が同じでした。

ところで、アメリカ政府の本当のねらいは、どういうことだったのでしょうか。

当時、アメリカ政府は、もし、沖縄をアメリカ領にくみ入れることができるのであれば、そうしたいところだったかもしれません。しかし、第二次大戦後の国際情勢のもとでは、そのように領土的野心をむき出しにした領土の併合がゆるされないことを、アメリカ政府はよく知っていました。だからこそ、対日講和条約を結ぶときにも、沖縄を信託統治にしようと考えたのです。しかし、この信託統治が現実には実現不可能であることも、また、アメリカ政府はよく知っていました。

沖縄が、明治以来、日本の「国内」植民地の状態にあったといっても、まぎれもない日本の領土であることは、国際的に認められていました。それを信託統治にするとなれ

ば、

「世界の平和と安全のために、戦略上必要である。」

という以外に、理由のつけようがありません。そして、このような戦略上の理由で一定の地域を信託統治にするときは、国連安全保障理事会の承認を得なければなりません。ところで、この安全保障理事会の議決には、常任理事国全部の賛成が必要で、そのうちの一国でも反対したら、議決ができないしくみになっています。拒否権と呼ばれているのが、それです。そこで、もし、アメリカが沖縄を戦略上の信託統治にすることを国連に提案したら、常任理事国の一つであるソ連が拒否権を発動することは、初めからわかりきったことです。

それで、アメリカとしては、国連に信託統治の提案をしないまま、沖縄の占領をつづける方法を見つけなければなりませんでした。その結果生み出されたのが、

「琉球・小笠原諸島をアメリカの信託統治にすることが国連に提案され、国連で可決されるまでは、アメリカがこれらの諸島を統治する。」

という意味の対日講和条約第三条後段のとりきめです。〝法的怪物〟と呼ばれたこの条文のとりきめは、だから、沖縄を属領にくみ入れることも、信託統治にすることもできない国際情勢のもとで、アメリカが沖縄の占領をつづけるために考え出した苦肉の策なのです。

このいきさつを考え合わせると、一九五八年になって、いまさら、アメリカが沖縄を属領にくみ入れる準備を始めたと考えるのは無理です。国際情勢はますますそれをゆるさない方向に動いていました。アメリカ政府がそれを知らないはずはありません。そうだとすると、通貨のドルへの切替えには、ほかに理由があったにちがいありません。

通貨切替えの直接のねらいは、ひとくちでいうと、アメリカや日本などから民間の資本を沖縄に導き入れて、沖縄の産業をおこし、それによって経済の成長をはかることです。

すでに見たように、戦後の沖縄の経済は、軍事基地関係からおちるドルを頼りにして、復興してきました。しかし、その結果は、二六八頁の表1が示しているように、極端な輸入超過となってしまいました。そして、農業を初め、生産業はいっこうにふるわず、生産に従事する人びとはたいへん貧しい生活をしいられていました。当時、琉球政府は、一九五六年度から六〇年度にいたる経済振興第一次五カ年計画というものを立てましたが、それというのも、このようにゆきづまりにきた経済事情を打開するためです。この計画のなかで、琉球政府は、

「何よりも、まず、生産増強のために、できるだけの方策と手段を考えなければならない。」

という方針のもとに、砂糖やパインの生産を奨励し、そのほかにも、いろいろな加工業

をおこすように進めていました。しかし、それに必要な資金については、琉球政府にも、まったく目あてがありません。それで、琉球政府としては、「零細な土地と、零細な資本で成り立っている小さな企業しかない沖縄では、経済がゆきづまりにきた現状を打開するために、ぜひとも住民の力を結集する必要がある。その覚悟をかためるために機会あるごとにいろいろな国民運動をおこそう。」と、住民の団結をうったえる以外に、施すすべを知りませんでした。一九五五年から五六年にかけて、伊江島・伊佐浜の軍用地接収反対の闘いを軸にしながら、四原則貫徹の土地闘争が全住民を巻きこんで〝島ぐるみ〟といわれるまでに発展した背景には、こういう経済事情もありました。

一九五八年ともなると、アメリカ政府も、それに気がついて、住民の抵抗をやわらげるためには、軍用地問題で譲歩を示すのと同時に、産業の開発や工業化を促進して、沖縄経済の成長をはかる必要があると考えるようになりました。そして、産業の開発や工業化のために必要な資本は、沖縄の民間にある資金だけでは足りないので、アメリカや日本などからも導き入れることにしました。しかし、その場合、通貨を軍票のままにしておいては、外部から資本を入れるのに、都合がよくないと考えました。そこで、とられたのが、通貨をドルにして、資本と利潤の送金が自由にできる制度です。

アメリカ政府がこういう政策をとった結果、沖縄には、アメリカ、日本、香港、台湾、フィリピンなどから、民間の資本が続々と進出してきました。そのなかで、もっとも多いのは、とうぜんのことながら、アメリカと並んで日本の資本でした。

特に、沖縄の主な農産物であり、主な輸出品でもある砂糖とパインの加工業には、日本の資本だけが進出してきました。たとえば、製糖業では、大日本製糖、名古屋製糖、横浜製糖、神戸製糖、日新製糖など、日本の製糖会社が軒並みに沖縄にやってきて、沖縄の企業家といっしょに大型製糖工場を建設しました。そのために、これまで農村の部落ごとにあった小さな製糖工場は、みんなつぶれて、整理されてしまいました。また、パイン缶詰工業には、三菱商事、三井物産を初め、大小の商社が、これもまた、沖縄の企業家とくんで、進出してきました。このように日本の製糖会社や商社が先を争って沖縄に進出してきた目的は、いうまでもなく、農民が生産するさとうきびとパインを安く買いとり、それを加工して、大きな利潤をあげるためです。そういう農産物加工工業に日本の資本だけが進出してきたのは、その製品の販路が日本国内をのぞいてはないからです。

通貨切替えの後、一九五九年から六一年にかけては、大型の近代的な製糖工場やパイン缶詰工場の建設が進んだほかに、ベニヤ製材、醸造、食品加工その他の加工工業でも新しい工場の建設や設備のとりかえが進みました。それに、この時期には、軍用地問題が妥結した結果、三年間に約三千万ドルの軍用地使用料が支払われ、さらに、また、日本政府からは、〈軍人〉恩給や遺族年金なども集中的に支払われました。そのために、「ドルの雨」でも降ったように景気はよくなり、〝島ぐるみ〟の土地闘争の頃や、瀬長市長時代に見られた抵抗運動のもりあがりにかわって、安定ムードが立ちこめるようになります。

そういう好景気と安定ムードの波に乗って、保守勢力は勢いをもりかえし、一九五九年十月には、従来の政府与党である民主党と保守系無所属とが合同して、沖縄自由民主党を結成しました。そして、この自民党が、一九六〇年十一月の立法院選挙では、全議席数二十九のうち二十二議席を獲得して、圧勝しました。

沖縄の立法院選挙で、政府与党の保守党がこんなに圧勝したことは、前にもあとにも、かつてないことです。たとえば、一九五四年三月の立法院選挙における当選者は、民主党十二、社大党十二、人民党二、無所属三で、社大、人民両党を合わせた野党の議席数は、与党である民主党のそれをうわまわっていました。また、一九五八年三月におこなわれた立法院選挙後の議席数は、民主党八、社大党十、民連五(人民党四、革新系無所属一)、新政会(保守系無所属)六となっていました。それが、二年半後の一九六〇年十一月の立法院選挙では、自民党二十二、社大党五、人民党一、中立系無所属一となり、自民党の躍進と人民党の惨敗とが対照的に目立ちました。

その原因の一つは、当時の立法院選挙が一つの選挙区から一人の議員を選出する小選挙区制をとっているにもかかわらず、野党の社大、人民、社会三党が分裂していて、共だおれになったためです。それで、自民党は、得票率が四十八％しかないにもかかわらず、全議席数の七十八％にあたる二十二議席を獲得することができました。このように、自民党の圧勝が野党三党の分裂にたすけられたことは事実です。しかし、人民党の退潮とも考え合わせた場合、それが軍用地問題の妥結と通貨切替え後の好景気と安定ムードを反映した現象であることも否めない事実です。

この年（一九六〇年）、日本本土では、日米安保条約改定反対の闘争が空前のもりあがりを示しました。しかし、それは沖縄の日本復帰運動と結びつくことがなく、沖縄では、日米両政府の協力で沖縄の政情の安定をはかるという〝日米新時代〟がすでに幕をあけていました。翌一九六一年にもなると、日米両政府の協力関係はますます密接になってきました。この年の六月、日本の池田〔勇人〕首相がアメリカに渡って、ケネディ大統領と会談したさい、ケネディ大統領は、

「琉球住民の安寧と福祉を増進するため、日本の協力を歓迎する。」

と、述べました。これに対し、池田首相は、

「日本は、この目的のため、アメリカと引きつづき協力する。」

と、確言しました。このようなとりきめにもとづいて、日本政府は沖縄に対する経済援助を強化することになり、その援助額は、表3の示すとおり、年を追ってふえていきま

表 3　琉球政府に対する日米両政府の援助額

(単位：万ドル)

年度	琉球政府予算額	日本政府の援助額	アメリカ政府の援助額
1960	2,545	0 (0)	245 (9.6)
1961	2,761	0 (0)	310 (11.2)
1962	3,530	5 (0.1)	482 (13.7)
1963	4,443	41 (0.9)	662 (14.9)
1964	5,146	266 (5.2)	521 (10.1)
1965	5,543	425 (7.7)	580 (10.5)
1966	6,694	653 (9.8)	832 (12.4)
1967	9,022	1,537 (17.0)	1,026 (11.4)
1968	11,975	2,371 (19.8)	1,666 (13.9)
1969	13,257	2,690 (20.3)	1,433 (10.8)
1970	15,844	4,137 (26.1)	1,562 (9.9)
1971	20,078	6,826 (34.0)	1,326 (6.6)

資料)『沖縄概観』

＊　琉球政府予算は一般会計当初予算

＊　( )の数字は琉球政府予算の中に占めるパーセント

す。

一方、沖縄現地のアメリカ軍は、池田・ケネディ会談のあと、憲法記念日をのぞく日本の祝日には、沖縄でも「日の丸」の旗を揚げるのをゆるすようになりました。それは、一九六二年三月に発表されたケネディ大統領の〝新沖縄政策〟にあるように、

「沖縄は日本本土の一部である。」

と、認めて、住民の民族感情や民族意識をなだめながら、沖縄の占領支配をつづけようとする政策のあらわれです。

アメリカ政府が、このように、日本政府の協力を求め、さらに、沖縄住民の民族感情をなだめる政策をとり出したのは、そうすることなしに沖縄の占領支配をつづけることが不可能に近いほど困難になっていたからです。その直接の原因は、沖縄住民の日本復

帰の要求と、日本国民の沖縄返還の要求とが、日ましに強くなるばかりで、どんな圧力でも押さえられないものになってきたことです。それに加えて、この頃は、植民地主義に反対する世論が世界中に広がっていました。そして、このような国際世論をバックに、一九六〇年十二月第十五回国連総会では、

「あらゆる形の植民地主義を、すみやかに、かつ無条件に終わらせなければならない。」

と、おごそかに宣言した〝植民地解放宣言〟〔植民地諸国、諸人民に対する独立許容に関する宣言〕が採択されました。だから、もし、日本政府が、この宣言の精神に沿って、沖縄の日本への返還をアメリカ政府に要求すれば、世界中の世論の支持をうけられる情勢になっていました。しかし、日本政府は、そうはしないで、反対に、沖縄をこの宣言の適用範囲からのぞく努力をし、アメリカの沖縄占領支配が継続できるように、アメリカ政府と協力する方針をとったのです。

日本政府が、内外の世論にさからって、あえてこういう政策をとったのは、

「日本は、いま、国連加盟を実現したばかりであり、経済力も回復したばかりである。そういう日本がアジアを初め世界各地に経済的な進出をはかるためには、アメリカの軍事力と政治力のうしろだてが必要である。したがって、日本は、アメリカの沖縄基地の維持にも進んで協力しなければならない。」

と、考えていたからです。それは、日本の資本家階級の利益を代表した考え方でした。

そして、この考え方は、アメリカの軍事基地によりかかっている沖縄の財界人たちにも歓迎されました。

このようにして、日米両政府と沖縄の保守勢力とは、相たずさえて、アメリカ軍の沖縄占領支配の継続をはかるようになります。その結果、〝日米新時代〟といわれた一九六〇年代の沖縄における解放運動は、日米両政府の協力にたすけられたアメリカ軍の占領支配に対する闘争として発展させなければならない性質のものになりました。

あらたな日本復帰運動の発展

一九六〇年代にはいってからの日本復帰運動は、一九五〇年代のように、単に住民の民族感情や民族意識をかき立てるだけでは、力強く発展させることができないものになっていました。なぜなら、アメリカ政府自身が、すでに見たように、沖縄が日本の一部であることを認めて、住民の民族感情や民族意識をなだめる政策をとり、日本政府と沖縄の保守勢力もそれに協力していたからです。

沖縄の保守勢力を代表する沖縄自由民主党も、もちろん、日本復帰に反対していたわけではありません。しかし、その主張は、

「日米両政府と緊密な協力を保ちながら、沖縄と祖国との一体化をはかり、その成果を積みあげていって、日本復帰を実現する。」

というもので、即時無条件の日本復帰を目指す運動にブレーキをかけていました。それに、この沖縄自由民主党は、党を結成したときの宣言でも、

「わが党の源は、米軍基地の存在に由来する。」

と、宣言し、まるで生みの親でもだいじがるように、アメリカ軍基地の存在をありがたがる態度をとっていました。だから、一九六〇年代にはいってからの沖縄では、沖縄自由民主党に代表される保守勢力までふくめた〝島ぐるみ〟の形で日本復帰運動が発展する見通しはなくなっていました。

そこで、六〇年代の日本復帰運動は、必然的に、労働者・農民が主な担い手になって、発展させなければならない情勢になっていました。この課題にこたえて生まれたのが、一九六〇年(昭和三十五年)四月二十八日に結成された沖縄県祖国復帰協議会(略して復帰協)です。復帰協は、青年会、教職員会、労働組合など、民主的な大衆団体と人民、社会、社大三党が参加してつくったものですが、一九五一年に結成された日本復帰促進期成会とのちがいは、第一に、結成当時から労働組合が中心的な役割をはたし、その比重が年とともに大きくなっていったことです。第二には、革新政党は復帰協に参加したけれども、沖縄自由民主党はそれに参加せず、復帰協は初めから保守勢力と対決する革新勢力の協議会として誕生したことです。

一九六〇年六月十九日、日米新安保条約の自然承認を記念して、アメリカのアイゼン

ハワー大統領が沖縄を訪れたとき、日本復帰を要求する万余のデモ隊がアイゼンハワー大統領をとり巻きましたが、そのデモ隊は、結成後まもない復帰協が動員した労働者や学生たちです。このとき、アイゼンハワー大統領は、労働者と学生のデモに押しまくられ、アメリカ海兵隊の銃剣に守られて、逃げるように沖縄を立ち去ったものです。

沖縄の労働運動は、前に見たように、一九五四、五年には、アメリカ軍の弾圧をうけて、鳴りをひそめていました。それが、〝島ぐるみ〟の土地闘争以後はふたたび活気をとりもどし、一九六〇年には、一万数千人の労働者が組合に組織されていました。そして、一九六二年春には、沖縄で初めての春季賃あげ闘争(春闘)がおこなわれ、労働者は統一ストライキで闘うところまで成長しました。

労働運動の発展と並行して、農民もまた、製糖工場やパイン缶詰工場が買いつけるさとうきびやパインの価格をきめる闘争のなかで農民組合に組織されるようになり、労働者階級と手をたずさえて進み始めました。

このように労働運動と農民運動が発展するにつれて、復帰協の主催する復帰運動も生気をとりもどし、毎年四月二十八日におこなわれる祖国復帰県民総決起大会は、年を追って盛大になっていきました。それとともに、日本本土における沖縄返還の運動も、また、労働組合を中心に発展するようになり、一九六三年以後は、毎年四月二十八日に、沖縄と本土とを分けている北緯二十七度線上で、沖縄代表と本土代表とが海上で交歓する〝海上集会〟もおこなわれるならわしになりました。

日本復帰運動のあらたな発展にともなって、自治を要求する住民の世論と運動も、また、大きくもりあがってきました。それとともに、人民、社会、社大三党も過去の誤りを克服する方向にむかい、革新政党の協力関係も回復にむかいました。そして市町村自治体の首長選挙や、立法院議員の選挙では、ふたたび、革新勢力の進出と保守勢力の後退が目立つようになってきました。

このような事態になったために、一時は柔軟な素振りを見せていたアメリカ軍の占領政策も、たちまちもとの本性をあらわにして、強圧策にはやがわりしました。一九六一年に就任したキャラウェー高等弁務官(六四年解任)は、布令を乱発して、ことごとに住民の自治を圧迫したり、あるいは、立法院議員選挙で革新政党の候補者にわけもなく失格宣言をくだすなどの選挙干渉をしたりして、〝キャラウェー旋風〟の名をほしいままにしていました。そして、一九六三年三月には、

「現在の沖縄では、自治権は神話である。琉球住民の自由意志で、ふたたび独立国となる決定をしないかぎり、将来も自治は存在しない。現在の沖縄で自治の拡大を要求するのは、自分の無責任と無能力を隠すためのものだ。」

と、沖縄住民の自治を頭ごなしに否定しました。

しかし、戦後二十年近くもきびしい軍政下できたえぬかれた沖縄住民の抵抗力は、キ

ャラウェー高等弁務官の強圧に屈しないだけの強靭なものに成長しつつありました。だから、高圧的な軍政は、かえって、広く住民の憤激と抵抗を呼びおこしただけです。一九六四年には、自治を要求する住民の運動が、主席公選要求という形で、第二の〝島ぐるみ〟闘争といわれるほど、全住民を巻きこんで発展しました。

後に、一九六八年になってから、主席公選が実現したのを初め、これと相前後して、住民のいろいろな民主的権利が拡大したのは、住民のこのようなたゆまない闘いの成果にほかなりません。

ベトナム戦争と沖縄住民の反戦復帰闘争

アメリカがベトナム戦争の全面的な拡大にふみ切った一九六五年(昭和四十年)という年は、それから八年後にベトナムの和平が成立した一九七三年とともに、アジアの歴史はもちろん、世界の歴史の上で、忘れることのできない年になりました。それはなぜかというと、それまでアメリカがアジアでとってきた反共軍事政策は、ベトナム戦争を通じて、完全に失敗したことがあきらかとなり、アメリカも、ついに、反共軍事政策の中心にすえられていた〝中国封じこめ政策〟そのものまで変更しなければならなくなったからです。

このようにアジアの情勢が変化するなかで、沖縄の歴史も、また、ベトナム戦争と直接、間接のかかわり合いをもちながら、大きく変化する時期(転換期)を迎えました。それは、沖縄のアメリカ軍基地がアメリカのアジアにおける反共軍事政策から生みおとされた事情を考え合わせると、とうぜんのことともいえましょう。

このように、歴史の転換が始まる年になった一九六五年一月、佐藤(栄作)首相は、沖縄問題を引っさげてアメリカに渡り、ジョンソン大統領と会談しました。そのとき、佐藤首相は、前年の十一月に病気でやめた池田首相のあとをついだばかりでしたが、首相になる前から、かねがね、

「私がもし政権をとれば、いずれアメリカへ出かけて、ジョンソン大統領に対し、正面から沖縄の返還問題をもち出すつもりだ。この領土問題がかたづかないと、「戦後は終わった」とか、「日米パートナーシップ(日米協力体制)の確立」とか、いえたものではない。」

という意味の発言をしていました。だから、佐藤首相の訪米にさいしては、

「沖縄返還問題も何らかの進展を見せるのではないか。」

と、期待を寄せる人びとも少なくありませんでした。ところが、そういう人びとの期待は、日米首脳会談を終えて発表された共同声明で、完全に裏切られてしまいました。この共同声明によると、佐藤首相は、たしかに、

「沖縄および小笠原諸島の施政権をできるだけはやい機会に日本に返還してほしい。」

という願望を表明しました。しかし、これに対し、ジョンソン大統領は、「極東における自由世界の安全保障上の利益がこの願望の実現をゆるす日を待望している。」と、述べるのにとどまり、当分は沖縄を日本に返還する意志がないことをあきらかにしました。その理由は、「沖縄および小笠原諸島におけるアメリカの軍事施設が極東の安全のため重要である。」ということにありました。そのことは、佐藤首相も十分認めていました。そして、佐藤首相としては、それを否定してまで、沖縄の返還を強く要求しようとは考えていませんでした。そこで、結局、佐藤首相とジョンソン大統領は、沖縄基地の重要性を確認し合って、沖縄の返還問題は棚あげにし、そのかわり、「沖縄に対する経済援助だけでなく、沖縄住民の安寧のためにも、日米両国の協力体制をますます強めていくことに意見の一致を見た。」と、共同声明は述べています。つまり、日本政府は、アメリカ軍の沖縄占領支配をたすけるために、アメリカ政府との協力を一段と強化することになったわけです。

以上のような内容をもつ共同声明の沖縄に関する部分は、実は、冒頭から、「総理大臣と大統領は、沖縄および小笠原諸島におけるアメリカの軍事施設が極東の安全のため重要であることを認めた。」

という文章で始まっています。この文章は、沖縄の返還問題を棚あげにする理由を示したものですが、その裏には重大な意味がふくまれていました。それは何かというと、「ベトナム戦争の全面的な拡大と継続のためには、沖縄基地が絶対に必要である。」ということについて、日米両首脳のあいだに完全な合意があったということです。

ところで、ベトナム戦争はどうしておこったのでしょうか。それがはっきりしないと、沖縄のアメリカ軍基地がどのようにベトナム戦争と関係していたかもわかりにくいので、簡単にそのいきさつを見ておきましょう。

十九世紀なか頃から第二次大戦にいたる約八十年間、ベトナムは、ラオス、カンボジアとともに、仏領インドシナといって、フランスの植民地になっていました。それから、第二次大戦中は、日本軍がベトナムを占領し、フランスにかわって、日本がベトナムの植民地支配を始めていました。そのために、植民地からの解放を目指すベトナム人民の抵抗運動のほこ先も、フランスにかわって、日本軍にむけられることになります。そして、ベトナム人民は、日本が無条件降伏した一九四五年(昭和二十年)八月十五日前後に、ベトナム全土でいっせいに蜂起し、いちはやく、ベトナム民主共和国を建設しました。ホー・チ・ミンが国の主席に選ばれ、首都はハノイに定められました。それを指導した中心の勢力はインドシナ共産党(後にベトナム労働党を経て、現在、ベトナム共産党)です。

しかし、フランスは、ベトナム民主共和国を認めようとせず、ベトナムの植民地支配をつづけるために、ふたたび軍隊をベトナムに送りこんで、武力による侵略を始めました。これに対して、ベトナム人民も武器をとって抵抗し、一九四六年十二月には、ベトナムとフランスとのあいだで、全面的な戦争が始まりました。この戦争は一九五四年までつづいて、フランス軍の敗退で終わり、それ以後、フランスはベトナムから完全に手を引くことになります。

そのとき、スイスのジュネーブで開かれた国際会議のとりきめによると、北緯十七度線を臨時の軍事境界線として、ベトナム人民軍はその北に集結し、フランス軍はその南に集結してから本国へ撤退することになっていました。そして二年後の一九五六年七月には、国際監視委員会の監視のもとで、南北統一のための総選挙がおこなわれることになっていました。もし、この統一選挙が予定どおりおこなわれていたら、そのとき、ベトナム全土に平和が訪れていたにちがいありません。ところが、不幸なことに、それをアメリカが妨げました。

当時、アメリカのアイゼンハワー大統領やダレス国務長官は、こんなふうに考えていました。

「ベトナムで南北統一の選挙をすれば、ベトナム全土がハノイのベトナム民主共和国政府のもとに統一されて、社会主義の道へ進むことは、火を見るよりあきらかだ。そのようにベトナムが社会主義化して、われわれがインドシナ半島を失う結果になるならば、その影響はドミノの札を倒すように（将棋倒しに）他の地域へ次々と広がり、やがてアジア全体が社会主義化の脅威に見舞われるだろう。それをくいとめるためには、全力をあげてサイゴン政府を援助し、南ベトナムに強固な反共国家をつくりあげなければならない。」

サイゴン政府というのは、もとはといえば、フランス軍がベトナム人民軍と交戦中に、ベトナムの植民地支配をやりやすくする目的で、サイゴン（現在のホーチミン）につくったフランスのいいなりになる政府です。それを、今度は、アメリカが援助して、アメリカのいいなりになる反共国家をつくらせようというわけです。そのような目的で、アメリカ政府はこのサイゴン政府に軍事援助と経済援助を送るようになり、軍事顧問団も送って、サイゴン政府軍の育成、強化に乗り出しました。そして、このようなうしろだてができて勢いづいたサイゴン政府は、アメリカ政府の指図どおり統一選挙を拒否しました。それればかりではありません。統一選挙の実施を積極的に主張する人びとに対しては、〝ベトコン〟（ベトナム共産党）のレッテルをはりつけて、いわゆる〝赤狩り〟をおこない、逮捕、投獄、殺害という残虐な弾圧の雨を降らせました。つまり、サイゴン政府は、アメリカがベトナムを侵略し、植民地化するための狂暴な道具になってしまったのです。

ここにいたって、南ベトナム各地では、民族の統一と独立を求める人びとが、ふたたび武器を手にして、アメリカとサイゴン政府に対する抵抗運動に立ちあがりました。それが一九六〇年初め頃のことです。そして、各地で武装蜂起した人びとは、たがいに連絡をとり合い、この年の十二月、南ベトナム解放民族戦線という組織を結成しました。それ以来解放民族戦線の人びとは、ゲリラ戦をくり広げながら、南ベトナムの各地に次々と解放区を建設していきました。解放区というのは、解放民族戦線の支配する地区のことで、そこにはサイゴン政府の支配がおよばず、解放民族戦線の指導のもとに政治がおこなわれていました。

アイゼンハワー大統領のあとをついだばかりのケネディ大統領は、このような南ベトナムの情勢に直面して、一九六一年五月、サイゴン政府と事実上の軍事同盟を結び、アメリカの特殊部隊を南ベトナムに送りこんで、いわゆる〝特殊戦争〟を開始しました。特殊部隊というのは、植民地の人民が武装蜂起したのを鎮圧するために特別の訓練をした軍隊で、じっさいの戦闘にあたっては、サイゴン政府軍のような現地人からなる軍隊を指揮して、ゲリラと戦うしくみになっています。そういう戦争を〝特殊戦争〟と呼んでいました。

ところで、この特殊部隊を訓練する学校はアメリカ本国に一つあり、アジアでは沖縄にその訓練所が設けられていました。南ベトナムに送りこまれた特殊部隊は、いうまでもなく、沖縄で訓練され、沖縄に本拠をもつアメリカ陸軍第一特殊部隊です。そして、この特殊部隊は、南ベトナムで作戦中も、沖縄の司令部と緊密な電信連絡をとりながら行動していました。このように、沖縄は、すでに一九六一年以来、南ベトナムにおけるアメリカの〝特殊戦争〟の根拠地になっていたのです。

一九六一年に沖縄に着任したキャラウェー高等弁務官が、ことごとに布令を乱発して、〝キャラウェー旋風〟を吹かしたのも、実は、ベトナムでの〝特殊戦争〟の根拠地になった沖縄基地を安全に確保するという軍事上の目的から生まれたものです。このことは、沖縄がアメリカ軍の侵略戦争の基地に使われるときには、かならず沖縄住民の民主的権利が抑圧され、基本的人権がふみにじられるという関係を、典型的に示したものといえましょう。

さて、軍事顧問団という名で沖縄基地から南ベトナムに送りこまれたアメリカの特殊部隊は、一九六一年に約五千人であったのが、その後年々増強されて、六四年には二万人をこえていました。しかし、アメリカ軍とサイゴン政府軍はそれでも解放民族戦線を鎮圧することができませんでした。それどころか、反対に、六四年ともなると、解放区は南ベトナム全土の四分の三の面積をもつ地域に広がり、アメリカの特殊部隊とサイゴン政府軍の主力は潰滅状態におちいっていました。アメリカが南ベトナムで初めてこころみた〝特殊戦争〟は完全な失敗に終わったのです。

この失敗をとりもどすために、アメリカは、一九六五年(昭和四十年)二月七日、「南ベトナム解放民族戦線がアメリカ軍基地に対して攻勢に出ているのは、北ベトナムが支援しているからだ。」

と、いいがかりをつけて、北ベトナムに対する本格的な爆撃を開始しました。それまでは、アメリカ空軍の爆撃も南ベトナムの解放区や、ゲリラ戦のおこなわれている地域にかぎられていました。それが北ベトナムにまで拡大されたわけです。それと同時に、アメリカは、特殊部隊のほかに、解放民族戦線と直接戦火をまじえる地上戦闘部隊も南ベトナムへ送りこむことになりました。ここにいたって、アメリカ軍は名実ともに戦争の主役になったのです。南ベトナムに送りこまれたアメリカ軍兵力は、一九六五年六月に五万四千人であったのが、その後急ピッチに増強されて、十二月には十八万人となり、さらに六六年には三十万人をこえ、ついに、六七年には五十万という大軍になりました。さらに、また、アメリカの衛星国(韓国、タイ、フィリピン、ニュージーランド、オーストラリア)も、アメリカの指示にしたがって、数万の軍隊を南ベトナムに送りこみました。それらにサイゴン政府軍を合わせると、実に百万をこえる大軍が南ベトナム解放民族戦線との地上戦に投入されたことになります。

当時、アメリカ政府の考え方によると戦争は〝世界戦争〟〝局地戦争〟〝特殊戦争〟の三つの種類に大別できるとされていました。世界戦争というのは文字どおり世界中を巻きこんだ戦争のことです。局地戦争というのは、それにつぐ段階のもので、一定地域内でおこなわれる戦争のことです。特殊戦争については、すでに見たとおりです。この考え方でいくと、一九六一年に特殊戦争として始まったベトナム戦争は、一九六五年を境にして、局地戦争へ発展したことになります。このようにベトナム戦争が発展し、拡大するなかで、沖縄基地はどのような役割をはたしたでしょうか。

まず、一九六五年二月、北爆《ほくばく》の開始と同時に南ベトナムに上陸したアメリカの地上戦闘部隊は、沖縄基地に駐留していた第三海兵師団(海兵隊)や陸軍第一七三空挺《くうてい》旅団(降下部隊)などに所属する部隊です。この年の六月頃までに南ベトナムに上陸したアメリカ軍の主力は、ほとんど、沖縄基地から出動した部隊です。つまり、沖縄基地は、それまで特殊戦争の根拠地になっていたのが、今度は、本格的な局地戦争の出撃基地として使われることになったわけです。

それだけではありません。一九六五年六月以降、グアム島のアメリカ空軍基地から海を渡ってベトナムを爆撃した〝黒い殺し屋〟B52戦略爆撃機は、沖縄の嘉手納飛行場をとびたったKC135給油機から空中給油をうけるしくみになっていました。つまり、沖縄基地がなければ、グアム島のB52も渡洋爆撃ができなかったのです。それから、また、沖縄にはアメリカ本国から第二兵站《へいたん》部隊(軍需品の補給、修理などにあたる部隊)が移動してきて、ベトナム戦争で使う軍需品を補給したり、修理したりする大規模な施設をつくり、沖縄はベトナム戦争を後方でささえる補給基地にもなっていました。さらに、また、ベトナム戦争で負傷したアメリカ兵は、沖縄にある軍病院や保養施設に送りかえされるというように、沖縄はそういう意味の後方基地でもありました。

そのうえ、一九六五年七月には、台風を避けるためという口実でＢ52約三十機が嘉手納飛行場にやってきて、それから直接南ベトナム解放区の爆撃にむかいました。それが一九六八年にはいってからは、Ｂ52が嘉手納飛行場に腰をすえて、常駐するようになり、沖縄から直接ベトナム各地の爆撃をくりかえしていました。

このように見てくるならば、アメリカがベトナム戦争を継続し、拡大するうえで、沖縄基地がどんなに重要な役割をはたしていたか、はっきりするでしょう。もし沖縄基地がなかったならば、アメリカはベトナムでの特殊戦争も、局地戦争も、初めからできなかったのではないかと思われるくらいです。それほど密接に沖縄基地はベトナム戦争と結びついていました。一九六五年一月の佐藤・ジョンソン共同声明で沖縄基地の重要性を認め合ったのは、裏をかえせば、ベトナム戦争を拡大することについて、両者のあいだに暗黙の合意があったということにほかなりません。アメリカが北爆の開始と同時に南ベトナムでの局地戦争にふみ切ったのは、この日米共同声明が発表された直後のことです。そのために、沖縄の返還問題も棚あげにされたのです。それが日本復帰の早期実現を望んでいる沖縄住民を失望させ、沖縄住民の日本政府に対する不信感をつのらせたことはいうまでもありません。

そこで、佐藤首相としては、そういう沖縄住民の不満や不信感をとりのぞくために、何らかの手を打たなければならなくなりました。そうでないと、日米両政府に対する沖縄住民の抵抗運動が爆発的におこって、アメリカ軍の沖縄基地の使用が困難になるかもしれません。現に、ベトナム戦争が拡大されて以来、戦争の不安におそわれた沖縄では、沖縄基地がベトナム戦争のために使われることに反対する世論がにわかに高まっていました。そういう世論を背景にして、四月には、沖縄県原水爆禁止協議会が主催して、「ベトナム戦争介入抗議県民大会」が開かれました。これと相前後して、労働組合は、アメリカの軍用船にやとわれている沖縄人乗組員に対する南ベトナムいきの命令を拒否する運動を始めていました。さらに、七月、嘉手納飛行場からB52が南ベトナムの爆撃にむかったときには、立法院も全会一致で次のような「戦争行為の即時とりやめに関する要請決議」をして、ジョンソン大統領を初め、アメリカ上下両院議長や琉球列島高等弁務官に送りました。

「第二次世界大戦で戦争の惨禍を直接うけたわれわれ沖縄県民は、戦争がいかにおそるべき罪悪であり、人類にとって最大の不幸であるかを身をもって知った。

戦後二十年の今日にいたるまで米国は、沖縄に強大な軍事基地を保有し、現在この基地はベトナムへの出撃の拠点として使用され、軍事演習は頻繁となり、軍人による犯罪の激増もともなって、県民の生命財産に直接大きな被害を与えている。

ことに米軍は、先に県民を軍用員としてベトナムに派遣する問題を引きおこし、県民の一大反撃をうけたが、さらに七月二十九日サイゴンにおける米軍スポークスマンは、沖縄から発進した米軍B52爆撃機約三十機が、同日サイゴン東南方五十六キロメートルのベトコン地区に爆撃を加えたことを発表している。

このようにして、沖縄の米軍基地がベトナムへの出撃基地となり、沖縄が直接戦争の渦中に巻きこまれていることは、県民に直接戦争の不安と恐怖を与え、単に沖縄の安全ばかりでなく本土の安全をも脅かす重大問題となっている。

よって本院は、米国が沖縄基地からのベトナムへの出撃および沖縄を戦争に巻きこむいっさいの行動を即時とりやめるよう強く要請する。」

さて、このように、ベトナム戦争の基地として沖縄が使用されることに反対の世論がもりあがっているただなかで、佐藤首相は、沖縄住民の日本政府に対する不満と不信をとりのぞくために、どのような方法を考えたでしょうか。なみたいていのありふれた手段で、それがうまくいきそうにないことは、佐藤首相も承知していたと思います。そこで選ばれた手段は、佐藤首相自身が沖縄を訪問して、経済援助の増大や、社会福祉の向上や、自治権の拡大のために努力することを沖縄現地でじかに約束し、それによって、日本政府の誠意と熱意を住民に印象づけ、日本政府との一体感を住民にもたせるということです。そういうねらいから、佐藤首相は、この年(一九六五年)の八月、沖縄の土をふみます。そして、那覇空港で飛行機から降りたばかりの佐藤首相は、訪問の挨拶のな

かで、

「私は沖縄の祖国復帰が実現しないかぎり、わが国にとって戦後が終わっていないことをよく承知しております。」

と、はやくも沖縄に寄せる熱意のほどを披瀝しました。だが一月に日米共同声明が出たあとであって見れば、それを額面どおりうけとった住民が、はたしてどれだけいたでしょうか。空港のゲートでは、数百人のデモ隊が、

「ベトナム戦争の共犯者、佐藤帰れ。」

と、叫んでいました。もっとも、大部分の住民は、これほどきっぱりした考え方をもっていませんでしたが、そうかといって、もろ手をあげて佐藤首相を歓迎する気持ちにもなれません。大部分の住民は強い不信とかすかな期待との入りまじった複雑な気持ちで佐藤首相を迎えたのでした。

来島したその日の夜、佐藤首相はアメリカの高等弁務官にまねかれて歓迎晩餐会(レセプション)に出席していました。そのとき、那覇では沖縄県祖国復帰協議会の主催で「首相に対する祖国復帰要求県民大会」が開かれ、参加者が五万人をこえる大集会になりました。大会が終わったあと、参加者の約半数はデモに移り、激しいジグザグ行進で佐藤首相の宿舎にあてられたホテルにむかいました。そして、その代表は、首相に対し、

「沖縄の祖国復帰は、いつ、どのようにして実現するのか、具体的に回答せよ。」

と、面会を求めました。しかし、ホテルには首相が不在だというので、デモ隊は、「首相に会って、回答をうけとるまでは動かない。」と、一号線〔現在の国道五八号〕と呼ばれる幹線の軍用道路にすわりこみました。それで、幅が数十メートルもある軍用道路は約四、五百メートルにわたって、すわりこみの人で埋めつくされ、交通も止まってしまいました。それでも首相は、デモ隊の代表と会うことをこばみつづけ、とうとう、しまいには、深夜の一時半頃、逃げかくれるようにして、アメリカ軍司令部内に避難し、そこで一夜を明かしたのでした。この事件は、沖縄の祖国復帰を棚あげにしていては、日米両政府のどのような経済援助も沖縄住民の不満や不信をとりのぞくものになり得ないことを、日米両政府の要人たちにまざまざと思い知らせるものになりました。

じっさい、それから後、日米両政府の経済援助は、二九〇頁の表3からもわかるように飛躍的に増大しましたが、しかし、アメリカ軍の占領支配に対する住民の抵抗はますます強く燃えさかるばかりです。

たとえば、一九六六年、琉球政府のもとにある裁判所がアメリカ軍の布令にかかわる二つの民事事件を審理していたときのことです。ワトソン高等弁務官は、「問題の二つの裁判事件は、二つの布令に対する琉球政府裁判所の挑戦であり、ひいてはすべての布令とアメリカの行政の権利に対する挑戦と見なされる。」

と、特別の声明を発表して、二つの事件をアメリカ民政府裁判所（軍裁判所）に移すことを命じました。この裁判移送命令は、たちまち住民の憤激と抗議を呼びおこし、「琉球政府裁判所に布令を審査する権限を与えよ。」と要求する運動が全住民のあいだに燃え広がりました。その結果、裁判移送命令そのものは撤回されませんでしたが、琉球政府裁判所の布令審査権をアメリカ軍も部分的に認めざるを得なくなりました。

さらに、一九六七年にはいってからのことです。かねがね、教職員から教育の自由や政治活動の自由を奪おうと考えていたアメリカ軍は、親米的な保守政党に入れ知恵して、立法院でそういう法律を日本の法律にならってつくらせようとしました。そのときのことです。この法律に反対する運動は、教職員や労働組合の人びとはもちろん、広く住民を巻きこんで、またもや〝島ぐるみ〟闘争の様相を帯びて発展しました。そして、この法律案を審議する立法院は、連日のように、数千人から二、三万人のデモ隊で包囲され、警官隊でさえもこのデモ隊を排除できないどころか、反対に、警官隊がデモ隊に排除されるという事態になってしまいました。このような人民大衆の行動に押されて、親米的な与党も、ついには、アメリカ軍の希望にさからって、この法律をつくることを断念してしまいました。

このように、アメリカ軍の占領支配に対する沖縄住民の抵抗は、日米両政府が協力して押さえにかかっても、もはやどうにもならないくらい強いものになっていました。こうして、一九六七年ともなると、アメリカの政府や軍部の内部では、

「沖縄の軍事基地をアメリカ軍が従来どおり自由に使用できることさえ保証されるならば、住民を治める政府のことは日本政府にまかせた方がよいのではないか。つまり、軍事基地と施政権(政治をほどこす権限)とは分離して考えて、軍事基地はアメリカ軍の手に確保したまま、施政権だけを日本に返してはどうだろうか。そうでないと、アメリカは沖縄のことで終わることのない政治的紛争に巻きこまれるおそれがある。」

という意見がだんだん強くなっていきます。

一方、ベトナム戦争の方も、アメリカ政府にとって、だんだん荷の重いものになってきました。というのは、五十万の地上戦闘部隊を南ベトナムにつぎこみ、さらに北ベトナムの爆撃をつづけても、結果はアメリカ軍の死傷者がふえるばかりで、戦争を終わらせる見通しがまったく立たなかったからです。しかも、アメリカ国内では反戦運動が燃えあがるし、国際的にはアメリカの戦争拡大を非難する国がふえるばかりです。そのうえ、経済的な負担も大きくなりすぎて、それが国際収支の赤字を生み、ひいてはドルの値うちを不安定にする大きな原因の一つになっていました。そういった事情から、アメリカ政府としては、アジアにおける軍事政策をもう一度考えなおして、アメリカの負担が軽くなるように手なおしする必要に迫られました。そこで考え出された政策の一つが、

日本とアメリカとの軍事上の協力体制を強化しながら、アメリカがアジアで負担してきたことを日本にも分担してもらうということです。そのためにも、日米間の懸案になっている沖縄の返還問題は、このさい解決した方がよいと考えられるようになりました。

〈抑止された二・四ゼネストとコザ暴動〉

内外の情勢がこのように動いているなかで、一九六七年(昭和四十二年)十一月、佐藤首相はふたたびアメリカに渡って、ジョンソン大統領と会談しました。その結果、両首脳は、日米安保条約の堅持と沖縄基地の維持を確認し合ったあと、「アメリカは沖縄の施政権を日本に返す方針を承認し、その時期と方法については、日米両政府のあいだで引きつづき検討していく。そのあいだにも、沖縄の制度をできるだけ日本のそれに近づけるようにして、沖縄と日本との一体化を促進する。」という意味のとりきめをしました。

ジョンソン大統領が「琉球列島の管理に関する行政命令」を一部改定して、琉球政府行政主席の公選を認めたのは、それからまもない一九六八年一月末のことです。そして、この大統領行政命令の改定にもとづく沖縄で初めての主席選挙は、その年の十一月十日におこなわれることになりました。選挙の結果は、労働組合や革新政党がいっしょに参加してつくっている革新共闘会議の推す屋良朝苗《やらちょうびょう》候補が自由民主党候補を破って、初代公選主席に当選しました。それは、即時無条件の日本復帰を望む住民の気持ちを反映したものです。この主席選挙の直後におこなわれた那覇市長選挙でも、結果は同じく、革新共闘会議の推す候補者が勝利をおさめました。主席も、中心都市那覇の市長も、革新勢力が占めることになったわけです。

ところで、住民の誰しもが、初めての主席選挙に大きな関心をもち、それに気を奪われているあいだも、沖縄基地はベトナム戦争のために休むことなく動きつづけていました。特にこの年(一九六八年)にはいってからは、B52が頻繁に嘉手納空軍基地にやってきて、だんだんなしくずしに常駐するようになっていました。それに対し、初めのうちは、B52撤去闘争がもりあがったものの、この年の中頃からは、革新勢力も主席選挙に気を奪われて、その闘争も中断していました。そんなとき、住民をふたたびB52撤去闘争にふるい立たせる事件が、たまたま、主席選挙の直後におこりました。選挙の興奮も十分にはまださめきっていない十一月十九日未明、嘉手納飛行場でB52爆撃機が墜落して爆発する事故がおこったのです。

この事故をきっかけにして、B52撤去を要求する声は沖縄中から湧きおこり、労働者は一九六九年二月四日を期して、二十四時間のゼネスト(あらゆる産業、あらゆる職場の全労働者がいっせいにストライキをすること)をおこなう方針をきめました。そして、このゼネストには、民間企業や官公庁の労働組合はもちろん、教職員会や軍労働組合も参加することになっていました。

軍労働組合というのは、アメリカ軍基地で働いている沖縄人労働者の組合のことです。一九六一年に結成された当時は二千人の組合員しかいませんでしたが、六八年には約二万人の軍労働者が全沖縄軍労働組合（略して全軍労）に結集され、この年の四月には、布令一一六号（軍労働法）の撤廃と大幅賃あげを要求して、二十四時間のストライキをおこなうところまで成長していました。それが今度は、B52の撤去を要求するゼネストにも参加することになったのです。だから、このゼネストがおこなわれたならば、軍事基地がマヒし、アメリカ軍に大きな打撃を与えることはまちがいありません。それだけに、全軍労に対するアメリカ軍の報復も予想しておかなければなりません。それを覚悟のうえで、全軍労に結集した二万人の軍労働者はゼネストへの参加を決意したのです。

このようにして、息づまるような緊迫感のうちに、ゼネスト決行の日は刻々と近づいてきました。このとき、日本政府は、

「沖縄の労働組合のゼネストは、アメリカとの沖縄返還交渉を困難にし、復帰の時期をおくらせるおそれがある。」

と、いい、屋良主席や、総評（日本労働組合総評議会の略称）および同盟（全日本労働総同盟の略称）の幹部を政府にまねいて、

「沖縄の労働組合にゼネストを思いとどまらせてほしい。」

と、依頼しました。そのさい、日本政府は、

「アメリカ軍がタイに建設中のサタヒップ飛行場が完成する今年の六、七月頃までには、アメリカも沖縄のB52を撤去して、タイに移駐させる見通しだ。だから、ゼネストは回避してほしい。そうでないと、沖縄の日本復帰がおくれるばかりでなく、そのほかに、沖縄県民ははかり知れない損失をうけるおそれがある。」

と、説得しました。これに対して沖縄の日本復帰が一日もはやく実現することをねがっている屋良主席は、ゼネストが日米両政府の沖縄返還交渉をおくらせる結果になることを心配して、

「私としても、ゼネストの回避のために、最善をつくしたい。」

と、答えました。そして、沖縄に引きかえしてきた屋良主席は、ゼネストが数日後に迫った一月三十一日、労働組合や教職員会の幹部たちに要請書を手渡して、

「忍びがたきを忍んで、ゼネストを思いとどまってほしい。」

と、頼みこみました。それを追いかけるように、翌二月一日には、日本の労働組合を代表する総評と同盟の幹部たちが東京から沖縄にやってきて、

「B52は、日本政府の責任で五、六月頃には完全に撤去されそうである。屋良主席がゼネストの回避を要請した気持ちはよくわかる。屋良主席が日本政府とアメリカ政府とに対して発言力を持つようにするために、誕生したばかりの革新主席を窮地に追いこむこと

なく、みんなで守ってあげる必要がある。」

と、ゼネストの中止を説いてまわりました。しかし、この言い分は、うわべをとりつくろったものにしかすぎません。総評と同盟の幹部たちがゼネストの回避を呼びかけた本当の理由は別のところにあったといわれています。その直接の理由は、

「ゼネストを決行して、沖縄の労働者、特に軍労働者に、〝クビ切り〟(解雇)などの処分が大量に出た場合、その犠牲者を救援する資金の準備が総評や同盟にもととのっていない。」

ということです。しかし、それも根本の理由とはいえません。

「救援資金を準備しようとしたが、できなかった。」

と、いうのであれば、話は別です。しかし、総評や同盟はその資金をつくる努力さえしませんでした。つまり、B52の撤去を目指してゼネストに突入しようとしている沖縄の労働者と腕をくんで闘う気構えが、総評や同盟の幹部たちには、初めからなかったのです。日本では総評や同盟が、一度もゼネストをおこなおうとした経験さえないことを思いあわせると、それも無理からぬことです。

こうした総評や同盟の幹部たちの働きかけのために、沖縄県労働組合協議会(略して県労協)の幹部たちは動揺し、ゼネスト決行直前の二月二日に、幹部だけでゼネストの中止をきめてしまいました。憤激したのは一般の労働組合員や学生やその他の住民です。

これらの人びとは、とうぜんゼネストが決行されるものと信じて、その準備を着々と進めていました。

もし、ゼネストが決行されたならば、当日は、嘉手納空軍基地を十万人のデモで包囲し、軍用道路にすわりこんで、軍事基地の機能を一日中ストップをさせるはずでした。ゼネストを決意している沖縄の労働者は、その日のことを、胸をはずませながら、思いえがき、

「アメリカ軍はいまベトナムで苦戦している。かりに沖縄で八時間も補給が途絶すれば、そのあいだ、彼らは解放戦線の包囲に裸でさらされることになる。沖縄ではストの効果は目に見えないかも知れない。しかし、じっさいの影響はベトナムであらわれる。基地を眠らせ、基地を墓場にする以外にB52撤去の道はない。」

と、考える人びとも生まれていました。沖縄の労働者のなかには、ベトナム人民と腕をくんで進まなければならないという国際連帯の意識が、芽生えつつありました。そして、軍事基地に対する考え方も、単に、

「自分たちが戦争に巻きこまれたくないから、軍事基地はない方がいい。」

ということから、さらに進んで、

「沖縄と日本本土をふくめたアジアの平和と人民の解放のために、アメリカの軍事基地を撤去しなければならない。」

と、考えるようになってきつつありました。労働者のなかには、「二月四日のＢ52撤去のゼネストを、日米安保条約を廃棄する日本国民の先頭に立つ闘いにし、その起爆力にしなければならぬ。」と、意気ごんでいる人びとも少なくありませんでした。それだけに、ゼネストが中止になったとき、これらの労働者は、やり場のない怒りに身をふるわせました。その無念さとくやしさは、総評や同盟の幹部たちには理解できなかったと思います。

二月四日は、ゼネストのかわりに、嘉手納空軍基地の近くで五万人の集会とデモがおこなわれ、降りしきる雨の中を、労働者、学生を初めとする参加者全員が軍用道路にすわりこみました。しかし、ゼネストをぬきにしたこの統一行動は、アメリカ軍に対しても、それほどの打撃になりませんでした。その証拠に、アメリカ政府関係者は、ゼネスト中止の決定を、いちはやく〝良識の勝利〟として、歓迎する態度をあきらかにしていました。一方、日本政府は、このあと、アメリカ軍基地の安全をはかった実績をアメリカに示して、沖縄の施政権の返還交渉を進めることになります。この年(一九六九年)の十一月、佐藤首相は三たびアメリカに渡りました。

佐藤首相としては、もちろん、アメリカ軍基地はそのままにして、沖縄の施政権だけを返してもらうというのが基本方針です。これに対しては沖縄の革新勢力はもちろん、日本の革新勢力も反対し、沖縄の軍事基地の撤去を要求しました。そして、首相が渡米する直前の十月二十一日には、総評、社会党、共産党が中心になり、全国各地で、佐藤首相の訪米に抗議する集会が開かれました。しかし、二月四日に沖縄で予定されていたゼネストのさい、総評と同盟の幹部を動かしてゼネストを中止させることに成功した日本政府にしてみれば、いまさら総評が中心になって開いた抗議集会などは、申しわけ的な、おきまりの行事や儀式くらいにしか見ていなかったと思います。だから、佐藤首相は、それによって少しの影響もうけることなく、かねがね定められた日本政府の方針どおり、沖縄返還交渉のしあげにとりかかりました。

一九六九年(昭和四十四年)十一月、訪米した佐藤首相はニクソン大統領と会談し、その結果、沖縄の施政権が一九七二年中に日本に返還されるという日米共同声明が発表されました。さらに、その後、この共同声明を具体化するための協議が日米両政府のあいだでおこなわれ、次のようなとりきめをして、沖縄の日本復帰が実現することになりました。

一、アメリカの極東における軍事政策に日本も積極的に協力する。
一、日米安保条約を堅持し、それを沖縄にも適用する。
一、沖縄のアメリカ軍基地の機能をおとさないようにする。
一、沖縄基地の安全を守るために、日本の自衛隊を沖縄に駐留させる。

このとりきめをする交渉のあいだじゅう日本政府は、「核ぬき・本土なみの返還」ということをさかんに強調しました。しかし、核兵器が撤廃されたということを、アメリカ政府は明言したことがありません。沖縄が日本に返還されても、アメリカ軍基地の機能がそのまま維持される以上、〝原子兵器を貯蔵または使用できる〟軍事基地もそのまま残されているにちがいありません。そのうえ、このとりきめによると、日本の自衛隊までも沖縄にやってくることになりました。*

＊　著者による「新訂増補」原稿では、右の六行分の記述を左のように差し替える、とされていた。

このとりきめの中で、アメリカ政府がゆずれない最重要事項としたのは、三項目の「米軍基地の機能維持」です。それは、沖縄がアメリカの軍事占領下にあったときと同じように「米軍基地の自由使用」ができるようにするということです。それさえ保証されれば、沖縄の施政権は日本に返してよい、とアメリカ政府は考えていました。日本政府が最も重要視した「核ぬき」返還ということは、アメリカ政府にとって「米軍基地の機能維持」を日本政府に承認させ、確約させるための外交交渉の取引材料にしか過ぎませんでした。その背景には、核兵器の主力が沖縄に配備された中距離弾道弾等にかわって、大陸間弾道ミサイルや潜水艦発射弾道ミサイル等に移っていた事情もあります。アメリカ政府にとって、沖縄からの核兵器撤去はそれほど深刻な問題ではなかったわけです。

このとりきめをする日米両政府の交渉は、沖縄の人びとを失望させました。しかし、黙ってあきらめるわけにはいきません。復帰協に結集した革新勢力は、ただちにこのとりきめに反対する意志を表明し、〝日米安保条約の廃棄〟、〝アメリカ軍基地の撤去〟、〝自衛隊の沖縄駐留阻止〟の闘争をくり広げることになります。そして、人びとは、この闘争をいつしか〝反戦復帰〟の闘争と呼びならわすようになりました。その意味は、日米両政府の軍事政策に反対し、日米安保条約もなく、アメリカ軍基地と自衛隊もない祖国日本への復帰をかちとるための反戦平和の闘争ということです。

ところで、この反戦復帰の闘争は、その目指すことがらの性質上、日本全体の闘争として発展しないかぎり、沖縄だけで単独に勝利できるものではありません。しかし、この闘争の主な担い手にならなければならないはずの日本本土の革新勢力は、沖縄の革新勢力と腕をくんで反戦平和の闘争を押し進めるだけの気がまえや力をもちあわせていませんでした。それは、一九六九年二月四日に予定されていたB52撤去のゼネストをめぐって、総評と同盟の幹部がとった態度からもあきらかです。日本の革新勢力の主流は、沖縄のゼネストを支援することさえできず、反対に、このゼネストを中止させて、沖縄人民のベトナム戦争反対の闘争にブレーキをかけたのです。その結果、沖縄人民の反戦平和の闘争は足ぶみしたまま、前に進まなくなりました。そして、沖縄の人びとの胸のなかには、アメリカ軍が沖縄基地を使ってベトナム戦争をつづけているのをにがにがしく思いながら、それを阻止できない無念さが積み重なるばかりでした。

それにくわえて、この年(一九六九年)七月には、沖縄本島中部の知花《ちばな》弾薬庫地帯に一万数千トンにおよぶ毒ガス兵器がたくわえられている事実もあかるみに出され、アメリカの非人道的な戦争政策に対する沖縄住民の怒りはつのるばかりでした。

こうしたことは、すべて、過去二十数年間、沖縄住民の基本的人権をふみにじってきたアメリカ軍に対する憤りや怒りといっしょになって、火種さえあればたちどころに爆発しそうな状態になってきました。そして、一九七〇年十二月二十日には、そういう住民のうっぷんがじっさいに爆発する事件がおこりました。それは、沖縄で戦後初めての国会議員選挙がおこなわれた直後のことです。

ことのおこりは、この日の夜の一時すぎ、軍事基地の町コザ市の繁華街で、アメリカ兵の運転する乗用車が翁長清《おながきよし》さんという男の人をはねたことにあります。まもなくやってきたMP(アメリカ軍憲兵)は、事故の現場をよく調べようともしないで、そのアメリカ兵を立ち去らせようとしました。それを見守っていた数十人の住民は、事故現場をとり囲んで、

「ちゃんと調べろ!」

と、口々に叫んで、つめ寄りました。住民がそのようにしたのには、わけがあります。

それは、住民がアメリカ兵の車にはねられたりひかれたりして、死亡した場合、酒酔い運転であっても、事故をおこしたアメリカ兵は軍事法廷(軍法会議)で無罪になっていたからです。二、三カ月前にも、そういうことが糸満町であったばかりでした。

事故がおこってから十分もたつか、たたないうちに、今度は、事故現場から五十メートルほど離れた路上で、別のアメリカ兵の乗用車が民間の車に追突しました。それで、さわぎはますます大きくなりました。群衆の数はふえるばかりで、応援にかけつけたMPも二十人くらいになりました。そして、群衆を追い散らすことができなくなったMPは、いっせいにピストルをぬいて、威嚇射撃を始めました。深夜の町にひびく数十発の銃声は住民の怒りに油をそそぎ、戸外に出てきた群衆は数千人にふくれあがりました。いよいよ手がつけられなくなったMPはまたもやピストルを発砲しました。

そのためにますますいきりたった群衆は、路上に駐車しているアメリカ軍専用の黄色のナンバープレートをつけた車にガソリンをかけて、かたっぱしから燃やしていきました。みるみるうちに六十数台の米軍専用の車が燃えあがり、夜空を赤々とそめました。それでも怒りのおさまらない群衆は、嘉手納米軍基地の第二ゲートから基地内に押し入り、空軍人事部の事務所とアメリカ人学校一棟を焼きはらいました。朝の七時頃になって、このさわぎはようやくおさまりました。

この種の暴動は、一般には、世論の非難をあびるのが普通です。しかし、この時のコザの事件は、おこるべくしておこった事件として、世論はコザ市民の行動に共感と支持を示しました。新聞には、アメリカ軍を非難し、コザ市民に共感を示す投書が連日のようにのりました。そのなかには、沖縄本島だけでなく、宮古・八重山群島から書き送ってきたものもあります。人びとの思いは、軍事基地のない島々の場合でも、みんな同じでした。しかし、そうした沖縄住民の思いは日本の政治に反映されることがなく、沖縄は、日米両政府がとりきめた既定方針どおり、一九七二年五月十五日、日本に復帰することになります。その協定は、コザの事件から半年後の一九七一年六月に、日米両政府のあいだで調印されました。

予想される困難な前途と希望

日本に復帰したあとも、沖縄には、八十八カ所のアメリカ軍基地があり、その総面積は六千万坪(約一万九九〇〇ヘクタール)におよんでいます(二〇一八年五月現在、米軍専用施設の数は三一、総面積は一万八六〇九ヘクタール)。そのなかには、核兵器基地もあれば、〝黒い殺し屋〟B52の発着できる嘉手納飛行場もふくまれています。ベトナム戦争のときの特殊部隊の訓練所や出撃基地も、すべて、そのまま維持されています。そこには、四万ないし五万のアメリカ軍兵士が常に駐留しています。そして、軍事基地の機能は少しもおちていません。だから、今後も、アジアのどこかで民族解放闘争や社会主義革命の火の手があがれば、アメリカがそれを武力で鎮圧するために、沖縄をまたもや〝特殊戦争〟や〝局地戦争〟の基地として使う可能性は十分に残されています。言葉をかえていえば、沖縄が第二、第三のベトナム戦争の基地になる危険性は今後もあります。

そのうえ、日本の自衛隊もじっさいに駐留するようになり、住民に沖縄戦の悪夢を思い出させています。それだけではありません。これまでは、沖縄の農民の土地闘争や労働者、学生のデモなどを鎮圧するのに、武装したアメリカ兵が出動していましたが、これからは〝日本仕込み〟の警察機動隊がまず出動し、それでも力が足りないときは日本の自衛隊が出動するようになるでしょう。それでアメリカ軍基地は一段と安全に保たれるというわけです。

これは、沖縄住民が日本復帰に託してきた夢とは、あまりにもちがいすぎます。

沖縄の歴史をふりかえって見るとき、沖縄の人びとは、みずからの運命を切り開くのに、外部の大きな力を頼りにするあまり、それを理想化したり、美化したり、権威づけたりする傾向がしばしばありました。そして、現実の結果は、常にといっていいくらい、期待を裏切られていました。

たとえば、琉球処分にさいして、当時の沖縄の住民は、清国の援軍に期待を寄せ、それを夢にまで思いえがいていました。しかし、現実の清国は、老いさらばえた大国で、沖縄に援軍を出す力などもち合わせていませんでした。

また、明治以降、日本への同化を進んでうけ入れるようになった沖縄の住民は、本土のものなら何でもうけ入れるというほど、本土のものを理想化し、権威あるものと考えるならわしになっていました。その現実の結果が、沖縄戦の悲劇であったことは、すでに見たとおりです。

謝花昇の場合でさえも、沖縄の県政を改革するのに、日本本土の自由民権派の勢力を頼るあまり、それに期待をかけすぎていたのではないかと思われます。現実はどうだったかというと、国会の開設がきまってからあとの日本の自由民権運動は、天皇制との妥協によって骨ぬきになり、すでにはつらつとした改革の力を失っていました。日本の国会が謝花昇の期待を裏切ったことは、すでに見たとおりです。

このような沖縄の歴史に思いをめぐらすとき、第二次大戦後の日本復帰運動にも、同じようなことがくりかえされているように思われてなりません。それは、戦後の沖縄住民が、アメリカの軍事占領支配から解放されるのに、日本復帰という形で〝祖国日本〟に頼らなければならなかった事情から生まれています。

同じことは、日米安保条約の廃棄とアメリカ軍基地の撤去を目指す最近の〝反戦復帰〟の闘争についてもいえるのではないかと思われます。この闘争には、ちょうど、謝花昇が日本本土の自由民権派を頼りにしたのと同じように、沖縄の革新勢力が日本本土の革新勢力を頼りにしている一面があるのではないでしょうか。もし、そうであるならば、沖縄の前途に明るい希望を見出すのは、かならずしも容易ではありません。

このように考えてくると、沖縄の前途にはなお多くの困難が予想されます。しかし、そういう状況のなかにあっても、なお、私たちをはげまし、勇気づける歴史の教訓も決して少なくありません。それは、ひと口でいえば、沖縄住民がきびしいアメリカの軍事占領支配に屈せず、自分たち自身の力を頼りにした抵抗運動の積み重ねによって、住民の民主的権利と自由を拡大し、労働者・農民を中心とする人民の団結をかためてきたことです。この抵抗運動の発展のなかで、沖縄の住民のなかには、ベトナムの人民を初め、長いあいだ外国の植民地支配のもとで苦しんできたアジアの人民と腕をくんで進む道を求める人びとも生まれています。それは、戦前の沖縄の住民が、差別と偏見からのがれるために、ひたすら〝本土なみ〟になることを求めたのとくらべて、天と地ほどの差があります。それは沖縄の住民のなかに、〝新しい日本人〟に生まれかわりつつある人びとがあることを物語るものです。

このことは、沖縄の苦難に満ちた歴史の教訓として、沖縄県民だけでなく、日本国民みんなが学びとってほしいものです。そうしてこそ、沖縄の前途にも、日本の前途にも、希望の星がかがやくようになるのではないでしょうか。

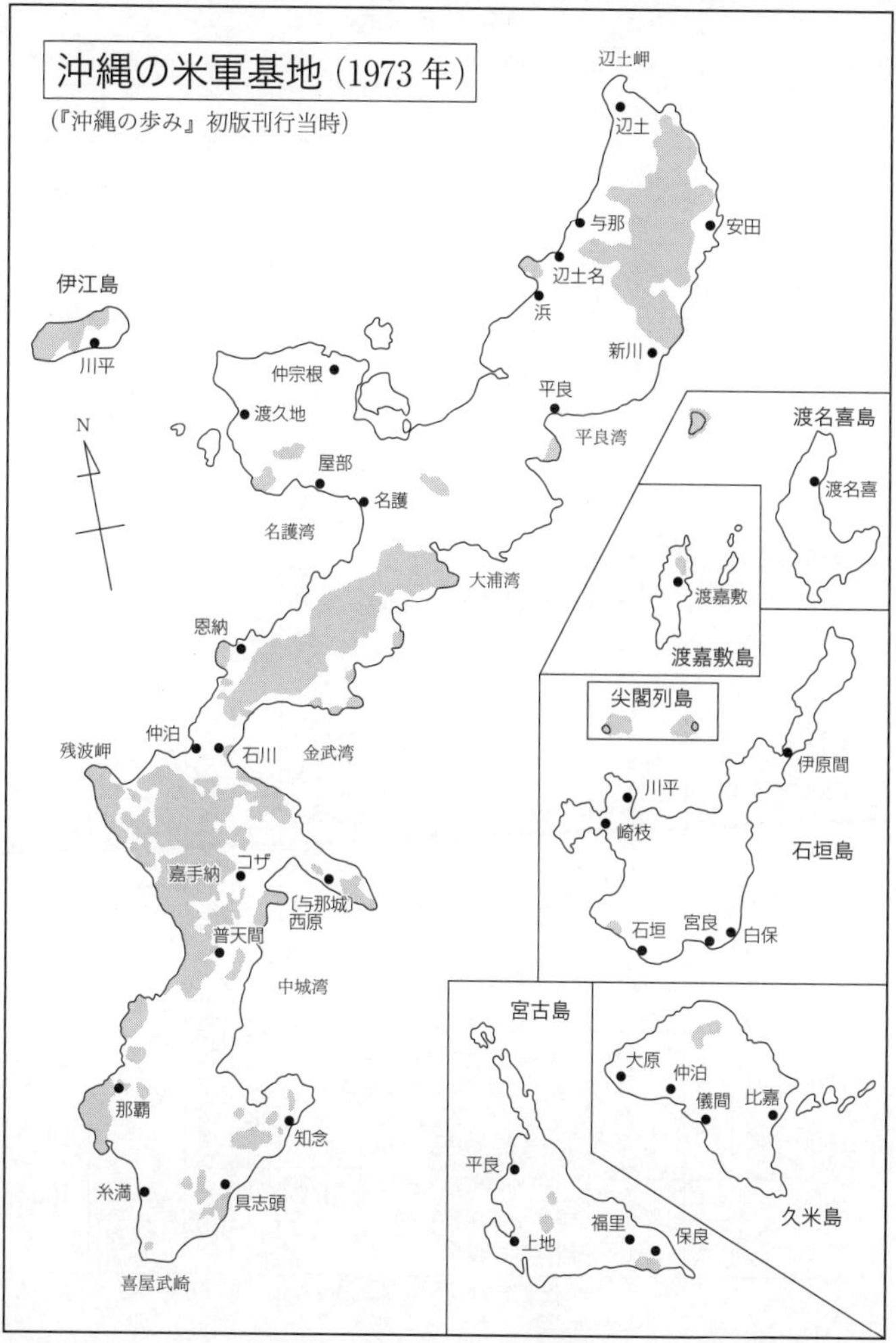
沖縄の米軍基地 (1973 年)
(『沖縄の歩み』初版刊行当時)
辺土岬
辺土
与那
安田
辺土名
浜
新川
平良
平良湾
伊江島
川平
仲宗根
渡久地
N
屋部
名護
名護湾
大浦湾
恩納
仲泊
石川
金武湾
残波岬
嘉手納
コザ
〔与那城〕
西原
普天間
中城湾
那覇
知念
糸満
具志頭
喜屋武崎
渡名喜島
渡名喜
渡嘉敷
渡嘉敷島
尖閣列島
伊原間
川平
崎枝
石垣島
石垣
宮良
白保
宮古島
平良
上地
福里
保良
大原
仲泊
儀間
比嘉
久米島

略　年　表

年代	沖縄（時代）	沖縄（社会）	沖縄（事項）	日本（時代）	日本（区分）	日本（社会）	中国	年代
100	部落時代	原始社会		原始時代		原始社会	後漢	100
200							後漢／三国	200
300							晋	300
400				大和時代	古代	奴隷制社会	南北朝	400
500		古代社会への過渡期					南北朝／隋	500
600			このころ「南島」より大和朝廷へ入貢	飛鳥時代			隋／唐	600
700				奈良時代			唐	700
800				平安時代			唐	800
900	按司時代		このころ「南島」と畿内との交流中絶す				五代	900
1000		政治的社会の成立					宋	1000
1100			1187 舜天，即位と伝う				宋	1100
1200			1260 このころ英祖即位 仏教伝来	鎌倉時代	中世	封建制社会（前期）	元	1200
1300	三山時代		1314 三山対立す 1372 察度，明に入貢	南北朝			元／明	1300
1400	王国時代前期（第一尚氏）	古代国家	1429 尚巴志，沖縄本島を統一 1470 尚円の即位 1477 尚真の即位	室町時代（戦国時代）			明	1400
1500	王国時代前期（第二尚氏）			安土桃山	近世	封建制社会（後期）	明	1500
1600	王国時代後期（第二尚氏）	封建社会への傾斜	1609 島津の琉球入り 1666 向象賢，摂政となる	江戸時代			明／清	1600
1700			1728 蔡温，三司官となる				清	1700
1800			1853 ペリー来琉 1879 沖縄県となる				清	1800
1900	沖縄県時代／米軍占領時代	近代社会	1945 太平洋戦争敗戦 **1972** 本土復帰	明治・大正／昭和	近代	資本制	中華民国／中華人民共和国	1900

（比嘉春潮ほか『沖縄』岩波新書，1963 年を参考にしました）

あとがき

書き終わってみて、いい足りないこと、ふれられなかったことが、たくさんあることに気がつきます。しかし、これだけでも、沖縄の歴史の流れは汲みとってもらえるのではないかと思って、筆をおくことにしました。

この本を書くにあたっては、たくさんの方々の著書を参考にしました。それらの著書から引用させていただいたところもあります。しかし、本文では、それを、いちいちことわってありません。それというのも、読む人のわずらわしさを避けたいと思ってのことです。それで、特に参考にした本を巻末にかかげて、引用についてのおゆるしを願うとともに、厚くお礼を申しあげたいと思います。

また、この本は、田中編集長をはじめ牧書店の方々のおすすめとご協力がなければ、とうてい日の目を見ることがなかったでしょう。感謝申しあげたいと思います。

一九七三年三月二十三日

著　者

主な参考文献

比嘉春潮『新稿沖縄の歴史』三一書房、一九七〇年

新里恵二・田港朝昭・金城正篤『沖縄県の歴史』山川出版社、一九七二年

大田昌秀『近代沖縄の政治構造』勁草書房、一九七二年

上地一史『沖縄戦史』時事通信社、一九五九年

沖縄県教職員組合・戦争犯罪追及委員会編『これが日本軍だ――沖縄戦における残虐行為』沖縄県教職員組合

新里恵二ほか編『沖縄文化論叢』1〜5、平凡社、一九七一―七二年

谷川健一編『叢書わが沖縄』1〜6・別巻、木耳社、一九七〇―七二年

中野好夫・新崎盛暉『沖縄問題二十年』岩波新書、一九六五年

中野好夫・新崎盛暉『沖縄・70年前後』岩波新書、一九七〇年

沖縄県の米軍基地 (2018 年)

(『沖縄から伝えたい．米軍基地の話．Q&A Book』沖縄県知事公室基地対策課〈2018 年 5 月更新〉，をもとに作図)

＊329 頁の地図との比較のため，米軍専用施設のみを示した．

解説　国場幸太郎と本書の成り立ち

新川　明

本書の著者・国場幸太郎(一九二七—二〇〇八)は、米軍占領支配下にあった沖縄において、沖縄人民党書記長・瀬長亀次郎ら同党幹部らが大量逮捕投獄された「人民党事件」(一九五四年)によって同党が壊滅状態に追い込まれ、折から米軍の武力による土地接収が始まって現地農民の抵抗が孤立化している時、人民党の地下組織として瀬長・国場らによってつくられていた非合法共産党*の担当者として独自の統一戦線路線による革新勢力の結集を図って社大党(沖縄社会大衆党)との共闘関係を築き、これを全沖縄の「島ぐるみ土地闘争」(一九五六—五八年)に発展させる素地を固めた最大の功労者であり、卓越した地下工作者でありながら、ある事情によって永くその名と功績が歴史の闇に埋もれていた人である。ちなみに沖縄を代表する建設業「国場組」の創業者として著名な国場幸太郎(一九〇〇—八八)とは同じ門中(父系の血縁組織)の親戚ではあるが別人である(同姓同名ゆえに混同されることがある)。

＊　日本共産党の非合法(非公表)の沖縄県委員会として組織されたが、中央に追従することな

く、融通無碍《ゆうづうむげ》の活動をし、国場はこれを「沖縄の党」と呼んだ。一九五六年、瀬長亀次郎が那覇市長に当選した後、沖縄人民党は日本共産党と直通関係を築き、さらに国場の人民党追放事件(一九五九年)もあって「沖縄の党」という性質は消滅、名実ともに日本共産党の県委員会になった。

一九五〇年代の沖縄は、前記の「人民党事件」のような政治的事件に限らず、例えば琉球大学の学生文芸誌『琉大文学』に対する弾圧(第二次琉大事件)なども含めて、言論表現の自由はもとより人権すべてに米軍の露骨な弾圧が日常化していた時代である。筆者は、そういう情況のなかで人民党に強いシンパシィを持ち、芸術表現における社会主義リアリズムの理論に影響を受けて「抵抗の文学」を掲げる文学活動をするほか、マルクス主義経済学の入門書『経済学教科書』をテキストにした学習会に参加するなど、共産主義に関心を寄せる〝左翼学生〟に過ぎなかったが、人民党やその地下組織「非合法共産党」に直接関わる立場(党員や細胞など)ではなかったために、国場についても人民党の次代を担う逸材として伝え聞いて、その存在に深い関心を抱きながらも、接する機会は少なかった。

それは、国場自身が非合法の地下活動の任務を負って表立った活動を自制していただけでなく、自己主張の強い個性によって大衆の歓呼の声に包まれてカリスマ性を発揮した瀬長亀次郎の蔭で、自己顕示欲を全く持たず、求めて地味な活動に専念する個性が、表向きの社会的な付き合いの幅を抑制していたためと思われる。

その国場が非合法の地下活動から合法活動の場に姿をみせたのは、一九五六年三月の第三回立法院議員選挙に、受刑中の瀬長にすすめられて瀬長の地盤だった選挙区から立候補した時である。国場はその回想録(後述)に「結果は惨敗であったが、私にとっては公然たる政治活動に踏み出す第一歩となった」と書きとめている。その公然たる活動のなかで、国場の存在と人となりが広く人びとに知られるようになったのは、その後間もなく出獄してきた瀬長が、国場が地下活動のなかで推進した革新勢力の統一戦線路線(人民、社大両党の共闘)の延長線上で那覇市長に当選、国場が那覇市役所首里支所長という公職についてからである。

激しい土地闘争の現場で農民と共に闘い、あるいはCIC(対民間諜報部隊)に拉致監禁され、苛酷な拷問を受けるなどの辛苦を経た反基地闘争の〝闘士〟というイメージは無く、不当な弾圧に屈しない強靭な精神を内に秘めながらも理知的で学究肌の風貌と温和な雰囲気を漂わせる人柄は、人民党に対する米軍の執拗な非難攻撃によって醸成されていた市民の人民党アレルギーを和らげる役割を果たす存在であった。

一方、〝赤い市長〟瀬長に対する米軍の弾圧(市町村長や議員選挙法の改悪など)と、これに追随する保守政党(当時の民主党)と経済界が一体となって繰り広げた瀬長市長排除の猛攻撃の結果、瀬長は退陣に追い込まれて人民党市政は終わりを告げるが、人民・社大両党の統一戦線の砦として「民連」(民主主義擁護連絡協議会)が結成されて全沖縄的な規模で革新陣営が躍進するという「民連ブーム」の到来を見る。

しかし、瀬長の後継市長としての「民連」候補擁立にあたって、瀬長の独断で社大党分派の兼次佐一を決定して擁立、選挙(一九五八年一月)には勝利したものの、人民党と社大党の共闘関係が崩壊しただけでなく、当選した兼次の離反も重なって国場がすすめてきた革新統一路線の「民連」は瓦解(一九五八年九月)、人民党も衰退へ向かうことになる。ちなみに、ここに至る人民党と社大党の関係悪化は、社大党委員長・安里積千代に強い不信感を持つ瀬長が、安里を「右翼社会民主主義のファシスト」と決めつけるほど両者の個人的な関係が悪くなって、挙句、「民連」からの社大党排除に動くまでになった結果と言われる。

こうした流れのなかで、国場が人民党から追放されるという衝撃的な事件が起きるが、これは瀬長と国場のあいだの路線上の対立や党内における瀬長の家父長的党運営に対する若手党員の批判があったりして、党内引き締めのために瀬長が国場を排除したと考えられており、森宣雄「沖縄戦後史の分岐点が残したある事件――「国場事件」について」(『サピエンチア　聖トマス大学論叢』四四、二〇一〇年)があるほか、『「島ぐるみ闘争」はどう準備されたか――沖縄が目指す〈あま世〉への道』(森宣雄・鳥山淳編著、不二出版、二〇一三年)にも関連する論考がある。

ただし、瀬長の親族からは「追放説」に異議が出されており、さらに詳しい検証が求められているところではある。しかし、はっきりしているのは、国場が苦心して推進し、努力のすえに実現した人民・社大両党共闘による統一戦線路線の成果というべき那覇市長の座を米軍の弾圧によって失った後の後継市長候補を、社大党排除の意図を持つ瀬長が独断で決めて、当選させたものの統一戦線の崩壊と人民党の退潮を招いた、という事実である。

国場が沖縄での活動を拒否されて上京した一九六〇年、筆者は、沖縄タイムス社の鹿児島支局に配属(五七年)されたあと、関西支社(大阪)に再転(五九年)されていたため、沖縄における国場をめぐる人民党の動静については全く知らず、沖縄から上阪してきた人民党に比較的近い立場にいた知人にこのことを知らされて、計り知れない程の衝撃を受けている。その時のことを「私は言葉を失い、滂沱《ぼうだ》と流れる涙を止めることが出来ず、人前を憚《はばか》らず声を殺して泣いた」と回想している(拙著『沖縄・統合と反逆』筑摩書房、二〇〇〇年)。

党外にいて、時に顔を合わせて短い対話をするぐらいの関係に過ぎなかったが、豊かな学識と品格を備えながらあくまでも謙虚な物腰の人柄に魅了されて、人民党の次代を担い、沖縄の未来を託するに相応しい人であると思い、心のなかで兄事し畏敬していた存在だったからである。そのため国場追放の情報は、筆者がこれまで人民党に抱いていたシンパシィを削ぎ落とし、同党に連なる日本共産党への不信感も醸成されて、筆者が六〇年代末から七〇年代にかけて主張した言説(反国家、反復帰)の素地を生むことになる。

そして、人民党からの追放は、国場が精神に変調を来したためだというような風説が耳に入ったりして心を痛めていたが、一九六二年に国場は雑誌『経済評論』と『思想』に寄せた二つの論文によって精神の健全と言説の質の高さを示してくれただけでなく、翌六三年二月から一一月にかけて『日本読書新聞』紙上で行われた日本共産党主流の新里恵二との「沖縄解放論争」によって、国場と瀬長＝日本共産党のあいだの、民族ナショナリズムの評価や米軍の沖縄統治の分析をめぐる思想的な落差を読み取ることができて、国場追放事件の裏にある瀬長と国場の路線対立の姿を推察することができただけでなく、国場に対する敬愛の気持ちはさらに強くなって、以後、時に連絡を取り合うなど交流が続く。

国場は一九七二年に、追放後初めて帰郷している。『沖縄の歩み』執筆のため「復帰」後の沖縄現地を見ておきたいということでのお忍びの旅である。一九九九年一二月、那覇市でのインタビュー(聞き手は鳥山淳、納富香織、森宣雄)でその旅について語る思い出が次のように記録されている。

「七二年、復帰した年ですが、『沖縄の歩み』の執筆を依頼されて、書くうえでは復帰後の模様を一応見ておかないと書きにくいなと思って、書くのは夏休みから始めることにして、六月頃、一週間か一〇日ほどちょっと帰ったんですよ。〔中略〕あの時も新川さんと川満〔信一〕さんとには連絡して、他の人には誰にも知らさないでいたんです。僕には前のいきさつもあるでしょう」(『戦後初期沖縄解放運動資料集』第3巻、不二出版、二〇〇五年)。

その後、九四年の夏に夫婦で来沖して新崎盛暉、由井晶子と会っているが、両人以外には会っていない(同上『資料集』)。つまり六〇年の上京以来、二度来沖しながら、限られた旧知の数人にだけ会っているのは、「前のいきさつ」(＝「追放事件」)があるため、人民党関係以外の心許した数人だけに会った、ということである。

この頃、国場は「回想――私の沖縄経験から」と題するエッセイを東京大学経友会誌『経友』九四年一〇月号に寄稿したあと、このエッセイに「〈補足1〉通貨切り替えと「属領化政策」論」、「〈補足2〉岩波書店の雑誌『世界』『思想』と沖縄」、「〈補足3〉日本への系列化とアメリカ軍沖縄基地」の三つの補足(九四年一一月付)を加えた冊子を制作して配っている。「関心がある人に配ってほしい」と三〇冊ほど託された新崎盛暉は、「この小冊子を受け取って、僕は、やっと国場さんも「封印」を解いたのだな、と思った」と回想しており(前出『「島ぐるみ闘争」はどう準備されたか』所収「国場幸太郎さんのこと――「封印」が解かれるまで」)、この冊子に加えられた三編の〈補足〉は、人民党追放のあと胸中深く沈積していた思いを、先述した新里恵二との「沖縄解放論争」でいくらか吐き出したが、ここに来て一気に吐露した観であった。

それはさておき、配られた冊子掲載の回想は、八ページほどの簡潔なエッセイだが、新たに一九二七年の出生から書き起こす本格的な自分史の執筆に取り組み、一九五〇年代の「島ぐるみ土地闘争」の頃まで書きすすんで中断している未完の原稿が残されている。これは前記の『「島ぐるみ闘争」はどう準備されたか』に、「沖縄の人びとの歩み――戦世《いくさゆ》から占領下のくらしと抵抗」(森宣雄編)として収録された。この原稿の成り立ちについて国場は森にあてた書簡で次のように書いている。

「小冊子「回想――私の沖縄経験から」を謹呈した岡本恵徳・新川明両氏から「もう少し詳しい回想」や「当時の米・日・琉の包括的な把握に立った総括」を書いて欲しいという葉書をいただいたこともあり、また、沖縄タイムス出版部の上間《うえま》常道《つねみち》氏からも「沖縄の戦後史のある局面を照らし出すような自分史のご執筆を、小生個人として密かに期待しています」という書簡をいただいて、九八年からエッセー風の回想録を綴ってみようと思って書き始めた」。

それが中断されたのは、二〇〇〇年から着手された『戦後初期沖縄解放運動資料集』

全3巻(不二出版、二〇〇四年一一月―〇五年一〇月刊行)収録資料活用による改稿を考えたためと思われるが、激動期の戦後沖縄解放運動の当事者であっただけに、その時代に切り結ぶ国場の自分史の完成を見ることができないことは残念でならない。

戦後初期の米軍軍政資料から、「島ぐるみ闘争」を経て瀬長亀次郎那覇市長実現に至る一九五七年頃までの、非合法共産党の地下活動を含む戦後沖縄の解放運動の全容を伝える基礎資料として、運動の中心にいた国場幸太郎のチェック、助言を受けながら編集された『戦後初期沖縄解放運動資料集』刊行のあと、同書のDVD版再刊にあわせて、その別冊として前述『「島ぐるみ闘争」はどう準備されたか』が刊行され、その出版記念として同名のシンポジウムが二〇一三年一二月二三日、沖縄タイムスホールで開かれた。

単行本『「島ぐるみ闘争」はどう準備されたか』とシンポジウムは、ともに前記『資料集』の編集にも関わり、「島ぐるみ土地闘争」の組織化を地下で推進した国場をテーマにしたもので、歴史の闇に埋もれていた国場があらためて光を浴びて人びとの前に姿を見せると同時に、国場の唯一の著書でありながら児童書として刊行されたために一般読書人が手に取ることがなかった『沖縄の歩み』(牧書店、一九七三年)も注目されて、その復刻再刊を望む声が、筆者にも寄せられるようになっていた。

生前、国場自身も同書の再刊のために、初版を校訂したうえで新たに「増補1　日本復帰後の沖縄」、「増補2 転換期の世界における沖縄」、「増補3 近・現代沖縄の文化研究」の三編を加えた「新訂増補」原稿を準備して、沖縄タイムス社出版部に提示したが、増補部分と本体(初版)の文体や表現の落差が大きく、書き直しを求めて著者に戻したという経緯を、担当した上間常道(二〇一八年八月一日死去)に聞いたことがある。この上間と国場のやりとりの時期は、現在のところ不明だが、上間が沖縄タイムス社を定年退職したのが二〇〇三年五月だからそれ以前、そして筆者が同社を退任したのは一九九五年七月だからそれ以後ということになり、さらに退任後の筆者に国場から増補改訂のための原稿執筆にあたって、自身の専門外の文化関係分野(文学、演劇、音楽、舞踊等)について色々と問い合わせがあって、できる限りのお手伝いをしたこともあったので(前述「増補3 近・現代沖縄の文化研究」の文学、芸能分野で活かされている)、両者のやりとりは、一九九六—九七年頃と推定される。

九八年からは前述の回想録の執筆に入っており、さらに二〇〇〇年になると雑誌『現代思想』六月号に「増補2 転換期の世界における沖縄」と内容が重なる論文を寄稿するなど他の執筆活動に転じているほか、同年から前述した『資料集』の編集に忙殺されることもあって、「増補」原稿を書き直すという上間の求めに応じる気がすすまないまま篋底《きょうてい》に収めて、家人にも知らせなかったものと考えられる。

上間に、生前その件について尋ねたことがあるが、前述の経緯を話してくれて、「原稿は国場家にそのままの形であるはずだ」と答え、「それ以上のことはわからない」ということだった。

今回、岩波現代文庫版のために、都城市にある国場家の旧宅を守るご息女に尋ねても、遺稿は前述した未完の回想録だけで、『沖縄の歩み』の「新訂増補」原稿は見当たらない、とのことだったので、七五年刊行の第二刷を底本とすることにして初校ゲラまで作業がすすんだところで、三編の「増補」を含めた「新訂増補」の原稿(初刷および第二刷のコピーに、訂正、加筆、削除の指示が書き込まれたもの)が旧宅で発見された。急遽編者二人が協議した結果、著者自身による書き込みを、一部を除いて極力生かすことにしたが(詳しくは本書「凡例」参照)、新しい「増補」三編は、現代文庫版には収録しなかった。「増補」三編を収録しなかった理由は、つぎの通りである。

一、沖縄タイムス社出版部の差し戻し理由と同じく、追加増補三編と本体の文体落差が大きく、全体の調和に欠ける。

二、「増補2」は、雑誌『現代思想』二〇〇〇年六月号に寄稿の「現代世界史の中の沖縄」をやや平易に書き直した内容で、必要な人は、同誌を参照すればよい。

三、三編いずれも論文調ゆえに、他の既発表論文と合わせて「国場幸太郎論集」の形での刊行の機会を待ちたい。

四、第二刷を文庫版に組み直すだけでもかなりのページ数になり、これに「増補」三編(約一四〇ページ分)を加えると、文庫版としての当初企画を超える。

以上、国場幸太郎の人となりと沖縄と関わる足跡、本書成立に至る簡単な経緯を記した。

解説　『沖縄の歩み』について

鹿野政直

『沖縄の歩み』は、一九七三年四月三〇日、国場幸太郎・作、飛鳥童・絵という著作者名のもと、「新少年少女教養文庫60」として、牧書店から刊行された。沖縄の日本復帰(=施政権の日本への返還)の翌年である。(この岩波現代文庫版では、著者が初版に「一部改訂」を加えた一九七五年の第二刷を底本とし、そこにさらに手を入れた「新訂増補」原稿による修正を加えているが、それについては、本書の「凡例」と新川明の「解説」を参照)。

わたしがこの本に接したのは、僅々十余年前に過ぎない。読んでいて、これは、沖縄植民地論の、正真正銘の先駆ではないか、と思った。

沖縄びとの位置を、もっとも早く、「日本最古の植民地人」と自己規定したのは、伊波普猷『孤島苦の琉球史』(春陽堂、一九二六年、『伊波普猷全集』第二巻)であったろう。当時の彼は、ソテツ地獄に苦悶するふるさとを見て、身をよじるように、この激越なことばを投げつけたのであった。

歴史を専攻してきた人間として、「植民地」という用語は使わないではなかった。とはいえ、つねに一抹のためらいが付いてまわった。この三文字が、ことに保有した側の人間から発せられた場合、そう規定されてしまう当のその人びとに、決めつけるという響きを伴って、ぐさりと突き刺さってしまわないかとの怯えである。

ズバリとその境位を言いあててしまうだけに、米軍の支配下では、禁句であったらしい。川満信一「沖縄文学の課題」(一九五四年)では、「×××××的コスモポリタニズム」と伏せ字とされている(「植民地主義」とよめる)。それだけに一九六二年、立法院の「施政権返還に関する要請決議」いわゆる二・一決議で、国際連合の「植民地諸国、諸人民に対する独立許容に関する宣言」を引いているのには、決議の地の文には使用されていないものの、どれほどの屈辱感が込められていたものかと思わざるをえない。

あれこれ思い惑うそんな人間にとって、明快に、みずからの出自とする地を「植民地」と言い切り、その角度から歴史像を打ちたてようとするひととの出会いは、深くこころに沁みた。このひとは、「植民地」であるという事実、あるいは認識を、みずから引きうけて立っている、復帰運動の原点としての「祖国」意識の、対極を見極めている、と思った。

まったく思い過ごしかもしれないのだが、植民地とされた人間だと自認するまでには、幾重にも劣等感や屈辱感を越えなければならないだろう。だから、「日本」あるいは「本土」あるいは「東京」への憤怒をたぎらせる場合、独自の、内なる価値を、不服従のよりしろとして屹立させる。近現代における沖縄びとの思想は、こうして刻みあげられてきた。それは、「植民地」ということばを使うことへの起こりうべき忌避感や、その実態に埋没することへの拒否感をも含め、沖縄が沖縄であろうとする意志の結晶であった。

国場幸太郎の「植民地」という自己規定は、それだけにわたしの眼を射たのである。彼をその規定に至らしめたのは、沖縄が同胞の地であるということに加え、世界史における植民地についての、それまで積み上げてきたマルクス主義的見識であった。

本文を開くと、のっけから太平洋戦争そして沖縄戦のはなしとなる。通史としては、破天荒の構想である。著者が、沖縄戦を、琉球・沖縄のそこまでの歴史が流れこむ帰結点であるとともに、そこからの歴史が流れだす始発点と位置づけていたことを示している。国場にとって沖縄戦は、琉球・沖縄の歴史の凝集している場＝結節点にほかならなかった。

その沖縄戦を国場は、「満州」事変に始まり太平洋戦争へと拡大した戦争の帰結、と位置づけたうえで描きだすのだが、主戦場としての沖縄島（当時の呼び方で「沖縄本島」）での戦闘についての記述が、比較的少なく、「悲劇の幕あけ」としての「慶良間の「集団自決」」と、「悲劇の終幕」としての「久米島の惨劇」（戦争末期から日本降伏後にかけての日本兵による住民の虐殺)に、多くの紙面を割いている。久米島での虐殺を指揮した元隊長が、のちに語ったことばをこう伝える。「わしの部下は三十余名、島民は一万人もおりましたからね。島民が米軍側についてしまっては、ひとたまりもない。だから〔中略〕断固たる処置が必要だった」、「家といっしょに火葬してやった」。

国場は、軍による住民への根深い不信感に、現場での沖縄戦の本質を視た。そして、「そこには、沖縄を日本本土とは異なる一種の植民地のように差別する見方や考え方が強くはたらいて」いたとした。それが、「ただでさえ悲惨でむごたらしい戦争を、より一段と悲惨でむごたらしいものにしました」。

とすれば、「どうして、そういう結果になったのでしょうか」、「それを知るためには、沖縄の歴史をもっとさかのぼって見なければなりません」。こうして著者は、琉球・沖縄の歴史へと入ってゆく。それは、「植民地」(ときに「「国内」植民地」「半植民地」「軍事植民地」とも)としての沖縄の成り立ちと来しかたを考えることにほかならなかった。

全七章から成るこの本は、遡って歴史を通観する「古代の沖縄と琉球国の成立」、「江戸時代の琉球」、「明治時代の琉球」、「大正・昭和前期の沖縄」という四章を、沖縄戦を主題とする「けわしい戦争の雲ゆき」、「沖縄戦の悲劇」という初めの二章と、米軍統治下の実態を解明した「アメリカ軍政下の沖縄」という終わりの一章とで挟む構成をとっているが、全篇を貫くキーワードは、必然的に「植民地」であった。こういう歴史書は、それまでになく、そののちもない。

植民地としての歴史は、日本の近世的統一、具体的には薩摩藩の支配として始まった。その〝効用〟は、もっぱら宗主国＝本国の都合によって測られる。当事者としての意向が顧みられることなく、取引の材料以外の何ものでもない。そこを衝く国場の史眼は、幕末の琉球史の外交関係をあつかう一節に、遺憾なく示されている。

著者にとっては、どの歴史書にも記されるペリー来航でなく、それに先立つ一八四六年、フランス艦が来航して通交を迫ったさいの、日本側の対応こそ、特筆すべき事件であった。王府からの知らせを受けて狼狽した薩摩藩と幕府は、鎖国の祖法を守るというタテマエから、琉球を「外藩」(＝外地)としてその要求に応じさせた。「「日本の安全と利益のためには、外藩(外地＝植民地)である琉球を捨て石にしてかまわない」という考え方が、実に鮮やかに出ている」、「この考え方が、明治以後の日本政府にもあって、ことあるごとに、沖縄を苦境におとし入れた」。琉球・沖縄史でのこの問題がもつ画期性への、彼ならではの指摘であった。

国場は、そこから歴史を組み立ててゆく。琉球が日本「国内」にくみ入れられたのは、台湾遠征を清国に認めさせるためであった。廃藩置県＝琉球処分は、琉球側の反対を武力で威圧して強行された。清国内に自由な通商権を獲得するため、宮古・八重山はその国に割譲されようとした。沖縄戦は、米軍の「本土」上陸を遅らせるために戦われた。

それらについて彼は、沖縄の状態を、「日本の「国内」植民地という以外に、適当にいいあらわす言葉がありません」という。その延長として、サンフランシスコ平和条約で、日本は、沖縄を切りすてることによって独立をかちえた。その結果として、沖縄は、米国の「軍事植民地」の位置に置かれた。そうしていまは？と数えあげてゆくとき、日本近現代史が内包する〝もう一つの歴史〟が、あざやかに浮上し、同時に、日本が沖縄に何をしてきたかを、くっきりと照らし出す。

さらにいう。のち「日本の植民地になった朝鮮と台湾で日本政府がとった同化政策も、沖縄の場合と同じように、日本語教育と皇民化教育とが二本の柱になっていました」、「これらのことを考え合わせると、沖縄は、期せずして、日本の植民地政策の実験場になっていたといえましょう」。そんなことばの数々を国場は、みずからも旧制高等学校時代、友人から、「沖縄の土人はどんなかっこうしているかね？」と問いかけられた経験を、負う者として書きつけている。

植民地であることの痛苦は、一人ひとりにのしかかってきた。あらわな差別に曝されたばかりではない。みずからの存在について口ごもるようにもなった。その過程をとおして、沖縄の人びとが同化を迫られ、〝異風視〟〝劣等視〟あるいは猜疑から抜けだそうと、「軍国主義の波に押し流されて」いったという事実も直視されている。

しかし「植民地」であった(また、いまもある)との痛苦を引きうけて、みずからの歴史を刻もうとする姿勢は、必然的にこの本に、その運命を振り払おうとする民族解放(運動ないし闘争)史という性格をもたらした。

そもそも書名が、『沖縄の歩み』である(『沖縄の歴史』などでなく)。そこには、歴史を単に変遷・経過としてではなく、人びとがどう歩んできたかという、「人びと」を主体とし、その経験の集積として構成しようとする、著者の抱負が示されている。とともに、さらにその歩みが、将来に向けてどう展開すべきかを示唆しようとする姿勢を滲ませている。復帰という新たな状況を受けての、当時四〇代半ばの著者の思索の結晶であったが、同じ時期に、期せずして同様の書名をもつ本として、新崎盛暉『沖縄の歩いた道』(ポプラ社、一九七三年)があったことと重ね合わせれば、現状への挑戦性が窺えよう。

解放への目配りは、広くまた深い。その一端は、「雑草のようにふみつけられながらも、その苦しみにたえて生きている民衆」が生みだしたみずからを戯画化することば、「やるせない憤りがこめられてい」る物語などを、掬い上げようとする姿勢にあらわれていよう。首里王府と対比しての宮古・八重山の人びとの主題化は、民謡に込められた嘆き・祈りの読み取りから、宮古の人頭税廃止運動に至るまでの叙述として繰りひろげられている。さらに、他者に支配され搾取されるという状況のなかで、「同じ「沖縄人」として生死をともにするという一種の共同体意識」も生まれたとする。

なかでも現代史としての「アメリカ軍政下の沖縄」は、全七章中の一章ながら、割かれたページ数は全体の三分の一を超え、「軍事植民地」とされたなかで、軍事的要求のまえに、民主主義の仮面を吹きとばす露骨さで、米軍によっていかに恣意的な支配が行われたかが詳述される。とりわけ、土地を守ることを軸に、「生きる権利」を求めて、どのように「島ぐるみ」の闘いが展開されたかが、みずから関わった軍用地接収への伊佐浜・伊江島の闘いを中心に、臨場感をもって描出される。とともに、著者自身がCICによって逮捕され拷問された経験が、人権無視の統治であったことの証拠として復元され(「国場幸太郎報告書」一九五五年八月カ〔加藤哲郎・森宣雄・鳥山淳・国場幸太郎編『戦後初期沖縄解放運動資料集』第2巻、不二出版、二〇〇四年、所収〕にもとづく叙述)、専横にたいする怒りの爆発としてのコザ騒動をも含めて、いのちと暮らしの次元からの民族の抵抗史の観を呈する。なお、こうした闘いについては、国場の未完の自伝「沖縄の人びとの歩み――戦世《いくさゆ》から占領下のくらしと抵抗」(森宣雄・鳥山淳編著『「島ぐるみ闘争」はどう準備されたか――沖縄が目指す〈あま世〉への道』不二出版、二〇一三年、所収)に詳述されている。

書き継ぐ国場のペンは、沖縄に視線を集中させながらも、世界史における植民地からの解放史の中での沖縄の場合といった気息を漂わせている。とりわけベトナム民族の解放闘争が、機軸としてつねに脳裏にあったことは紛れもない。こうして、「植民地」としての琉球・沖縄史は、未完の民族解放史として結ばれる。一九五〇年代に土地闘争をひそかに立案し実行したリーダーであり、六〇年代には経済政策論や民族問題を中心に冴えた理論家であった彼の、復帰という状況を受けての、新たな実践であった。

生前の著者に面識をえる機会はなかった。そんな人間としては、彼を直接に識る人びとの感触によるほかないのだが、国場幸太郎関係の資料を掘り起こしてきた森宣雄は、彼を、「集団をひそかにたばねる目立たぬ指導者」と評している（前掲『「島ぐるみ闘争」はどう準備されたか』）。また、彼のたたずまいをスケッチした長元朝浩によれば、かつて行動をともにした仲間からは、「クニさん」と、親しみをこめて呼ばれる存在であったという（「クニさん」『沖縄タイムス』一九九五年四月二一―一三日）。『沖縄の歩み』の印象には、これらの評言と符合するものがあった。叙述には、社会構造にたいする明晰な分析と、人びとの苦難また闘いに分け入っての省察が、相乗化されていると魅せられた。

書きおえるに当って、国場は、「予想される困難な前途と希望」という小見出しを立てて、課題を打ち出している。

「困難」はなによりも、施政権の返還にも拘らず、米軍の基地機能がそのまま維持されていることだ、としていう。「軍事基地の機能は少しもおちていません。〔中略〕沖縄が第二、第三のベトナム戦争の基地になる危険性は今後もあります」。湾岸戦争以後の沖縄の基地の使われようをみれば、思い半ばに過ぎるものがあろう。

「そのうえ、」と語を継いでいう。「日本の自衛隊もじっさいに駐留するようになり、住民に沖縄戦の悪夢を思い出させています。それだけではありません。〔中略〕これからは〝日本仕込み〟の警察機動隊がまず出動し、それでも力が足りないときは日本の自衛隊が出動するようになるでしょう。それでアメリカ軍基地は一段と安全に保たれるというわけです」。それはまさに、高江や辺野古で起きてきて、いまも起きつつある事態である。

「困難」は、解放を求める沖縄住民の運動自体にも内在していたと、国場は、これまでの諸運動、なかでも日本復帰運動を念頭に置きつつ、歴史の教訓として指摘する。「沖縄の歴史をふりかえって見るとき、沖縄の人びとは、みずからの運命を切り開くのに、外部の大きな力を頼りにするあまり、それを理想化したり、美化したり、権威づけたりする傾向がしばしばありました。そして、現実の結果は、常にといっていいくらい、期待を裏切られていました」。

そういう現実を踏まえ、もはや〝他力〟を頼まず、〝自力〟で道を切り開いてゆくことに、国場は、「希望」を見るのである。とともに、その経験は、米軍支配への抵抗運動として積み重ねられてきたではないか、と指摘する。「私たちをはげまし、勇気づける歴史の教訓も決して少なくありません。それは、ひと口でいえば、沖縄住民がきびしいアメリカの軍事占領支配に屈せず、自分たち自身の力を頼りにした抵抗運動の積み重ねによって、住民の民主的権利と自由を拡大し、労働者・農民を中心とする人民の団結をかためてきたことです」。その提言は、予言性を帯びて、新基地反対運動の不屈性として実践されつつある。

近年、「植民地」ということばは、沖縄のいまを、そして遡っていままでを、一言でいいあらわすために乱舞するようになった。積み重ねられる日本国の強圧に対抗して、開き直った思想の発現である。それだけに、その思想のいまが、こうした先人の開拓に基礎づけられているのを思い返すのである。

国場幸太郎はこの本を、「これだけはぜひ語り伝えておきたい」として執筆し（「まえがき」）、終生、改訂への意志を衰えさせなかった。だが、彼が結びとした、「このことは、沖縄の苦難に満ちた歴史の教訓として、沖縄県民だけでなく、日本国民みんなが学びとってほしい」との願いは、達せられる域からは遠い。児童書として刊行されたという理由によって（と推測するのだが）、歴史書として評価の対象となることのなかったこの本が、刊行以来四六年にして、「岩波現代文庫」の一冊として再刊される（ただし、挿画は省かれた）。歓喜である。一人ひとりがみずからを変え、無関心を克服する一歩として、出会いが広がることを願わずにはいられない。

本書は一九七三年四月、牧書店より刊行された。本文庫収録にあたり、アリス館牧新社から一九七五年に刊行された「第二刷」を底本とし、さらに著者自身による「新訂増補」原稿に基づく修正を加えた。

《著者紹介》

国場幸太郎（こくば こうたろう）
1927-2008年．那覇市生まれ．1953年，東京大学経済学部を卒業し，米軍統治下の沖縄に帰郷．沖縄人民党に入党し瀬長亀次郎書記長を支えるとともに，地下組織の日本共産党沖縄県委員会書記もつとめ，米軍の武力土地接収に対する農民の抵抗運動(「島ぐるみの土地闘争」)を支援した．後に人民党内の路線対立により沖縄を去り東京に移住，現代沖縄研究に取り組む．1964年より宮崎県で高校・高専の教員をつとめた．
論文に「沖縄とアメリカ帝国主義──経済政策を中心に」(『経済評論』11-1，1962年)，「沖縄の日本復帰運動と革新政党──民族意識形成の問題に寄せて」(『思想』452，1962年)，「現代世界史の中の沖縄」(『現代思想』28-7，2000年)など，共編著に『戦後初期沖縄解放運動資料集』全3巻(不二出版)などがある．

《編者紹介》

新川　明（あらかわ あきら）
1931年沖縄生まれ．詩人，ジャーナリスト．沖縄タイムス社編集局長・社長・会長を歴任．著書に『反国家の兇区──沖縄・自立への視点』(増補新版，社会評論社)，『詩画集 日本が見える』(共著，築地書館)，『沖縄・統合と反逆』(筑摩書房)，『新南島風土記』(岩波現代文庫)などがある．

鹿野政直（かの まさなお）
1931年大阪府生まれ．日本近現代史，思想史．早稲田大学名誉教授．著書に『沖縄の戦後思想を考える』『沖縄の淵──伊波普猷とその時代』(ともに岩波現代文庫)，『鹿野政直思想史論集』全7巻(岩波書店)などがある．

沖縄の歩み

2019年6月14日　第1刷発行
2022年6月15日　第3刷発行

著　者　国場幸太郎《こくばこうたろう》

編　者　新川《あらかわ》　明《あきら》　鹿野政直《かのまさなお》

発行者　坂本政謙

発行所　株式会社　岩波書店
〒101-8002 東京都千代田区一ツ橋 2-5-5

案内 03-5210-4000　営業部 03-5210-4111
https://www.iwanami.co.jp/

印刷・精興社　製本・中永製本

ISBN 978-4-00-603313-2　　Printed in Japan

岩波現代文庫創刊二〇年に際して

二一世紀が始まってからすでに二〇年が経とうとしています。この間のグローバル化の急激な進行は世界のあり方を大きく変えました。世界規模で経済や情報の結びつきが強まるとともに、国境を越えた人の移動は日常の光景となり、今やどこに住んでいても、私たちの暮らしは世界中の様々な出来事と無関係ではいられません。しかし、グローバル化の中で否応なくもたらされる「他者」との出会いや交流は、新たな文化や価値観だけではなく、摩擦や衝突、そしてしばしば憎悪までをも生み出しています。グローバル化にともなう副作用は、その恩恵を遥かにこえていると言わざるを得ません。

今私たちに求められているのは、国内、国外にかかわらず、異なる歴史や経験、文化を持つ「他者」と向き合い、よりよい関係を結び直してゆくための想像力、構想力ではないでしょうか。

新世紀の到来を目前にした二〇〇〇年一月に創刊された岩波現代文庫は、この二〇年を通して、哲学や歴史、経済、自然科学から、小説やエッセイ、ルポルタージュにいたるまで幅広いジャンルの書目を刊行してきました。一〇〇〇点を超える書目には、人類が直面してきた様々な課題と、試行錯誤の営みが刻まれています。読書を通した過去の「他者」との出会いから得られる知識や経験は、私たちがよりよい社会を作り上げてゆくために大きな示唆を与えてくれるはずです。

一冊の本が世界を変える大きな力を持つことを信じ、岩波現代文庫はこれからもさらなるラインナップの充実をめざしてゆきます。

（二〇二〇年一月）

S265
日本の農山村をどう再生するか
保母武彦

過疎地域が蘇えるために有効なプログラムが求められている。本書は北海道下川町、島根県海士町など全国の先進的な最新事例を紹介し、具体的な知恵を伝授する。

S266
古武術に学ぶ身体操法
甲野善紀

桑田投手が復活した要因とは何か。「ためない、ひねらない、うねらない」、著者が提唱する身体操法は、誰もが驚く効果を発揮して各界の注目を集める。〈解説〉森田真生

S267
都立朝鮮人学校の日本人教師
―一九五〇―一九五五―
梶井陟

朝鮮人の子どもたちにも日本人の子どもたちと同じように学ぶ権利がある！　冷戦下、廃校への圧力に抗して闘った貴重な記録。〈解説〉田中宏

S268
医学するこころ
―オスラー博士の生涯―
日野原重明

近代アメリカ医学の開拓者であり、患者の心を大切にした医師、ウィリアム・オスラー。その医の精神と人生観を範とした若き医学徒だった筆者の手になる伝記が復活。

S269
喪の途上にて
―大事故遺族の悲哀の研究―
野田正彰

かけがえのない人の突然の死を、遺された人はどう受け容れるのか。日航ジャンボ機墜落事故などの遺族の喪の過程をたどり、悲しみの意味を問う。

岩波現代文庫［社会］

S270
時代を読む
―「民族」「人権」再考―
加藤周一
樋口陽一

「解釈改憲」の動きと日本の人権と民主主義の状況について、二人の碩学が西欧、アジアをふまえた複眼思考で語り合う白熱の対論。

S271
「日本国憲法」を読み直す
井上ひさし
樋口陽一

日本国憲法は押し付けられたもので時代にそぐわないから改正すべきか？　同年生まれで敗戦の少国民体験を共有する作家と憲法学者が熱く語り合う。

S272
関東大震災と中国人
―王希天事件を追跡する―
田原洋

関東大震災の時、虐殺された日本在住中国人のリーダーで、周恩来の親友だった王希天の死の真相に迫る。政府ぐるみの隠蔽工作を明らかにするドキュメンタリー。改訂版。

S273
ＮＨＫと政治権力
―番組改変事件当事者の証言―
永田浩三

ＮＨＫ最高幹部への政治的圧力で慰安婦問題を扱った番組はどう改変されたか。プロデューサーによる渾身の証言はＮＨＫの現在をも問う。各種資料を収録した決定版。

S274-275
丸山眞男座談セレクション（上・下）
丸山眞男
平石直昭編

人と語り合うことをこよなく愛した丸山眞男氏。知性と感性の響き合うこれら闊達な座談の中から十七篇を精選。類いまれな同時代史が立ち上がる。

2022. 6

S276
ひとり起つ
―私の会った反骨の人―
鎌田　慧

組織や権力にこびずに自らの道を疾走し続けた著名人二二人の挑戦。灰谷健次郎、家永三郎、戸村一作、高木仁三郎、斎藤茂男他、今も傑出した存在感を放つ人々との対話。

S277
民意のつくられかた
斎藤貴男

原発への支持や、道路建設、五輪招致など、国策・政策の遂行にむけ、いかに世論が誘導・操作されるかを浮彫りにした衝撃のルポ。

S278
インドネシア・スンダ世界に暮らす
村井吉敬

激変していく直前の西ジャワ地方に生きる市井の人々の息遣いが濃厚に伝わる希有な現地調査と観察記録。一九七八年の初々しい著者デビュー作。〈解説〉後藤乾一

S279
老いの空白
鷲田清一

〈老い〉はほんとうに「問題」なのか？　身近な問題を哲学的に論じてきた第一線の哲学者が、超高齢化という現代社会の難問に挑む。

S280
チェンジング・ブルー
―気候変動の謎に迫る―
大河内直彦

地球の気候はこれからどう変わるのか。謎の解明にいどむ科学者たちのドラマをスリリングに描く。講談社科学出版賞受賞作。
〈解説〉成毛　眞

2022. 6

岩波現代文庫[社会]

S281
ゆびさきの宇宙
福島智・盲ろうを生きて
生井久美子
盲ろう者として幾多のバリアを突破してきた東大教授・福島智の生き方に魅せられたジャーナリストが密着、その軌跡と思想を語る。

S282
釜ケ崎と福音
―神は貧しく小さくされた者と共に―
本田哲郎
神の選びは社会的に貧しく小さくされた者の中にこそある！　釜ケ崎の労働者たちと共に二十年を過ごした神父の、実体験に基づく独自の聖書解釈。

S283
考古学で現代を見る
田中琢
新発掘で本当は何が「わかった」といえるか？　考古学とナショナリズムとの危うい関係とは？　発掘の楽しさと現代とのかかわりを語るエッセイ集。〈解説〉広瀬和雄

S284
家事の政治学
柏木博
急速に規格化・商品化が進む近代社会の軌跡と重なる「家事労働からの解放」の夢。家庭という空間と国家、性差、貧富などとの関わりを浮き彫りにする社会論。

S285
河合隼雄の読書人生
―深層意識への道―
河合隼雄
臨床心理学のパイオニアの人生に影響をおよぼした本とは？　読書を通して著者が自らの人生を振り返る、自伝でもある読書ガイド。
〈解説〉河合俊雄

2022.6

岩波現代文庫［社会］

S286
平和は「退屈」ですか
―元ひめゆり学徒と若者たちの五〇〇日―
下嶋哲朗

沖縄戦の体験を、高校生と大学生が語り継ぐプロジェクトの試行錯誤の日々を描く。社会人となった若者たちに改めて取材した新稿を付す。

S287
野口体操入門
―からだからのメッセージ―
羽鳥操

「人間のからだの主体は脳でなく、体液である」という身体哲学をもとに生まれた野口体操。その理論と実践方法を多数の写真で解説。

S288
日本海軍はなぜ過ったか
―海軍反省会四〇〇時間の証言より―
澤地久枝
半藤一利
戸髙一成

勝算もなく、戦争へ突き進んでいったのはなぜか。「勢いに流されて――」。いま明かされる海軍トップエリートたちの生の声。肉声の証言がもたらした衝撃をめぐる白熱の議論。

S289-290
アジア・太平洋戦争史（上・下）
―同時代人はどう見ていたか―
山中恒

いったい何が自分を軍国少年に育て上げたのか。三〇年来の疑問を抱いて、戦時下の出版物を渉猟し書き下ろした、あの戦争の通史。

S291
戦下のレシピ
―太平洋戦争下の食を知る―
斎藤美奈子

十五年戦争下の婦人雑誌に掲載された料理記事を通して、銃後の暮らしや戦争について知るための「読めて使える」ガイドブック。文庫版では占領期の食糧事情について付記した。

S292
食べかた上手だった日本人
―よみがえる昭和モダン時代の知恵―
魚柄仁之助

八〇年前の日本にあった、モダン食生活のユートピア。食料クライシスを生き抜くための知恵と技術を、大量の資料を駆使して復元!

S293
新版 報復ではなく和解を
―ヒロシマから世界へ―
秋葉忠利

長年、被爆者のメッセージを伝え、平和活動を続けてきた秋葉忠利氏の講演録。好評を博した旧版に三・一一以後の講演三本を加えた。

S294
新島襄
和田洋一

キリスト教を深く理解することで、日本の近代思想に大きな影響を与えた宗教家・教育家、新島襄の生涯と思想を理解するための最良の評伝。〈解説〉佐藤 優

S295
戦争は女の顔をしていない
スヴェトラーナ・アレクシエーヴィチ
三浦みどり訳

ソ連では第二次世界大戦で百万人をこえる女性が従軍した。その五百人以上にインタビューした、ノーベル文学賞作家のデビュー作にして主著。〈解説〉澤地久枝

S296
ボタン穴から見た戦争
―白ロシアの子供たちの証言―
スヴェトラーナ・アレクシエーヴィチ
三浦みどり訳

一九四一年にソ連白ロシアで十五歳以下の子供だった人たちに、約四十年後、戦争の記憶がどう刻まれているかをインタビューした戦争証言集。〈解説〉沼野充義

S297
フードバンクという挑戦
—貧困と飽食のあいだで—
大原悦子

食べられるのに捨てられてゆく大量の食品。一方に、空腹に苦しむ人びと。両者をつなぐフードバンクの活動の、これまでとこれからを見つめる。

S298
いのちの旅
「水俣学」への軌跡
原田正純

水俣病公式確認から六〇年。人類の負の遺産「水俣」を将来に活かすべく水俣学を提唱した著者が、様々な出会いの中に見出した希望の原点とは。〈解説〉花田昌宣

S299
紙の建築　行動する
—建築家は社会のために何ができるか—
坂　茂

地震や水害が起きるたび、世界中の被災者のもとへ駆けつける建築家が、命を守る建築の誕生とその人道的な実践を語る。カラー写真多数。

S300
犬、そして猫が生きる力をくれた
—介助犬と人びとの新しい物語—
大塚敦子

保護された犬を受刑者が介助犬に育てるという米国での画期的な試みが始まって三〇年。保護猫が刑務所で受刑者と暮らし始めたこと、元受刑者のその後も活写する。

S301
沖縄　若夏の記憶
大石芳野

戦争や基地の悲劇を背負いながらも、豊かな風土に寄り添い独自の文化を育んできた沖縄。その魅力を撮りつづけてきた著者の、珠玉のフォトエッセイ。カラー写真多数。

2022. 6

S302
機会不平等
斎藤貴男

機会すら平等に与えられない〝新たな階級社会の現出〟を粘り強い取材で明らかにした衝撃の著作。最新事情をめぐる新章と、森永卓郎氏との対談を増補。

S303
私の沖縄現代史
―米軍支配時代を日本《ヤマト》で生きて―
新崎盛暉

敗戦から返還に至るまでの沖縄と日本の激動の同時代史を、自らの歩みと重ねて描く。日本《ヤマト》で「沖縄を生きた」半生の回顧録。岩波現代文庫オリジナル版。

S304
私の生きた証はどこにあるのか
―大人のための人生論―
H.S.クシュナー
松宮克昌訳

私の人生にはどんな意味があったのか？　人生の後半を迎え、空虚感に襲われる人々に旧約聖書の言葉などを引用し、悩みの解決法を提示。岩波現代文庫オリジナル版。

S305
戦後日本のジャズ文化
―映画・文学・アングラ―
マイク・モラスキー

占領軍とともに入ってきたジャズは、アメリカそのものだった！　映画、文学作品等の中のジャズを通して、戦後日本社会を読み解く。

S306
村山富市回顧録
薬師寺克行編

戦後五五年体制の一翼を担っていた日本社会党は、その誕生から常に抗争を内部にはらんでいた。その最後に立ち会った元首相が見たものは。

S307
大逆事件
―死と生の群像―
田中伸尚

天皇制国家が生み出した最大の思想弾圧「大逆事件」。巻き込まれた人々の死と生を描き出し、近代史の暗部を現代に照らし出す。〈解説〉田中優子

S308
「どんぐりの家」のデッサン
漫画で障害者を描く
山本おさむ

かつて障害者を漫画で描くことはタブーだった。漫画家としての著者の経験から考えてきた、障害者を取り巻く状況を、創作過程の試行錯誤を交え、率直に語る。

S309
鎖塚
―自由民権と囚人労働の記録―
小池喜孝

北海道開拓のため無残な死を強いられた囚人たちの墓、鎖塚。犠牲者は誰か。なぜその地で死んだのか。日本近代の暗部をあばく迫力のドキュメント。〈解説〉色川大吉

S310
聞き書 野中広務回顧録
御厨貴
牧原出 編

二〇一八年一月に亡くなった、平成の政治をリードした野中広務氏が残したメッセージ。五五年体制が崩れていくときに自民党の中で野中氏が見ていたものは。〈解説〉中島岳志

S311
不敗のドキュメンタリー
―水俣を撮りつづけて―
土本典昭

『水俣―患者さんとその世界―』『医学としての水俣病』『不知火海』などの名作映画の作り手の思想と仕事が、精選した文章群から甦る。〈解説〉栗原彬

S312
増補 隔離 ―故郷を追われたハンセン病者たち―
徳永進

らい予防法が廃止され、国の法的責任が明らかになった後も、ハンセン病隔離政策が終わり解決したわけではなかった。回復者たちの現在の声をも伝える増補版。〈解説〉宮坂道夫

S313
沖縄の歩み
国場幸太郎
新川明・鹿野政直編

米軍占領下の沖縄で抵抗運動に献身した著者が、復帰直後に若い世代に向けてやさしく説き明かした沖縄通史。幻の名著がいま蘇る。〈解説〉新川明・鹿野政直

S314
ぼくたちはこうして学者になった ―脳・チンパンジー・人間―
松本元
松沢哲郎

「人間とは何か」を知ろうと、それぞれ新たな学問を切り拓いてきた二人は、どのような生い立ちや出会いを経て、何を学んだのか。

S315
ニクソンのアメリカ ―アメリカ第一主義の起源―
松尾文夫

白人中産層に徹底的に迎合する内政と、中国との和解を果たした外交。ニクソンのしたたかな論理に迫った名著を再編集した決定版。〈解説〉西山隆行

S316
負ける建築
隈研吾

コンクリートから木造へ。「勝つ建築」から「負ける建築」へ。新国立競技場の設計に携わった著者の、独自の建築哲学が窺える論集。